현실 정책

고기동

일러두기

1. 단행본과 정기간행물은 겹낫표(『 』), 논문, 신문 기사, 법률명 등에는 홑낫표(「 」), 영화, 노래 등에는 홑화살괄호(〈 〉)를 사용했다.
2. 표준국어대사전에 따른 한글 전용을 원칙으로 했으며, 독자의 이해를 돕기 위해 처음 나올 때 1회 원어를 병기했다. 주요 개념이나 한글만으로는 뜻을 짐작하기 힘든 용어의 경우에도 원어나 한자를 병기했다.
3. 인명 등 외래어는 국립국어원의 표준어 규정 및 외래어 표기법을 따랐으나, 일부는 관례와 원어 발음을 존중해 그를 따랐다.
4. 국내에 소개된 작품명은 번역된 제목을 따랐고, 국내에 소개되지 않은 작품명은 원어 제목을 독음대로 적거나 우리말로 옮겼다.

현실 정책

차례

프롤로그 ⋯ 10

제1부 · 관계

1장 · 책임 ⋯ 22

책임, 그 복잡한 의미 / 도의적 책임을 느낍니다! / 객관적 책임의 4가지 모습 / 책임을 둘러싼 현실 모습 / 누구의 잘못인가에서 어떻게 해결할 것인가로

2장 · 비난 ⋯ 39

비난, 피할 수 없는 숙명 / 비난과 책임은 같은 방향으로 향하지 않는다 / 왜 비난에 반응하는가? / 비난의 화살 피하기 / 비난을 받았을 때, 어떻게 해명하는가? / 어떤 해명 방식이 가장 효과적인가? / 비난 회피도 정책의 기술이다

3장 · 신뢰 ⋯ 58

행동에 대한 기대와 믿음 / 정부는 유능하고, 정직하며, 공정한가? / 정부 신뢰의 역할과 중요성 / 정부 신뢰는 복합적이며 다중

적이다 / 대통령과 정부 신뢰 / 정부 신뢰는 국민의 인식과 기대가 조합된 결과 / 신뢰 흑자를 쌓아가는 정부가 되어야

4장 • 관심 … 78

관심은 희소한 공공자원 / 관심을 좌우하는 것들 / 사회 문제는 정책 관심으로 어떻게 연결되는가? / 사라지는 의제, 살아남는 의제 / 관심은 다른 관심으로 덮어지는가? / 관심이 필요한 300번의 기회

제2부 • 정치

1장 • 선거 … 100

정책과 정치의 연결고리 / 본질적으로 행정은 정치적인가? / 선거, 정책을 움직이는 힘 / 선거는 경기 변동을 유발하는가? / 경제 성적표가 표심을 결정한다? / 선거와 정책의 선순환을 위하여

2장 • 포퓰리즘 … 118

대중의 선택인가, 인기영합인가? / 포퓰리즘을 바라보는 시각 / 우리나라의 포퓰러리즘과 포퓰리즘 / 포퓰리즘 시대, 미래 세대의 공짜점심

3장 • 영혼 … 136

'영혼 없는 공무원'의 기원과 막스 베버 / 관료제의 도덕적 함정 / 베버의 관료제를 넘어 / 공무원 영혼의 현대적 변화 / 균형 잡

힌 영혼을 위하여

4장 • 정책행동 … 150

정책은 정치적 행동을 수반한다 / 정치적 행동을 설명하는 관점들 / 정책이 정치를 결정하는가? / 편익과 비용에 따른 정책행동 / 정책행동이 말하는 정치의 언어

제3부 • 선택

1장 • 합리성 … 168

합리적 사유와 판단 / 내용적 합리성과 절차적 합리성 / 합리 지향적 인간의 제한된 합리성 / 제한된 합리성에서의 선택 / 불확실한 상황에서의 우연한 선택 / 인공지능 시대와 합리성

2장 • 딜레마 … 188

이러지도 저러지도 못하는 난감한 상황 / 양립할 수 없는 가치와 목표 간의 선택 / 딜레마와 갈등 / 딜레마와 보호된 가치 / 딜레마와 정책가의 행동 / 비록 완벽하지는 않지만

3장 • 정책 기조 … 203

정책 기조, 정책을 움직이는 기준선 / 정책가는 무엇에 기대어 판단하는가? / 정책 기조, 현실에서 왜 중요한가? / 정책기조의 권력성과 적절한 행동 / 비정상의 정상화, 정상의 비정상화

4장 · 정책 수단 ··· 218

총론 찬성, 각론 반대 / 정책 수단은 어떻게 선택되는가? / 정책 수단으로서의 무행위 / 채찍, 당근, 설교 / 하나의 해답은 없다. 최적의 정책 조합 찾기

제4부 · 변화

1장 · 변화 ··· 242

변화란 전과 후가 다르다는 것! / 진화에서 배우는 변화의 두 가지 시선 / 제도는 정책 변화를 가로막는다? / 점진 vs 급격 : 어떤 방식이 더 나을까? / 보고서는 얼마나 바뀌어야 새롭게 보일까? / 변화를 관리해야 성공할 수 있다 / 새로움과 익숙함의 사이에서

2장 · 경로 ··· 264

어제와 같은 오늘, 과거는 어떻게 현재를 지배하는가? / 권력과 이익의 자기강화 / 경로는 어떻게 형성되고 굳어지나? / 과거를 딛고 미래로 가자

3장 · 정책실패 ··· 278

오류와 오차, 시행착오와 실수 / 정책실패는 맥락적이며 상대적이다 / 실패를 유발하는 정책 함정 / 정책불응, 실패의 또 다른 얼굴 / 정책은 실패를 토양 삼아 자란다

4장 • 소요 시간 … 295

흐르는 강물처럼, 모든 정책에는 시간이 흐른다 / 정책을 만드는 데 걸리는 시간, 평균 3년 / 정책 시간에 영향을 미치는 다양한 요인들 / 정책 시간에 대한 기관별 온도 차이 / 정책이 현실이 되기까지 / 미리 준비하는 정부를 위하여

제5부 • 정부

1장 • 조직행동 … 314

결정의 본질 / 합리적 선택 모델, 우리는 원팀이다 / 정부 정치, 기관 간 협상과 타협 / 조직행태 모델, 정부는 조직으로 움직인다 / 조직의 구성 / 조직의 행동을 조정하는 메커니즘 / 조직의 변화 / 조직의 생존 / 조직의 지도자 / 조직은 탄생의 순간부터 개혁의 대상

2장 • 부처 … 335

기재부는 세다, 행안부는 높다, 국토부와 산자부는 중요하다 / 부처는 두 번 싸운다 / 기획재정부는 슈퍼 갑인가? / 초과 권력, 과잉 권력의 균제와 균형을 위하여

3장 • 지방정부 … 348

지방정부의 결정은 어떻게 이루어지는가? / 개발 정책을 선호하는 이유 / 243개 지방정부는 서로의 라이벌인가? / 민생의 길은

지역에 있다

4장 • 정책 명칭 ⋯ 364

정책도 이름값 한다? / 이름이 바뀌면 정책 효과가 달라진다 / 정책 명칭, 수사인가 전략적 도구인가? / 좋은 정책명칭 만들기 / 정책명칭, 역시 중요하다

에필로그 ⋯ 374

주석 ⋯ 379

프롤로그

 끝냈다. 여름 방학이 끝나는 마지막 날, 밀린 방학 숙제 하듯이 원고를 허둥지둥 마쳤다. 그리고 30년 동안 근무한 공직도 마무리 지었다.

 원고를 완성하는 데 거의 3년이 걸렸다. 처음 시작은 2022년 8월 말이었다. 1995년 4월 17일부터 공무원으로 일하기 시작해, 공무원 생활 10,000일쯤 되던 때였다. 또한 그때는 세종특별자치시 행정부시장으로 발령받았던 시기이기도 했다. 공직에 있는 1만 일 동안 궁금했던 정책 현상에 관한 생각을 정리해 보고 싶었다. 내가 가졌던 현실 질문에 대한 답도 찾아보고 싶었다. 그래서 글을 쓰기 시작했다.

 그러던 중, 2023년 7월 30일 일요일 오후에 행정안전부 차관으로 임명될 예정이니 준비하라는 말을 들었다. 뜻밖이었고, 솔직히 당황했다. 내가 감당할 수 있을까? 내가 잘할 수 있을까? 그리고 한 달 뒤인 2023년 8월 24일, 행정안전부 차관이 되었다. 취임사에서 이렇게 말했다. "여러분, 많이 놀라셨을 것입니다. 저는 그랬습니다."

그 후 수많은 일들을 그럭저럭 헤쳐 나갔다. 차관으로 있는 동안, 행정전산망 장애로 전국의 지방행정 서비스가 멈춘 사건이 있었다. 12.29 여객기 사고가 있었고, 역대 최대 규모의 경북 산불 피해도 있었다. 잊지 못할 2024년 12월 3일 비상계엄도 있었다. 노무현 대통령, 박근혜 대통령 때는 대통령비서실에서 국회의 탄핵소추를 지켜봤지만, 윤석열 대통령 때는 행정안전부 차관이자 장관 직무대행으로서 탄핵 과정을 경험했다. 정신을 바짝 차려야 했다. 일어난 일들에 대처해야 했고, 벌어질 수 있는 일들을 예상하고 준비해야 했다.

그때 도움이 되었던 것이 바로 정책학 이론과 논의들이었다. 혹자는 말한다. 실무 측면에서 보면 이론은 부질없고 현실과 맞지 않는다고. 나는 그 말에 동의하지 않는다. 사실 나도 처음에는 현실과 이론은 다른 것이라고 믿었다. 하지만 가만히 돌아보면, 이론에는 통찰이 있었고 현실을 설명하는 힘이 있었다. 그래서 관련 내용을 정리하며, 다음 사람들에게 도움이 되고 싶었다. 현실과 이론이 어떻게 연결되는지, 또는 현실을 어떻게 설명해야 하는지. 설명할 수 있다는 것은, 앞으로 일어날 행동과 상황을 예측하는 데도 도움이 된다. 그러면 다음 일을 구상하고 준비할 수 있다.

◇

　이 책에는 그동안 지녔던 다양한 질문을 담고 있다. 보고서는 도대체 얼마나 바뀌어야 변화된 것처럼 보일까? 외부의 비난에는 어떻게 답변해야 할까? 기획재정부는 정말 슈퍼 갑일까? 정책을 만드는 데는 얼마나 시간이 걸릴까? 관심은 예산보다 중요한가? 합리적이라는 건 도대체 무엇인가? 공무원은 과연 무엇에 책임을 지는가? 이러지도 저러지도 못하는 상황에서는 어떻게 해야 할까? 책임 전가는 정말 나쁜 것일까? 왜 정부는 잘 바뀌지 않을까? 이처럼 여러 질문을 담았다. 이러한 질문에 대한 답을 찾아보기 위해 이 책은 크게 관계, 정치, 선택, 변화, 정부의 5가지 분야로 구성했다. 기본적으로 행정과 정책은 다른 사람과의 관계 속에서 이루어진다. 이러한 관계는 정치와 긴밀히 연결되어 있다. 관계와 정치 속에서 우리는 정책을 선택해야 하고, 선택된 정책은 사회 변화를 끌어낸다. 그리고 관계, 정치, 선택, 변화의 중심에는 정부가 있다.

◇

　이 책의 첫 번째 주제는 '관계'다. 정부의 활동은 기본적으로 수많은 관계 속에서 이루어진다. 국민과 정부, 정책과 시민, 공무원과 정치, 관료와 언론… 정책은 언제나 이러한 관계 위에서 작동한다. 하지만 이 관계는 단순하지 않다. 연결되어 있으나, 그 안에서는 때로는 책임을 묻고 비난이 오가며, 때로는 신뢰가 쌓이기도 하고, 관심에서 사라지기도 한다. 책임은 관계의 무게를 말한다. 단순히 잘잘못을 인정하는 것이 아니라, 왜 그런 결정을 내렸는지, 그 결과가 무엇이었는지를 설명하고 감당해야 하는 무거운 이름이다. 비난은 관계의 숙명이다. 비난을 피하려 하면 어떤 결정도 내릴 수 없고, 변화를 이끌 수도 없다. 신뢰는 관계를 지탱하는 힘이다. 국민이 정부를 믿지 않으면 어떤 정책도 성공할 수 없다. 그리고 관심은 관계의 첫걸음이다. 아무리 중요한 문제라도 관심이 모이지 않으면 정책 의제가 될 수 없다.

두 번째 주제는 '정치'다. 정책은 정치로부터 본질적으로 자유로운가에 대한 논의다. 이를 위해 '정책과 선거, 포퓰리즘, 공무원의 영혼, 정치적 행동'의 장면들 속으로 들어가 살펴볼 것이다. 정책은 정치와 분리될 수 없다. 선거에서 표를 얻기 위한 약속, 국회에서의 논쟁, 공무원의 고민과 타협, 그리고 때로는 포퓰리즘적인 공언까지, 모두 정치의 풍경 속에서 벌어지는 일들이다. 선거는 정책과 정치가 극적으로 만나는 순간이다. 표를 얻기 위해 달콤한 공약이 쏟아지고, 현실적인 재원 대책은 뒷전으로 밀리기도 한다. 하지만 선거는 국민이 정책을 평가하고 새로운 선택을 내리는 기회다. 좋은 정책은 다시 선택받고, 무리한 약속은 심판받는다. 포퓰리즘은 국민의 요구에 응답하려는 정치의 한 방식이다. 당장의 문제를 해결하겠다는 약속은 호소력이 크지만, 현실적 상황을 고려하지 않으면 결국 미래 세대에게 부담을 남길 수 있다. 공무원의 영혼은 그 사이에서 갈등한다. 정부가 바뀔 때마다 달라지는 국정과제 속에서 공무원은 집행자의 역할을 수행하지만, 때로는 자신의 소신과 가치관을 지키기 위해 고민한다. "영혼 없는 공무원"이란 비판은 현실의 또 다른 그림자이지만, 공익을 위한 대리인으로서 전문성과 소신을 잃지 않아야 한다. 정책은 정치적 선택의 산물이다. 정치가 정책을 만들기도 하지만, 정책이 정치적 행동을 만들기도 한다.

◇

세 번째 주제는 '선택'이다. 정책은 끊임없는 선택의 연속이다. 어떤 문제를 먼저 다룰지, 누구의 요구를 우선할지, 어떤 수단을 선택할지는 결코 단순한 일이 아니다. 이 장에서는 '합리성, 딜레마, 정책 기조, 정책 수단'을 통해 정책 선택의 복잡한 현실을 살펴본다. 합리성은 정책 선택의 중요한 기준이지만, 현실의 제약 속에서는 이상적 형태로 구현되기 어렵다. '제한된 합리성' 처럼 우리는 최적의 해답 대신 만족스러운 대안을 찾아야 하고, 때로는 이해관계자 간의 조정과 타협을 우선하는 점증적 접근에 의지해야 한다. 딜레마는 완벽한 해답이 없는 선택의 순간이다. 수월성과 형평성처럼 충돌하는 가치 사이에서 무엇을 우선할지 결정하는 것은 언제나 어렵다. 딜레마 상황에서 정책가는 책임과 비판을 감수하며 용기 있게 결단을 내려야 한다. 정책 기조는 정책의 방향과 색깔을 정하는 보이지 않는 기준선이다. 정책 기조에 따라 같은 사회 현상에 정부마다 다른 해법을 제시한다. 정책 기조는 단순한 레토릭을 넘어 문제 정의, 목표 설정, 수단 선택에 이르기까지 모든 과정에 영향을 미친다. 정책 수단은 정책 실행의 구체적 도구다. 규제, 보조금, 세금, 정보 제공 등 다양한 수단은 각기 다른 효과와 반응을 낳는다. 하나의 수단만으로 문제를 해결할 수는 없다. 당근, 채찍, 정보 제공의 조합 속에서 더 나은 선택을 찾아야 한다. 정책 선택은 불완전한 현실 속에서 더 나은 해법을 찾기 위한 끝없는 고민의 과정이다.

네 번째 주제는 '변화'다. 여기서는 '변화, 경로의존, 정책 실패, 소요 시간'을 다룬다. 정책은 변화의 산물이다. 사회 문제를 해결하고자 하는 정부의 노력은 언제나 변화를 향한 시도에서 출발한다. 하지만 변화는 말처럼 쉽지 않다. 과거는 오늘의 선택을 제약하고, 실패에서 배우지 못하면 같은 실수를 반복한다. 정책은 새로운 대안을 향한 의지이지만, 그 길은 시행착오와 시간, 그리고 관성의 벽과의 싸움이다. 경로의존은 과거의 선택이 오늘의 선택을 구성하는 힘이다.

한 번 정해진 정책은 시간이 갈수록 굳어져 다른 대안을 배제하고, 이익을 얻는 집단은 변화에 저항한다. 그러나 변화의 길이 막히기만 하는 것은 아니다. 위기와 충격, 그리고 강한 리더십은 굳어진 경로를 깨뜨리는 힘이 된다. 실패는 또 다른 이름의 변화의 과정이다. 정책은 실패하지 않으려 노력하지만, 완벽한 답은 없다. 잘못된 문제 정의, 목표의 과잉 설정, 부적절한 수단 선택, 협력 부족, 이해관계자 간 갈등은 실패의 단골 원인이 된다. 하지만 중요한 것은 실패를 드러내고 배우는 자세다. 실패를 숨기면 다시 실패가 반복되지만, 실패를 자산으로 만들면 더 나은 정책으로 나아갈 수 있다. 변화는 시간의 문제이기도 하다. 하나의 정책이 현실로 구현되기까지는 평균 3년이 걸린다. 문제를 인식하고, 대안을 만들고, 법제화하고, 집행하기까지 매 단계마다 시간의 제약과 복잡한 과정이 따른다. 긴급 상황에서는 빠른 결단이 필요하지만, 연금 개혁처럼 갈등이 많은 사안은 오랜 논의와 타협이 불가피하다. 변화는 빠르다고 좋은 것만이 아니며, 충분한 검토와 공감대 형성을 통해 실행 가능성을 높이는 과정이어야 한다.

◇

 마지막으로 다섯 번째 주제는 '정부'다. 정부의 조직행태, 부처 권력, 지방정부, 정책 명칭을 다룬다. 정부는 단일한 의사결정체가 아니다. 대통령이나 장관의 결단만으로 움직이는 단순한 기계가 아니라, 수많은 조직과 기관, 이해관계와 관행이 얽힌 거대한 복합체다. 정부의 행동은 조직의 생리와 관성, 부처 간 갈등과 협력, 그리고 권력의 흐름 속에서 나온다. 앨리슨의 조직행태 모델처럼, 정부는 표준운영절차와 프로그램이라는 틀 안에서 움직이며, 개인의 의도보다 조직의 구조와 규칙이 더 큰 힘을 발휘한다. 기획재정부는 경제정책과 예산을 통해, 국방부는 안보라는 영역을 통해, 검찰은 기소권을 통해 영향력을 행사해 왔다. 그러나 부처 권력은 고정된 것이 아니다. 시대와 정치 환경, 사회적 요구에 따라 변화하며, 과잉 권력의 폐해를 막기 위한 견제와 개혁은 늘 필요한 과제다. 지방정부도 마찬가지다. 243개 지방자치단체는 지역의 삶을 책임지는 정책 주체지만, 개발 중심의 정책을 선호하고 다른 지자체의 사례를 학습하며 중앙정부의 지원을 얻기 위해 경쟁한다. 여기에 도시한계로 일컬어지는 구조적 제약의 현실이 있다. 한편 지방정부의 자율성과 주체성을 존중하며, 분권과 다양성을 보장하는 것이 중앙정부의 책무다. 정책 명칭은 단순한 이름이 아니다. 정책의 첫인상이자 국민과의 소통 창구이며, 정책의 방향과 이미지를 결정짓는 전략적 도구다. 명칭 하나가 국민의 인식을 바꾸고, 정책의 운명을 좌우한다.

이 책은 정책 관련 업무를 하는 공무원, 사회과학을 공부하는 대학생, 그리고 정부 업무에 관심이 있는 일반 독자들에게 도움이 되었으면 한다. 정책이라는 것은 정부를 설명하는 이론이자, 동시에 사람들의 삶을 바꾸는 현실의 문제다. 이 책은 그 중간 어딘가, 현장에서 부딪혔던 질문과 이론적 생각을 엮어 쓴 기록이다. 실무에서 일하는 공무원에게는 때때로 고민과 답이 될 수 있는 지침이, 학생들에게는 현실의 복잡함을 이해하는 창이, 그리고 일반 독자에게는 정책이란 무엇이며 정부는 어떻게 움직이는지를 엿볼 수 있는 한 권의 입문서가 되었으면 한다. 책의 각 장은 서로 연결되어 있지만, 주제별로 독립적으로 읽을 수 있도록 구성했다. 관계, 정치, 선택, 변화, 정부—각각의 장은 하나의 이야기로 완결되며, 관심 있는 주제부터 읽어도 충분하다. 이

책은 처음부터 끝까지 한번에 읽는 것도 좋지만, 필요할 때마다 필요한 주제를 꺼내 읽으며 자신만의 해석과 질문을 던져도 충분히 의미가 있을 것이다.

◇

　마지막으로, 이 책을 마무리할 수 있었던 것은 혼자의 힘이 아니었다. 무엇보다 가족의 응원과 이해, 바쁜 업무 속에서도 서로에게 의지가 되어 준 행정안전부 동료들, 항상 따뜻한 조언을 아끼지 않으신 대학원 지도교수님과 함께 공부했던 동문, 그리고 과정의 모든 순간을 성심으로 함께해 준 도서출판 마르코폴로 김효진 편집장과 관계자 분들께 깊은 감사를 드린다. 이 책이 세상에 나올 수 있도록 곁에서 함께해 주신 모든 분께 진심으로 고마움의 마음을 전한다.

2025년 7월 세종에서
고기동

제1부
관계

1장

책임

#1. 2022년 11월 7일, 국회 행정안전위원회 전체 회의가 열렸다. 행정안전부 장관, 경찰청장, 서울특별시장, 용산구청장 등이 출석한 가운데, 이태원 참사[1]와 관련한 현안 질의가 있었다. 이날 회의에서 '책임'이라는 단어는 266번이나 언급되었다. 그런데 이들이 말한 책임은 과연 모두 같은 뜻이었을까?

"책임 있는 답변을 당부드립니다", "참사를 예방하지 못한 것에 대한 책임감을 느낍니다", "주최 측 없는 행사라 책임 소재가 애매합니다", "책임 있는 공직자의 자세를 보여야 합니다", "무한한 책임감을 느낍니다", "희생에 대한 제 마음의 책임입니다", "법적 책임을 모면하려 해서는 안 됩니다", "결과에 대한 정치적 책임이 있어야 합니다", "지휘 책임은 장관에게 있습니다" 등 책임이라는 말은 각기 다른 맥락과 의미로 반복되었다.

#2. 2025년 3월 6일, 공군 전투기 조종사가 표적 좌표를 잘못 입력하는 바람에 경기도 포천의 민가에 폭탄이 떨어지는 사고가 발생했다. 훈련 중에 일어난 이 사고로 40명의 부상자와 200여 건의 재산 피해가 발생했다. 공군참모총장은 3월 10일 국방부 청사에서 열린 사고 조사 중간결과를 발표하는 자리에서 이에 대한 견해를 밝혔다.

"이번 오폭 사고를 보며 든 심정은, 임무를 수행하는 사람들, 혹은 지휘·관리를 하는 모든 사람들의 책임감이 너무 가벼웠다는 것입니다. 500파운드 폭탄 4발을 투하한 조종사들이 얼마만큼의 책임감으로 임무를 수행했는지, 지휘·관리와 감독을 담당하는 사람들이 과연 자기 부하들이 8발의 폭탄을 실제 투하하는 데 얼마나 노력과 정성을 기울였는지, 작전을 통제·운영하고 현장에서 감독해야 할 사람들이 얼마만큼의 책임감을 가지고 통제했는지, 그리고 오폭 사고가 발생한 이후 어떠한 사후 조치를 취했는지에 대해 그 책임의 가벼움을 느꼈습니다."

책임, 그 복잡한 의미

책임은 정책 현실에서 자주 사용하는 익숙한 표현이다. 하지만 막상 그 뜻을 자세히 들여다보면 생각만큼 그리 단순하지 않다. 같은 단어를 써도 말하는 사람마다 의미가 다르고, 듣는 사람에 따라 해석도 달라진다. 각기 다른 상황에서 저마다의 편의에 따라 '책임'이라는 말을 혼용하고 있다. 더 큰 문제는 이를 정확히 대체할 만한 적절한 표현조차 마땅치 않다는 점이다.

그렇다면 책임이란 무엇일까? 표준국어대사전은 책임을 '맡아서 해야 할 임무나 의무', 그리고 '어떤 일에 관련하여 그 결과에 대하여 지는 의무나 부담 또는 그 결과로 받는 제재'로 설명한다. 즉, 책임이라는 말은 행위 이전의 '맡은 일에 대한 의무'와 행위 이후의 '결과에 대한 감당'이라는 두 가지로 나누어 볼 수 있다.

'맡아서 해야 할 임무나 의무'로서의 책임은 '국민에 대한 책임', '막중한 책임감', '책임 의식' 등의 표현에서 드러나며, '책임이 무겁다', '책임을 맡다'와 같은 말로 구체화된다. 반면 '결과에 대한 부담이나 제재'의 의미로 쓰일 때는 '법적 책임', '정치적 책임' 등의 표현에서 확인되며, '책임을 추궁하다', '책임을 묻다', '책임을 회피하다'와 같은 말로 나타난다.

하지만 현실에서 마주하는 책임은 이러한 사전적 정의를 넘어선다. 책임은 단순히 의무와 부담을 의미하는 것을 넘어서, 행위를 한 사람과 그 행위를 평가하는 사람 사이의 사회적 관계[2]로 작동한다. 특히 결과에 대한 부담과 제재라는 측면에서는 이러한 관계성은 더욱 분명하게 드러난다. 관계로서의 책임이 작동하기 위해서는 3가지 요소가 필요하다.

첫째, 책임을 지는 사람이 있어야 한다. 누구의 어떤 행위가 책임의 대상인지가 명확히 규정되어야 한다. 책임을 지는 사람은 자신의 행위에 관해 설명하고, 그것이 정당했음을 입증할 의무를 진다. 이러한 설명은 법적으로 강제되기도 하며, 때로는 사회적 요구나 정치적 압력에 의해 이루어지기도 한다.

둘째, 책임을 묻는 사람도 필요하다. 이 사람은 상급자나 감사기관, 수사기관, 국회, 언론, 시민단체 등 다양하다. 책임을 따지는 사람은 조직 내부일 수도 있지만, 대체로 외부에 있는 경우가 많다.

셋째, 책임을 판단할 기준이 필요하다. 이 기준은 회계상의 수치일 수도 있고, 법적 절차나 정책 성과일 수도 있다. 예산 집행의 적절성을 따지면 재무적 책임일 테고, 법적 의무 이행 여부를 보면 법적 책임이며, 정책 목표 달성 여부를 따지면 성과 책임에 해당한다. 어떤 기준을 적용하느냐에 따라 책임의 형태와 평가 방식은 달라진다.

이렇듯 책임은 다양한 관점과 기준이 혼합되어 나타나는, 다층적이며 복합적 개념[3]이다. 우선, 책임은 감정이자 제도다. 법령이나 규정에 따라 받는 제재도 있지만 때로는 내면에서 우러나오는 감정으로 표현된다. '무거운 책임감을 느낍니다'와 같은 표현은 법률이나 규정이 아닌, 개인의 윤리 의식과 공감에서 비롯된다.

아울러 책임은 개인과 조직 모두에 적용된다. 개인이 전적으로 책임을 지는 경우도 있지만, 때로는 조직 전체가 집단적으로 책임지는 형태도 나타난다. 예를 들어, 공공기관의 운영 부실과 같은 사안은 개인의 책임을 넘어서 조직 전체로 향하는 경향이 있다.

더불어 책임은 규범과 결과를 동시에 포함한다. 어떤 사회적 규범이나 기준을 따랐는지를 묻는 동시에, 그 결과에 대한 평가를 함께 반영한다. 과정의 공정성 중심으로 보느냐, 결과의 효율성 중심으로 보느냐에 따라 책임 판단은 달라질 수 있다.

결국 관계로서의 책임은 결과와 평가가 충돌하는 지점에 위치한다. 책임을 지는 사람과 책임을 묻는 사람 사이의 관점, 기대, 평가 기준이 맞물리면서, 책임은 복합적이며 다의적인 의미를 가진다. 그렇기 때문에 같은 '책임'이라도 각기 다르게 쓰이고, 다르게 해석되는 것이다.

도의적 책임을 느낍니다!

앞서 이야기한 것처럼 책임은 다양한 의미로 혼용하여 사용되는 경우가 많다. 그래서 이를 분명히 구분하고 유형화할 필요가 있다. 그렇게 해야 누가 어떤 일에 대해 책임지는지를 체계적으로 이해할 수 있다. 책임은 크게 주관적 책임[4]과 객관적 책임으로 나누어진다.

주관적 책임이란 행위자가 스스로 느끼는 심리적 감정을 의미한다. 마땅히 해야 한다고 느끼는 것, 혹은 하지 못했을 때 마음속에 남는 불편함이나 안타까움이 주관적 책임이다. 예를 들어, "도의적 책임을 느낀다"라는 표현은 외부에서 강제적으로 부과된 것이 아니라, 본인 스스로 그렇게 생각하고 느낀다는 뜻이다. 이것은 행위자의 양심, 정체성, 도덕성에서 비롯한 감정이므로, 외부에서 책임을 묻는 타인의 판단과는 다를 수 있다.

주관적 책임은 정책 현실의 다양한 맥락에서 나타난다. 우선 민원인이나 정책 고객의 요청이 원활하게 처리되지 않았을 때, 담당자는 미안함이나 안타까움을 느낄 수 있다. 이는 단순한 행정적 판단을 넘어, 인간적 도리나 심적 부담감을 포함하는 감정이다. 주민센터 직원이 긴급 복지 지원을 요청하는 시민을 돕지 못했을 때 "더 도와드리지 못해 책임감을 느낍니다"라고 말하는 것은 이러한 인간적 감정의 표현이다.

또한, 조직 내 상하 계층적 관계에서도 주관적 책임이 작용한다. 상급자의 지시나 관심 사항을 원만하게 해결하지 못했을 때, 하급자는 이에 대해 부담감을 느끼며 감정을 표현하기도 한다. "말씀하신 사안을 제때 추진하지 못해 송구합니다"라고 말하는 것은, 상급자의 기대에 못 미친 것에 대한 본인의 불편한 마음을 의미한다.

직무 자체에 대한 직업윤리도 주관적 책임의 중요한 부분이다. 맡은 업무를 성실히 수행해야 하는 직업인으로서의 의무가 책임의 감정으로 나타나기도 한다. "시설물 안전 점검을 철저히 하지 못해 마음이 무겁습니다"라는 표현은 해야 할 직무를 잘 수행하지 못했다는 심리적 자책에서 비롯된다.

조직에 대한 소속감과 연대 의식 역시 주관적 책임으로 나타난다. 외부로부터 조직 전체가 비판받을 때, 개별 구성원도 책임감을 느낀다. 한 경찰관이 "이번 사건을 미연에 방지하지 못한 것에 책임감을 느낍니다"라고 말한다면, 이는 경찰 조직 구성원으로서의 감정이입에서 비롯된 것이다.

더 나아가, 국가와 지역사회에 대한 봉사자로서의 포괄적인 책임을 느끼는 경우도 있다. 이는 단순한 법적·행정적 책임을 넘어, 공익을 위해 맡은 업무에 헌신해야 한다는 사명감에서 비롯된 것이다. "막중한 자리를 맡게 되어 무한한 책임감을 느낍니다"라는 표현은 단순한 직무 수행을 넘어, 맡은 업무에 최선을 다하겠다는 다짐이 담긴 말이다.

이처럼 주관적 책임은 행위자의 내면적 감정, 윤리 의식, 도덕적 가치관, 조직 문화, 그리고 사회적 기대 속에서 형성된다. 이는 외부에서 강제할 수 없는 자발성에 바탕을 둔다. 내면으로부터의 책임은 때로는 법보다 더 강한 행정의 통제 장치가 되며, 보이지 않는 힘으로 조직을 지탱하는 기반[5]이 되기도 한다. 그러나 현실에서는 이러한 주관적 책임이 법적·정치적 책임 등과 혼재되면서, 누가 무엇에 대해 책임을 질 것인지가 모호해지고 사회적 논란이 되는 경우가 적지 않게 발생한다.

객관적 책임의 4가지 모습

주관적 책임도 있지만 정책 현실에서 주로 논의되는 책임은 개인의 감정과는 별개로, 제3자가 판단하는 객관적 책임이다. 개인이 스스로 느끼는 감정으로서의 책임이 아니라, 외부에서 "이것은 당신의 책임이다"라고 요구하는 경우를 의미한다. 이러한 외부적 책임은 이를 따지는 사람의 관점과 기준에 따라 다양한 형태로 나타난다.

객관적 책임을 구분하는 대표적인 틀로는 롬젝(Barbara S. Romzek)과 더브닉(Melvin J. Dubnick)이 제시한 관료적 책임, 법적 책임, 전문가적 책임, 정치적 책임의 네 가지 유형[6]이다. 이들은 1986년 미국 우주왕복선 챌린저호 폭발 사고를 계기로, 복잡한 공공조직 내에서 책임 문제가 어떻게 얽혀 있었는지를 분석하고, 이를 바탕으로 책임의 유형을 체계적으로 정리하였다. 챌린저호 폭발은 단순한 기술적 실패가 아니었다. 조직 내부의 보고 체계, 전문성 부족, 법 규정의 허점, 정치적 책임 회피 등이 복합적으로 작용한 결과였다. 이 사건을 분석하며 롬젝과 더브닉은 책임을 단일 개념이 아닌, 다양한 기준과 관계 속에서 작동하는 다층적인 개념으로 이해해야 한다고 강조한다. 이러한 책임 유형의 구분은 오늘날에도 공공부문에서 책임을 논의할 때 유용하게 활용되고 있다. 네 가지 책임 유형을 중심으로, 외부화된 객관적 책임에 대해 살펴보자.

먼저, 관료적 책임은 조직 내 계층적 책임을 의미한다. 이는 보고 체계가 제대로 작동했는지, 지시와 명령이 정확히 전달되었는지, 업무가 체계적으로 수행되었는지를 평가하는 책임이다. 공무원 조직은 일반적으로 피라미드형 계층 구조로 되어 있으며, 상급자는 지휘·감독의 권한을 갖고, 하급자는 이에 따라 직무를 수행한다. 따라서 관료적 책임은 명령과 보고가 정확히 전달되고, 그 내용이 제대로 이행되었는지를 중심으로 판단된다. 관료적 책임이 중요한 이유는, 계층제 속에서 정보가 원활하게 흐르고, 적절한 의사결정이 이루어져야 조직이 제대로 작동하기 때문이다. 예를 들어, 재난이 발생했을 때, 현장 공무원이 적시에 보고했는지, 상급자가 이를 바탕으로 적절한 지시를 내렸는지, 그리고 그 지시가 현장에서 정확히 집행되었는지가 중요하다. 만약 보고가 지연되었거나, 지시가 불분명했거나, 현장에서 지시가 제대로 이행되지 않았다면, 이는 관료적 책임이 제대로 작동하지 않은 것이다.

두 번째는 법적 책임이다. 이는 관료적 책임과 함께 공무원에게 전통적으로 강조되어 온 책임 유형으로, 법령을 제대로 집행했는지를 평가하는 개념이다. 관료적 책임이 조직 내부의 규율과 효율성을 중심으로 한다면, 법적 책임은 합법성을 바탕으로 외부 통제기관이 공식적인 제재를 가할 수 있는 관계를 의미한다. 외부 통제기관에는 상급 감독기관, 수사기관, 검찰, 감사원, 특별검사, 법원 등이 포함된다. 법적 책임은 법에서 정한 절차와 의무를 준수했는지, 위법한 행위가 있었는지를 기준으로 판단되며, 때에 따라 징계나 처벌로 이어질 수 있다.

그러나 법적 책임만을 지나치게 강조하면, 공무원이 법규에 형식적으로만 따르거나, 규정된 일만 소극적으로 수행하려는 경향을 보일 수 있다. 엄격한 형사처벌은 해당 업무를 기피하게 만들고, 법적 책임을 피하기 위해 책임을 분산하거나 회피하려는 관행이 생기기도 한다. 또한 행정적 실수를 형사법으로 다루는 '행정의 사법화'가 바람직한가에 대한 논의도 제기된다. 정책 과정에는 여러 기관과 다양한 공무원이 함께 참여하기 때문에, 특정 공무원의 법적 책임을 명확히 따지기 어려운 경우도 있다. 예를 들어, 이태원 참사와 관련된 행정안전부 장관 탄핵심판 사건[7]에서, 헌법재판소는 "이태원 참사는 어느 하나의 원인이나 특정인에 의해 발생·확대된 것이 아니다. 각 정부 기관이 대규모 재난에 대한 통합 대응 역량을 기르지 못한 점 등이 총체적으로 작용한 결과이므로, 규범적 측면에서 그 책임을 행안부 장관에게 돌리기 어렵다."라며 심판을 기각했다.

　세 번째는 전문가적 책임이다. 전문가적 책임이란 공무원이 자신의 전문 지식, 기술, 경험을 바탕으로 업무를 수행할 때 요구되는 책임을 의미한다. 이는 단순히 규정을 따르는 것을 넘어서, 직업인으로서의 전문성을 발휘해 문제를 해결하고 성과를 창출했는지를 평가하는 개념이다. 즉, 주어진 상황에서 전문가로서 적절한 판단을 내리고, 신속하고 효과적으로 대응했는가가 핵심 기준이 된다. 전문가적 책임을 다하기 위해서는 지속적인 연찬과 훈련을 통해 소관 지식을 축적하고, 이를 실제 상황에 적극적으로 적용하려는 노력이 필요하다. 세월호 침몰 사고 당시 해양경찰이 구조 전문가로서 적절히 대응했는가에 대한 논의는 전문가적 책임과 직접 연결된다. 이와 마찬가지로, 소방관이 화재 현장에서 신속하게 진압 전략을 수립하고 실행하는 것, 경찰관이 범죄 현장에서 적절한 판단을 내려 시민의 안전을 확보하는 것 모두 전문가적 책임의 사례다. 또한, 정책을 수립하는 정책가 역시 해당 분야의 전문 지식을 바탕으로 합리적인 해결책을 제시하는 것이 전문가적 책임의 모습이다.

　이러한 전문가적 책임은 단순히 법과 규정을 준수하는 데 그치지 않는다. 문제를 적극적으로 해결하려는 태도까지 포함하는 개념이다. 결국 자신의 직무 영역에서 전문성을 발휘하고 '프로페셔널'로서 행동했는지가 전문가적 책임의 핵심이다.

네 번째는 정치적 책임이다. 정치적 책임은 국민, 국회, 언론 등 외부 요구에 얼마나 효과적으로 대응했는지를 판단하는 개념이다. 국민의 기대와 국회의 감시에 얼마나 잘 부응하고, 상황에 맞게 적절히 행동했는지를 평가받는 것이다. 정치적 책임은 법적·관료적 책임과 달리, 주요 이해관계자와의 소통이 강조되는 보다 포괄적인 개념이다. 따라서 직무와 직접적인 관련이 없거나 관련성이 약한 경우에도 정치적 책임은 발생할 수 있다.

정치적 책임은 주로 장관이나 기관장 등 고위 정책 책임자에게 적용된다. 이들은 정책 결정과 집행 과정에서 발생한 부정적인 결과에 대해 국민이나 관련 기관에 설명할 의무가 있다. 자신과 기관의 행동이 정당했음을 입증해야 한다. 정치적 책임은 입장 표명, 사과, 재발 방지 약속, 사퇴 등으로 구체화된다. 하지만 정치적 책임은 정치적 환경에 크게 좌우된다. 단순히 직무 수행에 대한 평가를 넘어, 사회적 여론, 여야 간 견해 차이, 언론 비판 등에 따라 논의의 방향이 달라질 수 있다. 특히 정치적으로 민감한 시기에는 정치적 책임이 과도하게 부각되거나 왜곡될 가능성도 있다. 이에 따라 실제 책임을 져야 하는 상황인지, 아니면 정치적 입장에 따라 책임이 부풀려진 것인지 판단하기 어려운 경우도 생긴다.

책임을 둘러싼 현실 모습

민주적 관료 체제에서 권한과 책임은 중요한 구성요소다. 누가 무엇을 책임지는지가 명확해야, 제대로 된 권한 행사와 결과에 대한 민주적 통제가 이루어질 수 있다. 그러나 현실은 그렇게 단순하지 않다. 책임의 소재는 복잡하게 얽혀 있고, 여러 층위가 중첩되어 있다. 책임의 사다리를 오르내리다 보면, 그 책임이 개인의 윤리적 문제인지, 업무 담당자의 과실인지, 혹은 관료제 시스템 자체의 구조적 문제인지 구분하기가 쉽지 않다. 이러한 복잡성 속에서 관료적 책임과 법적 책임만을 지나치게 강조하면, 공무원들은 소극 행정에 매몰될 위험이 있다. 반대로 전문적 책임과 정치적 책임을 간과하면, 관료제의 자율적 통제라는 이상은 멀어질 수밖에 없다.

하나의 사례[8]를 살펴보자. 2023년 7월 15일, 충청북도 청주시 오송읍의 궁평2지하차도가 미호천변 제방 유실로 침수되어, 지나가던 14명이 사망하고 17대의 차량이 침수되는 사고가 있었다. 이 사고와 관련하여, 미호강을 관리하는 환경부, 공사를 발주한 행정중심복합도시건설청, 지방자치단체인 청주시와 충청북도, 소방 및 경찰 등 여러 기관이 연관되어 있었다. 그러나 행정 기관들은 서로 책임을 미루며 공방을 벌였다. 흥덕구청은 "시청에 알렸다"라고 주장했고, 청주시청은 '도청 관할'이라고 항변

했다. 충청북도청은 '불가항력'의 사건이라며 제방 관리의 부실을 문제 삼았다. 경찰은 침수 우려에 대한 신고를 두 차례 접수했으나 '인력 부족'을 이유로 현장에 출동하지 않았다. 소방서는 제방 붕괴 위험 신고를 받고 현장에 출동했지만, "제방은 우리의 소관이 아니다"라며 상황만 전달하고 돌아갔다.

이처럼 책임을 둘러싼 현실은 다양하다. 정책의 실책과 실수에 대해 책임지는 경우도 있지만, 흔히 볼 수 있는 모습은 책임을 다른 사람에게 미루는 것[9]이다. "나는 최선을 다했고, 그것은 내 권한 밖의 일이다."라고 말하며 책임을 피하거나, 다른 사람의 잘못이라고 항변하기도 한다. 소관이 애매할 경우 다른 부처, 다른 부서의 업무라며 책임을 떠넘기는 모습도 흔하다.

우려되는 것은, 조직 내 약자나 말단 직위자, 힘이 약한 부서나 기관으로 책임이 이전되는 경우이다. 이는 책임이 권력과 밀접하게 연결되어 있음을 보여준다. 책임은 평등하게 분배되지 않는다. 조직 내부에서는 책임이 상위 계층에서 아래로 옮겨가는 일이 발생한다. 권한은 위에 있지만, 책임은 아래로 전가되는 것이다. 또 다른 양태는 책임을 여러 주체에게 분산시키는 방식이다. "나에게도 일부 잘못이 있지만…"으로 시작하는 표현은 결과적으로 자신의 책임을 희석하는 효과를 낸다. 아울러 서로에게 책임을 미루는 맞비난도 존재한다. 서로를 비난하며 책임을 씌우는 공방이 이어지다 보면, 결국 제3자의 중재나 조정, 사법적 판단에 의존하게 되기도 한다. 아울러 형식적으로는 책임을 다한 것처럼 보이나, 실질적인 문제 해결에는 기여하지 않는 모습도 있다. 지나치게 형식 절차와 문서에 얽매이고, 최소한의 행정만을 수행하는 소극적 모습이 바로 그것이다.

누구의 잘못인가에서 어떻게 해결할 것인가로

이제 책임에 관한 논의를 정리해 보자. 첫째, 책임은 단순히 결과에 대한 사후 처리를 의미하는 것이 아니다. 책임은 정책 시스템의 내·외부 통제 장치이자, 행정 과정 전반에 내재된 관계다. 무엇보다 정책 현실에서 '책임'이라는 개념은 복잡하고 다의적으로 작용한다. 같은 책임이라도 말하는 사람과 맥락에 따라 의미가 달라진다. 법적·정치적 책임처럼 외부에서 부과되는 책임이 있는가 하면, 주관적 책임처럼 행위자 내면에서 비롯되어 감정적으로 표현되는 책임도 있다.

둘째, 정책 현장에서 주관적 책임은 종종 간과되기 쉽지만, 실제로는 상당히 유용하다. 주관적 책임은 외부에서 강제되는 책임이 아니라, 스스로 느끼는 내면의 자각과 윤리적 감정에 기반한다. "도와드리지 못해 마음이 무겁습니다"와 같은 표현은 스스로의 도덕적 자각과 공감을 드러내는 말이다. 행정 절차나 규정을 충실히 이행했더라도, 민원인이 억울함이나 소외감을 느낀다면, 그것은 제도의 문제가 아니라 정책 감수성 부족에서 비롯된 것일 수 있다. 행정은 법적 정당성만으로 완성되지 않는다. 시민이 느끼는 온도와 태도까지 포함되어야 한다. 법적 책임이 없더라도, 진정성 있게 마음으로 다가가는 태도는 오히려 신뢰를 얻는 계기가 된다.

셋째, 정책가는 설명할 책임을 진다. 자신의 판단, 행위, 결정에 대해 국민에게 설명할 의무가 있다. 왜 그런 정책을 추진하게 되었는지, 자신의 판단이 공익에 부합했음을 이야기해야 한다. 설명 책임이 중요한 것은, 관료적·법적·정치적 책임과도 연결되어 있기 때문이다. 정책가는 자신의 행위와 결정을 내부와 외부에 충분히 말할 수 있어야 하며, 또한 그 행위가 법령에 부합했음을 입증해야 한다. 그리고 정책 결정의 정당성과 타당성을 국민에게 알리는 일을 경시해서는 안 된다. 현실적으로 국회나 언론에 충분히 설명하고 설득하는 일은 결코 쉬운 일은 아니다. 그럼에도 불구하고, 권한이 있는 만큼 설명의 의무도 따른다는 점을 잊어서는 안 된다.

넷째, '책임'이라는 단어가 단지 과거를 되짚는 도구로만 사용되어서는 안 된다. 우리는 여전히 '누구의 잘못'을 묻는 경향이 강하다. 그러나 정책가의 중심 사고는 '어떻게 하면 문제를 해결할 수 있을까'라는 물음이어야 한다. 같은 문제가 반복되지 않도록 방지책을 마련하고, 근본적 해결에 접근하려는 노력이 책임

추궁보다 가볍게 여겨져서는 안 된다. 책임은 과거를 따지는 데서 끝나지 않는다. 책임은 성찰로 이어지고, 성찰은 다시 학습으로 연결되어야 한다. 실패를 인정하는 용기 없이는 변화도 없다. 책임지는 조직은 실수를 감추는 조직이 아니라, 실수를 되짚고 개선하는 조직이다.

책임은 회피해야 할 위험이 아니다. 정책가라면, 자신의 권한에 따르는 책임을 정직하게 마주할 용기를 가져야 한다. 진정한 책임은 그것을 인정하고 감당하려는 태도에서 시작된다. 영화 〈스파이더맨〉에 나오는 유명한 대사처럼, "큰 힘에는 큰 책임이 따른다(With great power comes great responsibility)."라는 말을 다시 새겨볼 필요가 있다.[10]

2장

비난

#1. 수혜를 늘리는 정책은 상대적으로 수월하다. 그러나 혜택을 줄이거나 없애는 일은 강한 반발과 비난을 감수해야 한다. 다음은 2024년 5월 6일 방송된 뉴스의 일부[11]이다.

"최근 기초연금 수급자들이 급여가 줄었다는 통보를 받으면서 민원이 급증하고 있다. 일부는 아예 연금 지급이 중단되었다. 민원은 구청과 보건복지부 등 관련 기관에 빗발치고 있다. 무엇이 이런 상황을 불러온 것일까? 주된 원인은 금융기관 이자율 상승이다. 지난해 이자율은 최고 6%까지 올랐다. 그 결과, 어르신들의 이자소득이 크게 증가했다. 이 소득 증가는 기초연금 수급 자격을 판단하는 소득에 반영되었다. 4월은 기초연금 정기조사가 이뤄지는 시기다. 이때 소득과 재산의 변화가 반영되어 연금 지급액이 조정된다. 올해는 특히 감액이나 지급 중단 사례가 두드러진다. 예컨대 전주시에서는 한 달 동안 1,389명이 감액 통보를 받았고, 313명은 지급 중지 통보를 받았다. 이 조사는 6월 말까지 계속될 예정이므로, 해당 인원은 더 늘어날 가능성이 크다. 물론 정부는 복지 기준을 축소한 것은 아니라는 입장이다. 실제로 65세 이상 단독가구의 소득 기준은 지난해 월 202만 원에서 올해 213만 원으로 상향되었다. 이는 물가 상승을 반영한 조치다. 하지만 이자율 급등으로 인한 소득 증가가 완화된 기준보다 훨씬 더 크게 작용하면서, 결국 많은 어르신이 연금을 감액당하게 된 것이다."

#2. 연금개혁[12]은 비난 회피 전략이 적용되는 대표적 사례로 자주 인용된다. 다음은 2023년 10월 31일 자 신문 칼럼[13]의 일부이다.

"지난 10월 27일, 보건복지부는 '국민연금 종합운영계획'을 발표했다. 이번 개혁안은 구체적인 수치 없이 추상적인 방향만 제시했다. 보험료 인상과 기금 수익률 제고가 핵심 방향으로 언급됐지만, 목표 수치는 빠져 있었다. …(중략)… 정부가 구체적인 개혁안을 내놓지 못하는 이유는 분명하다. 보험료 인상과 수급 시점 연장은 국민과 기업 모두에 부담을 주기 때문이다. 여기에 총선을 앞둔 정치적 상황도 부담을 키우고 있다. …(중략)… 현재 정부의 연금개혁 행보는 국민에게 고통을 주는 개혁을 주저하는, 전형적인 비난 회피 전략이다. 하지만 정부가 비난 회피에만 머무른다면 개혁의 길은 요원해질 것이다."

비난, 피할 수 없는 숙명

현실의 삶 속에서 우리는 어디에서나 비난을 마주하게 된다. 직장이든, 사회생활이든 우리는 때로 누군가를 비난하고, 또 누군가로부터 비난을 받는다. 특히 정책가에 비난은 더 무겁게 다가온다. 책임이 따르는 자리에 있는 사람에게 있어 비난은 끊임없이 따라붙는 그림자와 같다. 국회, 언론 등 다양한 경로를 통해 정책가는 늘 평가받으며, 그 중심에는 언제나 비난이 있다. 공공부문에 몸담은 사람에게 비난은 피할 수 없는 숙명에 가깝다.

그렇다면 비난이란 무엇일까? 정책가는 왜 비난에 반응하며, 어떻게 피하려고 할까? 비난은 단순한 불만 표현이 아니다. 다른 사람의 잘못이나 부족한 점을 지적하고, 부정적인 감정을 드러내는 행위다. 이는 단순한 사실의 전달이 아니라, 특정 결과에 대한 책임을 묻는 감정적 반응이자 의도를 포함한다. 즉 비난은 감정의 언어다. 일이 잘못되었을 때 사람들은 실망이나 불안을 느끼고, 그 감정을 표현한다. 공공 영역에서는 이런 감정이 제도적 책임 추궁으로 이어지고, 정치적 결과로까지 확산할 수 있다. 한편, 비난은 항상 명확한 근거에 따라 발생하지 않는다. 사실관계가 충분히 확인되지 않아도, 의혹이나 추측만으로 강한 비난이 쏟아질 수 있다. 이는 비난이 단순한 사실 판단이 아니라, 사회적 감정과 정치적 이해가 결합한 행위임을 보여준다.

분명한 것은 비난과 비판은 다르다는 점이다. 비판은 문제의 원인을 분석하고 개선 방향을 제시하는 반면, 비난은 감정적으로 책임을 몰아가는 경향이 강하다. 그래서 정책가에게 비판은 수용할 수 있는 반응이지만, 비난은 방어적 태도를 유발한다. 이에 따라 정책가는 '좋은 정책'과 '비난받지 않을 정책' 사이에서 고심하게 된다[14]. 때로는 '무엇을 할 것인가'보다 '무엇을 하지 않을 것인가'를 선택하기도 한다.

비난과 책임은 같은 방향으로 향하지 않는다

비난과 책임의 관계를 살펴보자. 비난은 책임과 밀접하게 연결되어 있지만, 항상 같은 방향으로 움직이지 않는다. 비난은 사회적 감정의 흐름에 따라 작동하는 반면, 책임은 제도와 절차에 따라 분배되고 판단된다. 외부화된 책임은 궁극적으로는 객관적 판단의 영역인 반면, 비난은 주관적 평가로 이루어진다. 누가 책임져야 하느냐는 제도와 사법 절차를 통해 정할 수 있지만, 누가 비난을 받느냐는 여론의 흐름에 따라 달라진다. 이에 따라 책임은 존재하지만, 비난이 나오지 않는 상황 또는 비난은 거세지만 실제 책임이 불분명한 상황도 발생할 수 있다.

이러한 차이는 정책 현장에서 자주 나타난다. 어떤 정책이 실패했을 때, 책임은 관료조직 내에서 구조적으로 분산되지만, 비난은 특정 개인이나 특정 기관에 집중되기 쉽다. 법적 책임이 없더라도 도덕적 비난이 쏟아지기도 하고, 반대로 책임이 있는데도 비난을 피하는 경우가 있다. 특히 정치적 사건이나 큰 정책 실패의 경우, 여론이 형성하는 비난의 방향은 실제 책임과 다르게 움직일 수 있다. 비난의 대상 또한 마찬가지다. 비난은 특정 대상을 향하지만, 그 대상이 반드시 책임자와 일치하는 것은 아니다. 때로는 가시성이 높은 인물, 상징적인 위치에 있는 사람, 또는 과거 신뢰를 잃었던 사람이 쉽게 비난의 표적이 된다.

비난의 방향은 제도적 책임보다 사회적 기대와 상징성에 따라 결정된다. 비난은 사회적 문제가 발생한 직후 즉각적으로 분출되지만, 책임은 그에 대한 후속적 응답으로 논의된다. 사람들이 분개하는 사건이 발생하면, 가장 먼저 비난이 쏟아지고, 그다음에 '누가 책임을 져야 하는가?'에 대한 논의가 뒤따른다. 이러한 의사소통의 흐름은 정책 현장에서 흔하다. 재난, 대형 사고, 중대한 정책실패가 발생하면, 여론은 먼저 정부를 향해 비난을 표출하고 이후 책임 소재를 따지기 시작한다. 이러한 특성은 정책 과정에서 중요한 영향을 미친다. 정책가는 합리적이고 논리적인 정책을 설계하려 노력하면서도, 동시에 사회적 감정에 비롯될 비난의 가능성을 어떻게 피하거나 줄일 수 있을지 고민하게 된다. 바로 이러한 고민이 정책가의 비난 회피 전략[15]으로 이어진다. 자세한 내용은 다음에서 살펴본다.

왜 비난에 반응하는가?

우선, 정책가가 비난에 반응하는 이유를 알아보자. 비난에 대응하는 방식은 사람이나 조직에 따라 다르다. 어떤 사람은 비난에 무덤덤하거나 아예 인식하지 못하기도 한다. 그러나 대부분 사람들은 칭찬보다 비난에 더 민감하게 반응한다. 비난을 받으면 책임 자체를 부정하거나 자기 행동을 정당화하려고 한다. 방어적인 태도를 보이며, 나쁜 평판을 피하려는 심리가 작동한다.

이런 반응은 부정적인 것에 더 민감하게 반응하는 인간의 본능적인 성향 때문이다. 이를 학계에서는 '부정성 편향(negativity bias)'이라고 한다. 심리학자 로진(Paul Rozin)과 로이즈먼(Edward B. Royzman)은 사람들이 긍정적인 정보보다 부정적인 정보에 더 강하게 반응하고 오래 기억한다[16]고 설명한다. 바우마이스터(Roy F. Baumeister)와 동료 연구자들도 인간은 좋은 일보다 나쁜 일에 훨씬 더 큰 심리적 반응을 보이며, 부정적인 경험이 긍정적인 경험보다 더 오래 지속된다[17]고 강조한다. 이처럼 우리의 인지는 본질적으로 부정적인 자극에 더 예민하게 반응한다. 삶에서 나쁜 일은 좋은 일보다 더 큰 영향을 주고, 손실이나 비난이 칭찬이나 혜택보다 더 강하게 다가온다.

행동경제학에서는 이를 전망이론(prospect theory)[18]으로 설명한다. 카너먼(Daniel Kahneman)과 트베르스키(Amos Tversky)는 사람들은 동일한 크기의 이익과 손실을 다르게 평가하며, 손실을 이익보다 2~4배 더 강하게 받아들인다고 본다. 즉 같은 금액을 얻거나 잃었을 때, 잃었을 때의 충격이 훨씬 더 크다는 것이다. 예를 들어, 한 사람이 게임에서 100만 원을 얻었을 때 느끼는 만족감과 100만 원을 잃었을 때 느끼는 상실감을 비교해 보자. 100만 원을 얻은 사람은 단순히 그만큼의 기쁨을 느끼지만, 100만 원을 잃은 사람은 금전적 손실을 넘어 200만 원에서 400만 원 정도의 심리적 박탈감을 경험할 수 있다. 이는 정책 과정에서도 중요한 의미가 있다. 정부가 새로운 혜택을 제공하는 것은 비교적 쉬운 일이지만, 기존 혜택을 줄이는 것은 훨씬 어렵다. 사람들이 동일한 수준의 정책 변화라도 새로운 지원을 받을 때보다 기존 혜택이 줄어들 때 훨씬 강하게 반발하기 때문이다. 이러한 이유로 정책가들은 기존 지원을 축소하거나 폐지하는 결정을 주저하게 된다. 개혁이 쉽지 않은 이유다.

2016년에 발표된 「축소정책에서의 부정성 편향과 비난 회피」

에 관한 실증연구 결과를 보면, 지방자치단체가 예산을 줄이는 정책을 선택할 때 부정성 편향과 비난 회피가 작동하는 것을 확인[19]할 수 있다. 연구는 광역자치단체에 공통 적용된 지방교부세* 인센티브 항목, 즉 인건비, 지방의회경비, 업무추진비, 행사·축제경비, 민간이전경비 절감 등을 분석하였다. 그 결과 지방자치단체는 행정 내부 비용을 줄이는 것에는 상대적으로 적극적이었지만, 주민에게 손실을 초래하는 항목인 민간이전경비의 축소에는 소극적인 태도를 보였다. 특히 민간이전경비 절감 항목에서는 중앙정부로부터 받을 수 있는 경제적 인센티브보다 주민들의 반발을 더 크게 인식했다. 실제로 많은 지방자치단체가 인센티브를 포기하거나 역(逆)인센티브를 감수하는 선택을 했다. 이는 사람들이 손실을 이익보다 더 크게 느낀다는 손실 회피(loss aversion) 성향과 정확히 맞닿아 있는 결과다. 또한 이 연구는 지방자치단체가 축소정책을 추진하더라도 선거가 없는 시기이거나, 경제 여건이 비교적 좋은 시점에 정책을 선택하는 경향이 있다는 점도 보여주었다. 이는 비난을 최소화하고 정치적 위험을 분산시키려는 전략으로 해석된다.

이처럼 부정성 편향으로 설명할 수 있는 사회 현상은 다양하다. 예를 들어, 선거에서는 부정적인 정보를 강조하는 '네거티

---

* 지방교부세는 자치단체간 재정력 격차를 해소하고 지방재정의 균형화를 위하여 국세(내국세) 중 일정액(19.24%)을 법정화하여 자지단체별 재정력을 반영하여 배정하는 금전이다.

브 전략'이 흔히 사용된다. 상대 후보의 단점을 부각하면 유권자의 시선을 끌기 쉽고 상대에 대한 부정적인 인상을 강화할 수 있기 때문이다. 실제로 많은 연구에서 유권자들은 긍정적인 공약보다 상대 후보자의 약점이나 논란에 더 민감하게 반응하는 경향[20]이 있다고 보고된다. 언론에서도 부정성 편향을 적극적으로 활용하는 사례가 쉽게 발견된다. 긍정적인 뉴스보다 부정적인 뉴스[21]가 사람들의 관심을 훨씬 쉽게 끌기 때문이다. '전쟁', '범죄', '위기' 같은 단어는 '평화'나 '성장' 같은 긍정적인 단어보다 더 빠르게 우리의 눈길을 끈다. 그래서 미담보다 비판 기사가 더 많은 주목을 받는다.

정부 역시 부정성 편향을 활용하는 경우가 있다. 특히 '평가와 공개' 방식은 조직이나 개인의 행동을 바꾸기 위한 도구로 자주 활용된다. 낮은 평가를 받는 것이 불명예로 여겨지기 때문에, 평가 대상자들은 이를 피하려는 강한 동기를 갖게 된다. 국세청이 고액 세금 체납자의 명단을 공개하는 것은 사회적 압박을 유도하는 사례다. 또한, 기관별 청렴도 평가 결과를 공개하는 방식도 마찬가지다. 높은 등급을 받는 것도 중요하지만, 최하위 등급은 기관의 명예에 타격을 준다. 체면이 손상되는 상황은 누구나 피하고 싶어 한다. 이 때문에 기관들은 평가 결과에 민감하게 반응하며, 결국 사실상 목표는 최고 등급이 아니라 '꼴찌만은 피하는 것'이 된다.

비난의 화살 피하기

정책을 추진하는 일은 정치적 위험을 동반한다. 정책이 성공하면 박수를 받지만, 실패하면 그 책임은 고스란히 정책가에 돌아간다. 그런데 아무리 정교하게 설계된 정책이라도 결과는 불확실하고, 그 결과에 따라 비난이 쏟아지는 일은 흔하다. 정책이 성과를 얻기 위해서는 어느 정도 위험을 감수해야 하지만, 위험이 현실화하였을 때 누가 비난을 받을 것인가를 둘러싼 고민이 발생한다.

정책으로 인해 손해를 보는 사람은 조직적으로 강하게 반발하는 반면, 혜택을 받는 사람의 호응은 잘 드러나지 않는다. 새로 무언가를 더하는 것은 쉬워도, 이미 가지고 있던 것을 줄이는 일은 훨씬 어렵고 저항이 있다. 그렇기 때문에 정책가는 비난을 피하려는 노력을 의식적이든 무의식적이든 하지 않을 수 없다. 실제로 어떤 정책을 추진할 것인지보다, 그 정책이 실패했을 때 비난을 어떻게 피할 수 있을지를 먼저 고려하는 경우도 있다.

그렇다면 정책을 추진하면서 비난을 회피하는 방식[22]에는 어떤 것들이 있을까? 실제 정책가들은 정책을 설계할 때, 비난을 최소화하는 방식을 암묵적이든 명시적이든 함께 고려한다. 대표적인 방식 중 하나는 정책 자체를 아예 추진하지 않는 것, 즉 '현상 유지'하는 것이다. 변화는 위험을 수반하고, 위험은 비난을 부른다. 그렇다면 아예 변화를 피하는 것이 정책적으로 더 안전하다고 판단할 수 있다. 새로운 정책을 추진하다가 실패하면 비난의 화살을 받게 되지만, 아무것도 하지 않으면 비난받을 이유도 줄어든다. 그래서 때로는 문제를 해결하려는 적극적인 시도보다 현상을 유지하는 것이 합리적인 선택처럼 여겨지기도 한다.

정책을 추진하더라도 비난을 피하는 방식으로 정책을 설계하는 사례는 많다. 그중 하나는 변화의 속도를 느리게 조정하는 방식이다. 급격한 변화는 큰 저항을 낳지만, 점진적인 변화는 상대적으로 반발을 분산시킬 수 있다. 정책의 부정적 효과를 지연하거나 분산하는 방식은 정치적 손실을 줄이기 위한 설계 전략으로 활용된다. 예를 들어, 2015년 공무원연금 개혁 당시 정부는 연금 수령 시작 연령을 60세에서 65세로 늦추기로 하면서, 그 적용 시점을 2021년부터 2033년까지 단계적으로 나누었다. 정책 효과가 즉각 나타나지 않도록 하여 반발을 희석하고 갈등을 완화하려는 의도이다.

또 다른 전략은 정책가의 재량을 줄이는 방식이다. 정책 결정이 자의적 판단에 따라 이뤄졌다는 인상이 강할수록, 정책실패에 대한 비난은 그 사람에게 집중된다. 반면 의사결정이 객관적 수식에 따라 자동으로 이루어진 것처럼 보일 경우, 책임을 명확히 묻기 어렵다. 이 때문에 많은 경우, 복잡한 계산식이나 기준을 설정해 정책 결정이 "기계적으로 이뤄지는 것처럼" 보이도록 설계한다. 예를 들어, 지방자치단체에 배분되는 보통교부세는 16개 항목, 42개의 보정 항목, 6개의 자체 노력 항목을 조합한 복잡한 계산식에 따라 산정된다. 이러한 구조는 결과의 객관성을 강조하면서도, 실제 결정 과정에서 정책가의 책임을 흐리는 효과를 낳는다.

이와 함께 자주 사용되는 전략은 정책 결정 권한을 다른 조직이나 기관에 넘기거나, 여러 기관이 함께 결정하도록 구조화하는 것이다. 이는 책임 소재를 분산시키고 비난을 나누는 효과가 있다. 정책 결정 권한을 수직적으로 여러 기관에 나누기도 하고, 수평적으로 공유하기도 한다. 상급 기관은 하급 기관에 권한을 이전했다고 하고, 하급 기관은 상급 기관의 지시를 따랐다고 말한다. 책임이 명확히 규정되지 않는 구조가 오히려 정치적으로는 유리하게 작용하는 셈이다. 특히 손실을 유발할 가능성이 큰 결정은 위원회를 통해 공동으로 결정하게 하여 책임 소재를 모호하게 만들기도 한다.

정책의 발표 전략 역시 비난 회피를 위한 수단으로 활용된다. 정책의 실질적 내용보다, 그것이 어떻게 표현되느냐가 정책 수용성에 영향을 미친다. '예산 삭감'이라는 표현은 반발을 불러오지만, '재정 건전화' 또는 '효율화'라는 표현은 같은 내용을 보다 긍정적으로 제시할 수 있다. 경우에 따라서는 보상책을 결합하거나, 이슈 자체가 드러나지 않도록 아젠다를 관리하는 전략도 함께 동원된다. 인기가 없는 정책을 추진할 때는 추가 재정을 투입하거나, 다른 인기 있는 정책과 묶어서 추진하는 방식을 택한다. 또한 논란이 되는 정책이 사회적으로 주목받지 않도록 의제를 관리하거나, 아예 이슈화를 지연시키기도 한다.

유의할 것은, 이러한 전략들이 비겁하거나 부정적인 것으로 평가되어서는 절대 안 된다는 점이다. 어떤 경우에는 정책 갈등을 최소화하고, 권한 남용을 방지하며, 정책을 안정적으로 실행하기 위한 불가피한 선택이다. 정책을 추진한다는 것은 다양한 정치적 조건을 고려하고, 그 속에서 실행 가능한 방식을 모색하는 과정이다. 그런 점에서 비난 회피 전략은 정책의 타협 가능성을 높이고 제도의 내구성을 강화하는데 기여하는, 현실적으로 유용한 전략이다.

비난을 받았을 때, 어떻게 해명하는가?

정책은 언제든 비난의 대상이 될 수 있다. 특히 예상치 못한 결과가 발생하거나 국민의 기대와 어긋나는 상황이 생기면, 정책가는 언론과 시민들로부터 비난을 받게 된다. 이런 상황에서 정책가는 다양한 방식으로 입장을 설명하고, 필요한 사안에 대해 해명한다. 구체적으로는 보도자료, 해명자료, 설명자료, 입장문 등의 문서를 제공하거나, 브리핑을 통해 직접 설명하기도 한다. 해명은 보통 두 가지 핵심 요소가 포함된다. 하나는 '어떤 일이 실제로 발생했는가?'라는 사실의 확인이고, 다른 하나는 '그 일에 어느 정도 책임이 있는가?'에 대한 입장이다. 이 두 요소를 어떻게 결합하느냐에 따라, 정책가의 설명과 해명은 여러 유형[23]으로 나뉜다.

흔한 해명 방식은 사실 자체를 부인하는 것이다. "사실이 아니다", "전혀 무관하다", "검토한 적이 없다"는 식으로 비난의 근거가 되는 사실을 인정하지 않는다. 어떤 경우에는 언론 내용이 잘못됐다고 주장하거나, 제시된 통계가 부정확하다고 반박하기도 한다. 때로는 해당 사안이 소관 부처의 업무가 아니며 다른 기관의 책임이라고 선을 긋는 경우도 있다. 실제 사례를 보자. 2023년 가을, 생활용품점에서 쉽게 구할 수 있는 먼지 제거 스프레이가 마약처럼 사용되고 있다는 보도[24]가 있었다. 이 제품을 흡입하면 강한 환각 증세가 나타나 중독자들이 이를 "2천 원짜리 마약"이라 부른다는 내용이었다. 그러나 제품 용기를 제작한 가스안전공사는 내용물 관리는 자신의 소관이 아니라고 밝혔다. 화학물질 관리는 환경부, 마약류 관리는 식약처가 맡고 있음에도 두 기관 모두 "우리 일이 아니다"라고 했다. 사실을 부인하거나 책임을 다른 곳으로 돌리는 대응 방식이었다.

두 번째 해명 방식은 사실의 존재는 인정하지만, 그 원인이 정부 정책과는 직접 관련이 없다는 입장을 밝히는 것이다. 즉, 특정 현상이 실제로 발생했다는 점은 받아들이되, 그것이 정부 정책과는 무관하다고 주장하거나, 세부 내용이 알려진 것과 다르다고 설명하는 방식이다. 예를 들어, "정부에서 관여한 바 없다"라고 하거나, "관련 계획은 있으나 문제를 제기한 시기나 방식과는 다르게 추진되고 있다"라고 해명한다. 이는 사실을 부정하지 않으면서도 정부의 책임을 최소화하는 방식이다.

세 번째 방식은 책임의 범위를 축소하는 것이다. 정책과의 연관성은 인정하지만, 그에 대한 전적인 책임은 정부의 몫이 아니라는 입장이다. "예상치 못한 일이었다", "이례적인 상황이었다", "개인의 일탈에 불과하다", "법적 절차는 지켰다"라는 표현들이 여기에 해당한다. 또는 글로벌 경제 위기, 자연재해, 과거 결정 사항 등을 언급하며 외부에서 책임을 찾기도 한다. "실제로는 그리 심각한 문제가 아니다", "비슷한 일이 과거에도 있었다"는 식으로 사건의 무게감을 낮추려는 발언도 사용된다. 때로는 "몰랐다"는 식으로 무지에 호소하는 방식도 나타난다.

네 번째는 정당화 전략이다. 이 접근은 사실과 책임을 인정하면서도, 그 행위에 나름의 이유와 타당성이 있었다고 설명하는 방식이다. 이는 단순한 변명이 아니라, 같은 사건을 다른 시각으로 보도록 유도하는 설득 전략에 가깝다. "이전보다 개선되었다", "국제 기준에 비해 나쁘지 않다", "앞으로는 더 나아질 것이다" 등의 표현이 여기에 해당한다. 때로는 비난이 제기된 기준과는 다른 평가 기준을 제시해 논점을 전환하기도 한다. 예컨대 "효율성보다 공정성이 더 중요하다"고 주장하는 식이다.

마지막 대응 방식은 책임을 수용하고 적극적으로 대처하는 전략이다. 비난을 받아들이고, 문제 해결을 위한 구체적인 대책을 제시하며 기존 정책을 수정하는 접근이다. 공식적인 사과, 피해자 보상, 재발 방지책 발표, 관련자 문책 등이 여기에 포함된다. 때로는 "조사 후 조치를 취하겠다"라며 시간을 확보하는 방식이 사용되기도 한다. 비난의 수용이 효과를 가지려면, 명확한 책임 인정, 사건의 원인이나 맥락에 대한 자세한 설명, 재발 방지를 위한 개선 계획이 함께 제시되어야 한다.

어떤 해명 방식이 가장 효과적인가?

그렇다면 논란이 발생했을 때, 어떤 해명 방식이 가장 효과적일까? 여러 연구는 단순한 변명이나 회피보다는, 정당성과 책임감을 드러내는 해명이 더 높은 설득력이 있다고 강조한다. "몰랐다", "다른 기관의 책임이다" 등과 같이 사실 자체를 부인하거나 책임을 전가하는 발언은 변명으로 인식되어 신뢰를 얻지 못하는 경우가 많다. 오히려 공정성과 같은 정책 원칙을 강조하거나, 현재 또는 미래에 실현될 긍정적 효과를 설명하는 방식은 사람들의 수용도를 높이는 경향이 있다. 특히 "책임을 인정하고 시정하겠다"라는 태도는 시민에게 긍정적으로 받아들여진다.

이와 관련해 맥그로(Kathleen M. McGraw)의 실험 연구[25]는 중요한 시사점을 제공한다. 맥그로는 정치인의 해명 방식을 아무런 견해를 밝히지 않는 '무해명', 외부 요인 탓으로 돌리는 '변명', 정책의 필요성을 강조하는 '정당화', 책임을 떠넘기는 '희생양'의 네 가지 전략으로 분류했다. 실험은 무작위로 배정된 참가자들에게 가상의 정책실패 상황을 제시한 뒤, 각기 다른 해명 유형을 보여주고 정치인의 책임감, 신뢰도, 대응 평가 등을 측정하는 방식으로 진행되었다. 그 결과 정당화를 제시한 경우 응답자의 65%가 긍정적인 평가를 내렸지만, 변명은 43%, 희생양은 40%, 무해명은 33%에 그쳤다. 정치인의 신뢰도 역시 정당화 전략에서 가장 높게 나타났으며, 변명과 희생양 전략은 오히려 도덕성 평가에 부정적 영향을 미쳤다.

비난을 받았을 때 어떤 표현을 사용하느냐도 신뢰 회복에 영향을 미친다. 같은 내용이라도 어떤 말로 전달하느냐에 따라 사람들이 느끼는 인상은 달라진다. 무책임하게 들릴 수 있는 표현은 오히려 불신을 키운다. "유감이다", "예기치 못한 상황이었다", "안타깝게 생각한다"는 말은 사과처럼 보일 수 있지만, 때에 따라서는 책임을 회피하는 태도로 해석될 수 있다. 형식적인 "죄송합니다"라는 말을 반복할 경우 감정은 누그러뜨릴 수 있지만, 실질적인 신뢰 회복에는 한계가 있다. 반면, 책임을 명확히 인식하고 구체적인 개선 조치를 함께 제시하는 표현은 진정성을 전달하며, 신뢰 회복에 긍정적인 효과를 준다. 불가피한 상황을 설명하면서도 도의적 책임을 인정하고, 재발 방지 대책 등 미래에 대한 약속까지 함께 제시하는 방식이 진정성을 높이는 데 유리하다.[26] 아울러, 감정 소통을 간과해서는 안 된다. 정책실패로 인해 사람들이 느낀 실망과 불안을 공감하는 표현은 해명의 설득력을 높인다.

비난 회피도 정책의 기술이다

지금까지의 내용을 정리해 보자. 정책가는 비난을 피하기 어려운 숙명적 위치에 있다. 그래서 다양한 방식으로 그 부담을 줄이려는 방식을 찾게 된다. 사람이 본능적으로 갖는 부정성 편향과 손실 회피 성향은 정책가가 비난에 민감하도록 만들고, 이는 비난을 줄이기 위한 전략적 행동으로 이어진다. 그러나 비난 회피를 반드시 부정적인 행태로만 볼 필요는 없다. 후드(Christopher Hood)는 "오늘날 정부 운영의 기술은 성과를 내는 것에 초점을 맞추기보다는, 일이 잘못되었을 때 어떻게 비난을 피할 것인가에 집중되고 있다."라고 지적한다.[27] 이는 비난 회피가 현대 행정에서 실질적으로 중요한 과제가 되었으며,

정책가가 현실적으로 선택할 수밖에 없는 전략임을 시사한다.

정책가는 비난을 단순히 피하려 하기보다는, 이를 관리하고 대응하는 전략을 마련해야 한다. 무엇보다 비난의 본질을 이해하는 일이 선행되어야 한다. 비난은 정책의 성과나 논리보다, 사람들이 느끼는 감정에서 더 쉽게 발생한다. 따라서 정책을 설계할 때는 논리적 타당성뿐만 아니라, 정서적 반응과 손실에 대한 감정까지 고려해야 한다. 반발은 결국 피해를 본 사람들의 감정에서 비롯된다는 점을 잊어서는 안 된다.

결국 중요한 것은 비난 자체가 아니라, 그 비난에 어떻게 대응하느냐에 있다. 비난을 고려한 전략적 접근은 정책의 정교함을 높일 뿐만 아니라, 효과성과 정당성 확보에도 기여한다. 비난 회피를 단순한 책임 회피로만 치부하지 말고, 신뢰를 높이는 전략적 수단으로 명확히 인식해야 한다. 정책에도 비난을 관리하는 기술이 필요한 것이다.[28]

3장

신뢰

　#. 2025년 1월, 통계청은 주요 기관에 대한 신뢰도 조사 결과[29]를 발표했다. 기관 신뢰도는 각 기관이 얼마나 효율적으로 운영되고, 국민의 요구와 기대를 얼마나 반영하는지를 보여주는 지표다. 조사는 중앙부처, 국회, 법원, 검찰, 경찰, 금융기관 등 총 16개 기관을 대상으로 진행되었다. 전체 기관 신뢰도는 2013년 44.7%였지만, 이후 점차 낮아져 2019년까지 약 40% 수준을 유지했다. 2020년에는 48.3%로 상승했고, 2021년에는 55.4%까지 크게 증가했다. 이후 2022년에는 52.8%, 2023년에는 51.1%로 다시 낮아졌다. 2020년과 2021년의 신뢰도 상승은 코로나19 대응에 대한 긍정 평가가 영향을 미쳤다.

　지역별로 보면 도시 지역의 신뢰도는 51.9%로, 농어촌 지역 46.8%에 비해 다소 높았다. 연령별로는 30대의 신뢰도가 48.6%로 가장 낮았고, 60세 이상은 53.1%로 가장 높았다. 성별

차이는 크지 않았으며, 남성은 50.6%, 여성은 51.5%였다. 세부 기관별 신뢰도를 보면, 의료계가 72.1%로 가장 높았다. 그다음은 교육계(66.9%), 금융기관(63.8%), 지방자치단체(58.6%), 대기업(54.5%), 군대(54.5%), 중앙부처(53.8%), 경찰(51.4%) 순이었다. 반면, 국회는 24.7%로 가장 낮은 신뢰를 받았으며, 노동조합(37.7%)과 시민단체(43.6%)도 낮은 수준을 보였다. 그 외 TV·방송사(49.6%), 종교계(48.5%), 법원(48.5%), 검찰(44.5%), 신문사(44.4%)는 중간 수준의 신뢰도를 기록했다.

행동에 대한 기대와 믿음

국민은 정부를 신뢰할까? 국민은 왜 정부를 믿지 않을까? 2006년 2월 노무현 대통령 주재 수석·보좌관 회의에서 토론[30]이 있었다. 이 토론은 하버드대학교 나이(Joseph S. Nye) 교수의 책 『국민은 왜 정부를 믿지 않는가[31]』를 중심으로 진행되었다. 노무현 대통령이 이 책의 내용을 공유하면 좋겠다고 제안했고, 당시 홍보수석이 책 내용을 요약해 발제했다. 왜 노무현 대통령은 정부 신뢰에 관해 토론하고 싶어 했을까? 당시 참여정부는 '일 잘하는 정부, 대화 잘하는 정부'를 통해 '신뢰받는 정부'를 지향했다. 정부 혁신에 진심이었던 시기이기도 했다. 하지만 현실은 녹록지 않았다. 부동산 가격 폭등, 저성장, 경제 양극화 등 정책 난제들이 산적해 있었고, 국정 지지도는 10%대까지 떨어졌다. 보수 언론은 참여정부를 '아마추어 정부'라며 비판했고, 토론만 하고 성과는 없다는 의미에서 '나토 정부(NATO, No Action Talk Only)'라고 희화화했다.

그러나 정부 신뢰는 노무현 정부만의 고민이 아니다. 정부 수립 이후 대한민국은 최빈국에서 세계 10대 경제 대국으로 성장했고, 1인당 국민소득은 4만 달러에 근접하고 있다. 복지 혜택은 늘었고, 교육의 질은 높아졌으며, 치안 서비스는 세계 최고 수준으로 발전했다. 하지만 국가 발전에도 불구하고, 정부에 대한 신뢰[32]는 여전히 높지 않다. 신뢰 저하에 대한 우려도 곳곳에서 제기되었다.

이번 글은 정부 신뢰에 관한 것이다. 정부 신뢰를 높이고 국민 기대 수준에 부합하기 위해 정부가 무엇을 고민해야 하는지를 나이 교수의 책과 여러 연구를 중심으로 짚어본다. 우선 밝혀두고 싶은 것은, 정부 신뢰를 높이는 일은 결코 쉬운 여정이 아니라는 점이다. 신뢰는 천천히 쌓이지만, 무너지는 것은 한순간이기 때문이다.

우선, '신뢰'란 무엇일까? 세상은 불확실성으로 가득하다. 주문한 음식이 정확히 조리될까, 시내버스는 정해진 노선을 따라 정시에 도착할까, 계약의 상대방이 약속을 지킬까, 뉴스는 정확한 것일까. 이처럼 우리의 일상은 신뢰와 관련된 수많은 상황으로 채워져 있다. 하지만 만일 신뢰가 없다면, 우리는 상대방의 행동 하나하나를 일일이 확인하고 점검해야 한다. 상대가 약속을 지킬지 끊임없이 의심하게 된다. 협력은 줄어들고, 경계와 통제가 늘어난다. 불신을 해소하기 위해 삶의 많은 에너지를 소모해야 한다. 신뢰는 이러한 과정들을 생략할 수 있게 해주는 힘이다. 신뢰는 사회적 불확실성을 줄이고, 점검과 감시의 부담을 줄여주는 기능을 한다. 불필요한 의심, 과도한 통제, 끝없는 확인 절차를 간략하게 하는 사회적 메커니즘이 바로 신뢰이다. 우리는 공무원, 경찰 등 사회 구성원들의 여러 행동을 대개 의심하지 않는다. 각자의 역할을 책임감 있게 수행할 것이라는 믿음, 즉 신뢰가 있기 때문이다. 신뢰가 있기에 우리는 사회적 과정 일부를 생략할 수 있고, 그 결과를 받아들일 수 있게 된다.

즉 신뢰는 단순한 호감 이상의 의미다. 신뢰란 다른 사람이 나에게 해를 끼치지 않을 것이며, 약속을 지키고 예측할 수 있는 방식으로 행동할 것이라는 기대와 믿음[33]이다. 사람들이 서로를 믿고 협력할 수 있다는 기대, 이것이 일반적으로 말하는 신뢰이다.

정부는 유능하고, 정직하며, 공정한가?

신뢰가 사회적 관계의 기반이라면, 정부 신뢰는 국가와 시민

사이의 관계를 지탱하는 중심축이다. 사람들이 정부를 신뢰한다는 것은 단순한 정치적 지지나 일시적인 정책 만족감 때문이 아니다. 정부가 정직하고 공정하며, 공익을 위해 일한다고 믿는 데서 신뢰가 시작된다. 학자들은 국민이 원하는 방향에 맞춰 정책을 결정하고 집행한다는 정부에 대한 믿음이자 신념으로 정부 신뢰를 이해하며, 국민이 정부를 얼마나 믿고 평가하는지를 나타내는 기본적인 태도[34]로 정부 신뢰를 정의한다. 그렇다면 정부의 어떤 점이 신뢰의 기준이 될까? 신뢰의 대상은 정부가 얼마나 효율적이고 효과적으로 관리되는지, 얼마나 투명하고 공정하게 운영되는지, 정부가 국민의 요구에 얼마나 잘 대응하는지 등이 된다. 이것을 좀 더 자세히 설명해 보자.

무엇보다 사람들은 정부가 사회 문제를 해결할 수 있는 능력을 갖추었는지를 살펴본다. 정책을 제대로 설계하고 실행하여 실질적인 결과를 만들어내는 능력은 신뢰의 중요한 토대다. 아무리 의도가 좋아 보여도, 정부가 성과를 낼 수 있는 역량을 갖추지 못하면 신뢰는 쉽게 형성되지 않는다. 하지만 정부의 능력만으로는 충분하지 않다. 사람들은 정부가 정직하고 도덕적인 태도를 가졌는지도 함께 본다. 정부가 숨김없이 설명하고, 공익을 최우선에 두고 행동한다고 느낄 때 신뢰는 깊어진다. 또한 정부가 얼마나 공정하게 정책을 집행하는지도 중요한 판단 기준이다. 제도가 특정 집단에 유리하게 작동하거나 형평성이 무너졌다고 느껴질 경우, 사람들은 신뢰를 거두게 된다. 그리고 정부가 국민의 요구에 얼마나 잘 반응하는지 역시 신뢰 형성에 영향을 미친다. 국민의 목소리를 듣고, 실제로 정책에 반영하려는 노력은 신뢰를 쌓는 데 핵심이다. 정부가 무관심하거나 일방적으로 움직인다고 느낄 때, 사람들의 마음은 멀어진다. 정부 운영의 투명성 또한 중요하다. 정책 결정 과정이 투명하게 공개되고, 국민이 그 내용을 이해할 수 있어야 신뢰가 형성된다. 과정의 투명성이 없는 정책 집행은 오히려 불신을 키울 수 있다.

요약해 보면, 사람들은 정부가 어떤 태도와 방식으로 일하는지를 종합적으로 평가[35]하여 신뢰를 형성한다. 정부 신뢰는 결과만이 아니라, 그 과정을 국민이 어떻게 평가하느냐에도 달려 있다. 사람들은 정부가 얼마나 유능하고, 정직하며, 공정하고, 국민 뜻에 반응하며, 투명하게 운영되는지를 종합하여 판단한다. 여기에는 정부가 국민을 위해 올바르게 행동할 것이라는 기대까지 포함된다.

정부 신뢰의 역할과 중요성

공자는 '민무신불립(民無信不立)"이라 했다. 국민의 신뢰가

---

* 공자는 제자 자공과의 대화에서 군사력, 식량, 백성의 신뢰 중에서 "믿음이 없으면 설 수 없다."고 하여 백성의 신뢰를 가장 중요하다고 답했다(논어 안연[顔淵]편).

없으면 국가는 존립할 수 없다는 말이다. 이 말은 신뢰가 국가 운영에 있어 얼마나 중요한지를 예로부터 강조해 온 표현이다. 정부 신뢰는 단순한 좋은 이미지나 긍정적인 감정이 아니다. 그것은 정부 운영의 도덕적 기반[36]이며, 민주 정부의 정통성과 정책의 효율성과도 깊이 연결된다. 정부 신뢰는 사람들의 지지와 원활한 협력을 끌어내는 중요한 동력으로 작용하며, 정책 수행 과정에서 요구되는 세금 납부나 규칙 준수와 같은 행동 부담도 신뢰를 기반으로 이뤄진다.

정부 신뢰의 중요성을 알아보자. 무엇보다 정부 신뢰는 정책 실행력을 높이는 역할을 한다. 신뢰 수준이 높을수록 사람들은 정부 정책을 자연스럽게 수용하고 협조하려는 태도를 보인다. 하지만 신뢰가 낮은 상황에서는 정책적 지지와 협력을 끌어내기 어렵고, 행정비용이 증가하며 사회 문제 해결도 지연된다[37]. 예를 들어, 복지정책에 대해 사람들은 대체로 찬성한다. 더 나은 사회 보장, 의료 서비스, 교육 기회 확대에 동의하는 경우가 많다. 하지만 이를 위해 세금을 더 부담할 것인지에 대해서는 쉽게 동의하지 않는다. 사람들은 "세금을 더 낸다고 복지가 확대될 것 같지는 않다[38]"라는 생각을 하기 때문이다. 즉 복지 확대는 동의하지만, 그것을 추진할 정부의 행동과 약속은 믿지 못하겠다는 것이다. 정부가 정책을 제대로 수행할 것이라는 믿음이 뒷받침되어야 사람들은 정책을 수용한다.

그리고 정부 신뢰는 사회적 비용[39]을 줄이는 역할도 한다. 신뢰가 높은 사회에서는 사람들이 정책을 자발적으로 따르기 때문에, 강제 규제나 감시에 드는 행정비용이 적어진다. 반대로 신뢰가 낮은 사회는 정책 저항이 많아지고, 행정 절차는 복잡해지며, 법 집행과 법질서 유지에도 많은 비용이 소요된다. 또 정부 신뢰는 정치적 안정성과 민주주의 발전에도 직접적인 영향을 준다. 신뢰가 높은 사회에서는 국민의 선거 참여가 활발하고, 공공 정책 논의와 시민사회 활동도 활기를 띤다.

반면, 정부 신뢰가 낮으면 정치 불신이 커지고, 냉소주의가 확산된다. 극단적 정치 주장이 등장할 가능성도 커진다. 아울러 정부 신뢰는 경제 성장[40]과도 밀접하게 연결되어 있다. 기업과 투자자들은 정부 정책의 일관성과 예측 가능성을 신뢰할 때 장기 투자와 경제 활동에 적극적으로 대응한다. 정부 신뢰가 높은 국가에서는 정책 일관성이 유지되며, 기업과 투자자들은 경제 환경을 안정적으로 평가한다. 반면, 정부 신뢰가 낮으면 정책이 자주 바뀌고, 행정 절차도 불투명해져 기업 활동이 위축된다. 공정한 시장 경쟁이 어려워지고, 결국 경제 성장에 부정적인 영향을 미친다.

정부 신뢰는 국가가 위기에 처했을 때 빛을 발한다. 대규모 재난, 감염병, 금융위기 등 각종 위기 상황에서 정부 신뢰가 높으면 국민은 정부의 대응을 믿고 협력한다. 하지만 신뢰가 낮은 사회에서는 정부 정책에 대한 불응과 공공기관에 대한 불신으로 위기 대응이 어려워진다. 코로나19 팬데믹 당시, 정부 신뢰가 높은 국가에서는 방역 지침이 원활히 이행되었고 백신 접종률[41]도 상대적으로 높았다.

정부 신뢰는 복합적이며 다중적이다

정부 신뢰를 이론적으로 설명하긴 했지만, 현실에서 사람들은 이를 하나의 단일한 개념으로 받아들이지 않는다.[42] 정부 신뢰는 여러 층위로 구성된 복합적이며 다면적인 인식이다. 앞서 다뤘던 책임과 비난처럼, 정부 신뢰 역시 상황과 관점에 따라 그 의미가 다르게 사용된다. 어떤 사람은 대통령과 여당 중심으로 정부 신뢰를 판단하고, 다른 사람은 행정 기관이나 공무원의 행태를 기준으로 정부 신뢰를 떠올리기도 한다. 또 어떤 사람은 국가 운영 체계나 정책 성과, 행정 절차의 공정성을 기준으로 삼는다. 사람마다 정부 신뢰의 기준과 대상이 다르고, 해석 방식도 다양하다.

사람들이 생각하는 정부 신뢰의 다양한 모습을 살펴보자. 첫 번째는 국가의 정치 체계나 국가 운영 제도에 대한 신뢰이다. 행정부를 비롯한 국회, 법원 등 헌법상의 제도와 시스템이 절차에 따라 공정하게 운영된다고 믿을 때, 사람들은 정부를 신뢰한다고 말한다. 이는 특정 정권이나 정책이 아니라 국가 시스템 자체에 대한 믿음이다. 선거가 공정하게 치러지고 민주주의 원칙이 지켜지는 사회일수록 정부 신뢰는 높게 나타난다.

두 번째로 생각해 볼 수 있는 것은 정권에 대한 신뢰이다. 이는 현 정권과 지도자에 대한 호감이나 지지로 나타나는 신뢰이다. 대통령, 내각, 여당 등에 대한 감정과 평가가 여기에 포함된다. 정권 신뢰는 선거 결과, 정치 스캔들, 언론 보도 등 외부 요인에 민감하게 반응하며, 일시적이고 변동성이 크다. 정권이 곧 정부는 아니지만, 많은 사람들은 이를 동일시하기도 한다.

세 번째는 정책에 대한 신뢰이다. 정부가 추진하는 정책의 방향성과 성과를 기준으로 정부를 평가하는 것이다. 정부가 경제를 성장시키고, 실업률을 낮추며, 위기 상황에 효과적으로 대응할 경우 정부 신뢰는 높아진다. 반대로 정책실패나 혼란이 발생하면 신뢰는 쉽게 무너진다.

네 번째는 행정 서비스와 공공기관에 대한 신뢰이다. 경찰, 소방, 복지 등 공공 서비스의 질과 공정성이 신뢰를 형성하는 기반이 된다. 자신이 받은 공공 서비스가 일관되고 공정했다면 정부에 대한 신뢰도 함께 높아진다. 반대로 서비스가 편파적이거나 특혜처럼 느껴질 경우 신뢰는 약화된다.

다섯 번째는 공무원에 대한 신뢰이다. 이는 행정을 실질적으로 수행하는 사람들, 즉 공무원 개인이나 집단에 대한 평가다.

공무원의 전문성과 청렴성, 책임 있는 업무 수행은 정부에 대한 신뢰를 뒷받침한다. 정책이 아무리 잘 설계되어 있어도, 그것을 실현하는 사람이 신뢰받지 못하면 정부 전체에 대한 신뢰도 흔들릴 수 있다.

마지막으로는 사회적 신뢰[43]와의 연계다. 시민들 사이의 신뢰 수준이 높을수록 정부에 대한 신뢰도 높아지는 경향이 있다. 사회 전반에 신뢰가 뿌리 내린 경우, 정부와 시민의 관계도 협력적으로 자리 잡고 정책 수행도 원활하게 이루어진다.

대통령과 정부 신뢰

여기서는 정부 신뢰와 관련 있는 여러 변수에 관해 이야기해 보겠다. 우선 대통령과 정부 신뢰 간의 관계를 살펴보자. 앞서 언급했듯, 정부 신뢰를 이야기할 때 대통령에 대한 신뢰[44]와 정부 정책에 대한 만족이 혼용되어 사용되는 경우가 있다. 이때 대통령과 정부 중에서 무엇을 더 중요하게 보느냐에 따라 해석하는 시각이 달라진다.

먼저 대통령의 신뢰와 이미지가 정부 신뢰 형성에 결정적인 영향을 미친다는 입장[45]이 있다. 대통령은 헌법상 행정부의 수반이자 핵심적인 정책결정자다. 이 때문에 언론과 미디어는 대통령 개인을 중심으로 보도하는 경향이 강하고, 사람들은 대통령을 정부 전체의 상징처럼 인식하는 경우가 많다. 그 결과, 정부나 정책에 대한 평가가 대통령 한 사람에게 과도하게 집중되는 '대통령 개인화(presidential personalization)[46]' 현상이 나타난다. 이러한 상황에서는, 대통령의 리더십뿐만 아니라 이미지, 대중성, 심지어 외모와 같은 개인적 특성[47]까지 정부 신뢰 형성에 영향을 준다. 이에 따라 대통령이 부정적 이미지나 무능한 인상을 줄 경우, 정부 신뢰는 약화된다. 대통령에 대한 지지 정도가 정부 신뢰를 좌우하는 구조가 된다. 이는 정치적 책임과 기대가 한 사람에게 집중되기 쉬운 대통령 중심제 국가일수록 두드러진다. 한편 대통령 지지율과 대통령 신뢰는 구별되어야 한다. 지지율은 특정 시점에서의 정책 평가나 감정적 호감도를 반영하지만, 대통령에 대한 신뢰는 장기적인 리더십 평가와 통치 철학에 대한 보다 장기적이고 구조적인 감정이다.

대통령 신뢰에 대한 다른 접근도 있다. 정부 신뢰에 있어 대통령도 중요하지만, 정부 정책에 대한 평가나 만족이 더 중요하다는 주장이다. 이 관점에서는, 대통령의 말솜씨나 인기보다는 정부가 실제로 문제를 어떻게 해결했는지[48]를 중심으로 신뢰를 판단한다. 정부 정책에 대한 만족, 경제적 성과 등이 더 본질적이라는 것이다.

대통령에 대한 신뢰와 정부 정책 만족도가 정부 신뢰에 미치는 영향을 분석한 우리나라 연구에서는, 대통령에 대한 신뢰가 통계적으로 더 유의미한 것으로 분석된 사례[49]가 있다. 어느 쪽의 설명과 해석이 더 타당한지는 여전히 중요한 연구 과제로 남아 있다. 현실에서는 대통령과 정부 정책에 대한 평가가 서로 영향을 주고받으며, 복합적으로 작용한다고 할 것이다.

대통령뿐만 아니라, 사람들의 인적 특성에 따라서도 정부 신뢰가 달라질 수 있다는 연구들이 있다. 성별, 연령, 소득 수준, 거주 지역 등 인구 사회적 특성은 정부 신뢰에 영향을 미치는 요인으로 자주 언급된다.

연령의 경우, 나이가 많을수록 정부를 더 신뢰한다는 연구가 있는 반면, 연령과 정부 신뢰 간에 유의미한 상관관계가 없다는 분석[50]도 존재한다. 성별에 따른 차이 역시 연구마다 상이하다. 어떤 연구는 여성이 남성보다 정부를 더 신뢰한다고 보고하지만, 반대로 여성의 신뢰 수준이 더 낮다고 보는 연구도 있다. 소득 수준에 따른 정부 신뢰 차이를 다룬 연구도 엇갈린 결과를 보인다. 일부 연구는 소득 계층에 따라 정부 신뢰 수준이 다르다고 분석하지만, 다른 연구[51]에서는 소득에 따른 유의미한 차이를 발견하지 못했다.

또한 정치적 요인[52]도 정부 신뢰 형성에 영향을 미친다. 지지 정당이나 이념적 성향이 정부 신뢰의 선행 요인으로 작용하며, 여당 지지 여부에 따라 정부에 대한 신뢰가 달라진다는 연구가 있다. 보수 성향인지, 진보 성향인지에 따라서도 정부 신뢰 수준이 다르다는 결과가 보고되고 있다. 직업적 배경[53]도 영향을 줄 수 있다. 예를 들어, 정부 기관이나 공공기관에 근무하는 사람은 그렇지 않은 사람보다 정부를 더 신뢰하는 경향을 보인다. 또한 도시 지역과 농촌 지역 간에도 정부 신뢰 수준에 차이가 있다는 연구[54]도 있다.

요약하자면, 정부 신뢰는 성별, 연령, 소득 수준과 같은 인구사회적 변수뿐만 아니라, 정치적 성향, 거주 지역, 직업 등 다양한 요인들과 복잡하게 연관되어 있다. 이처럼 연구 결과가 일치하지 않는 것은 사람들이 정부 신뢰를 각기 다르게 이해하고 있으며, 정부 신뢰의 개념 자체가 복합적이고 다층적이기 때문이다. 또한, 각 연구는 연구 목적, 분석 대상, 방법론이 다르므로, 연구 결과를 해석할 때 그 차이를 충분히 고려해야 한다.

정부 신뢰는 국민의 인식과 기대가 조합된 결과

이제부터는 나이 교수의 연구를 바탕으로 정부 신뢰를 높이는 방안을 고민해 보자. 정부 신뢰는 정부에 대한 국민의 기대와 실제 정책 수행 결과가 일치할 때 형성된다. 즉 정부 신뢰는 정부의 성과에 대한 국민의 평가와 기대 수준 간의 관계*로 설명된

---

* 이를 공식처럼 표현하면, '정부 신뢰 = 정부에 대한 인식 / 국민의 기대'라고 할 수 있다.

다. 정부에 대한 인식이 일정하더라도 국민의 기대가 높아지면 신뢰는 낮아진다. 반대로, 국민의 기대가 그대로여도 정부 성과에 대한 인식이 나빠지면 신뢰는 하락한다.

이러한 두 측면을 좀 더 구체적으로 설명하고자 한다. 먼저, '정부에 대한 인식'이다. 이 인식은 장기적 인식과 단기적 인식으로 나눌 수 있다. 장기적 인식에는 오랜 기간 동안 형성된 정부에 대한 반감 또는 불신이 포함된다. 이러한 감정이 과거부터 이어져 온 문화적 유산 때문인지, 혹은 산업화 이후 개인주의와 물질주의의 확산으로 생긴 현상인지는 명확하지 않다. 일부 사람들은 정부의 권위나 정치 조직 자체를 근본적으로 신뢰하지 않으려는 태도를 보이기도 한다. 정권에 상관없이, 정부가 하는 일에 무조건적인 반감을 나타내는 경우도 있다. 이러한 인식이 강할수록 정부에 대한 신뢰는 낮아질 수밖에 없다.

한편, 단기적 인식은 다음과 같은 네 가지 요인에 영향을 받는다. 첫째, 정부의 성과에 대한 평가, 둘째, 특정 정책에 대한 국민의 정치적·이념적 입장, 셋째, 정부의 도덕성과 청렴성, 넷째, 언론 등 외부로부터의 비판이다.

먼저 정부 신뢰를 결정하는 중요한 요인 중 첫 번째는 정부의 능력과 정책 실행에 대한 국민의 평가, 즉 정부의 성과다. 정부가 사회 문제를 얼마나 효과적으로 해결했는지, 그리고 국민에게 약속한 정책을 얼마나 충실히 이행했는지에 대한 평가가 신뢰 수준에 영향을 미친다. 특히 민주주의가 안정된 국가에서는 경제적 성과가 신뢰 형성에 중요한 영향을 미친다.

하지만 이러한 평가는 국민의 주관적 인식에 크게 좌우되기 때문에, 반드시 객관적인 지표와 일치하지는 않는다. 정부 입장에서는 억울할 수 있지만, 과거 10~20년 동안 국가 경제가 크게 성장했더라도, 국민은 자신의 현재 기대 수준을 기준으로 정부 성과를 판단하는 경향이 있다. 결국 정부 성과에 대한 평가는 현재의 기대에 얼마나 부합하는지가 핵심 기준이 된다. 또한 국민은 모든 정책 성과를 동일한 기준으로 평가하지 않는다. 대부분 자신이 관심을 두는 정책을 중심으로 정부를 판단하며, 특히 언론이 부각하는 부정적인 뉴스가 긍정적인 성과보다 더 강한 영향을 미치기도 한다. 그 결과 정부 성과에 대한 평가는 대체로 엄격하게 이루어지는 경향이 있다.

두 번째 요인은 특정 정책에 대한 국민의 정치적·이념적 입장이다. 사람들은 각자의 정치적·이념적 성향에 따라 정책을 해석하고 평가한다. 정부의 정책 수행 방식이나 실제 성과와 관계없이, 정책의 방향이나 내용 자체를 이념적 이유로 반대하거나 신뢰하지 않는 경우도 존재한다. 이러한 반대는 해당 정책이 자신의 가치와 다르거나, 정책 목표 자체에 동의하지 않을 때 발생한다. 예를 들어, 사회적 약자를 대상으로 한 선택적 복지를 시행할 것인지, 아니면 국민 전체를 대상으로 한 보편적 복지를 도입할 것인지에 대한 이념적 의견 차이는 정책 자체를 반대하는 태도로 나타나기도 한다.

세 번째 요인은 정부의 도덕성과 청렴성이다. 뇌물, 부패, 부정 청탁, 불공정한 결정, 권력형 비리, 공직자의 품위 손상, 특권 등은 정부의 도덕성과 성실성을 훼손하며, 결국 국민의 신뢰를 약화시킨다. 정부의 도덕성, 공정성, 투명성은 신뢰를 유지하는 데 필수적인 요소다. 특히 정부 지도자의 말과 행동이 일치하지 않을 경우, 국민의 신뢰는 흔들릴 수 있다. 또한, 정부가 정책을 원칙에 따라 일관되게 추진하는 자세도 중요하다. 태도를 갑자기 바꾸거나 이랬다저랬다 하는 모습을 보이면, 국민은 정부를 신뢰하지 않게 된다.

마지막으로 네 번째는 외부로부터의 비난이다. 정부의 사소한 실수나 결점이 반복적으로 언론에 보도되거나, 흠잡기 식 보도에 계속 노출되면서 정부 신뢰는 서서히 약해진다. 대부분의 국민은 정부 정책과 성과를 직접 체험하기보다, 언론 보도를 통해 정보를 접한다. 그런데 긍정적 성과보다 부정적 뉴스가 더 강조되기 때문에, 사람들은 정부를 비판적 시각으로 바라보게 된다. 또한 언론이 정책의 핵심 내용보다 대중의 관심을 끌 수 있는 소재에 집중할 때도 있다. 예를 들어, 대통령 연설의 메시지보다 박수 횟수나 넥타이 색상이 더 주목받는 경우이다.

정책가가 유의해야 할 점은, 언론으로부터 비난을 받는 것은 쉽지만, 언론을 통해 정책의 핵심 내용을 사람들에게 정확히 전달하는 일은 매우 어렵다는 사실이다. 이것은 정책가가 직면한 냉혹한 현실이다. 정책 홍보가 원활하지 않다고 단순히 언론을 탓할 문제도 아니다.

이제는 정부 신뢰를 결정하는 또 다른 요소인 '국민의 기대'에 대해 알아보자. 정부 신뢰는 정부에 대한 인식이 국민의 기대에 얼마나 부합하느냐에 따라 달라진다. 이 기대는 크게 두 가지로 나눌 수 있다. 하나는 정부가 반드시 해결해야 할 문제나 제공해야 할 서비스에 대한 국민의 '요구'이고, 다른 하나는 정부가 이러한 역할을 해 주기를 바라는 '희망'이다.

사람들의 요구는 시간이 지날수록 계속 증가해 왔다. 교육, 주거, 건강, 복지, 안전, 교통, 에너지 등 다양한 분야에서 정부가 해결해 주기를 바라는 사회적 과제는 끊임없이 늘어나고 있다. 여기에 더해, 정부가 내세우는 정책 목표와 약속이 국민의 희망을 자극하며 기대 수준을 높이기도 한다. 예를 들어, 정부가 세금을 줄여 작은 정부를 만들겠다고 공언하면서도, 동시에 복지 서비스 확대에 대한 기대를 유도하기도 한다.

국민의 '요구'와 '희망' 사이에서 균형을 찾는 일이 중요하다. 하지만 과장된 약속으로 기대만 부풀릴 경우, 오히려 정부 신뢰가 낮아질 수 있다는 점에 유의해야 한다. 복지국가 건설이나 공정 사회와 같은 거대 담론도 필요하지만, 국민이 실제로 체감

할 수 있는 구체적이고 실질적인 정책이 효과적인 경우가 있다. 소소하지만 확실한 행복, 이른바 '소확행' 공약이 대표적인 사례다. 따라서 실현 가능성이 낮은 거창한 약속을 반복하기보다는, 현실적으로 기대할 수 있는 정책을 꾸준히 추진하는 것이 정부 신뢰를 유지하는 데 도움이 된다.

신뢰 흑자를 쌓아가는 정부가 되어야

지금까지 정부 신뢰를 결정하는 주요 요소들을 정리해 보았다. 나이 교수의 표현을 빌리자면, "국민의 신뢰를 회복하는 데는 지름길이 없다. 새롭게 거듭나기 위해서는 훌륭한 업적, 이념적 정체성, 도덕적 청렴성, 그리고 경의를 표하지 않더라도 조롱하지는 않는 언론 보도가 필수적이다."[55]

정치 지도자들이 당파적 이해관계나 이념적 갈등 속에서 충돌하더라도, 정부는 국민의 삶을 중심에 두고 실용적이고 중도적인 해법을 제시해야 한다. 거창한 약속을 늘어놓기보다는, 생활에 실질적으로 도움이 되는 정책을 실행하는 것이 중요하다. 특히 취약계층을 보호하고 국민이 체감할 수 있는 정책을 실천함으로써 신뢰를 차곡차곡 쌓아야 한다. 대통령을 포함한 모든 공무원이 자신의 역할을 성실하고 공정하게 수행할 때, 정부 신뢰는 해마다 축적된다. 물론 청렴성과 도덕성은 그 전제가 되어야 한다.

신뢰는 쌓는 데 오래 걸리지만, 무너지는 것은 한순간이다. 한 번 떨어진 정부 신뢰는 깨진 유리처럼 원래 상태로 복원하기 어렵고, 회복에는 더 많은 시간과 노력이 필요하다. 기업이 영업 흑자를 중시하듯, 정부도 '신뢰 흑자'를 지속적으로 쌓는 것이 중요하다. 신뢰는 단숨에 만들어지지 않는다. 꾸준한 축적의 시간이 필요하다. 이를 위해 정부는 투명한 행정, 일관된 정책 운용, 공정한 집행, 시민 참여, 정책 역량, 청렴성, 지도자의 리더십 등 다양한 요인을 균형 있게 갖춰야 한다. 동시에, 국민 역시 정부의 노력을 균형 잡힌 시각으로 평가할 필요가 있다. 정부 신뢰는 정부 혼자 만들어가는 것이 아니라, 국민과 함께 만들어가는 공동의 자산이기 때문이다. 신뢰 흑자가 쌓이면, 그 혜택은 결국 국민에게 돌아간다.[56]

4장

관심

#. 사람들의 관심은 한곳에 머물지 않는다. 늘 변화한다. 다음은 2023년 7월부터 8월까지 언론과 사람들이 주목한 이슈들을 정리한 것이다. 관심은 폭우, 폭염, 잼버리 대회, 일본 원전 오염수 방류 등으로 계속 옮겨갔다.

2023년 7월 중순, 전국에 기록적인 폭우가 쏟아졌다. 시간당 최대 100㎜에 이르는 비가 이어졌고, 연간 강수량의 절반 이상이 단기간에 집중되었다. 언론은 이를 '극한 강우'라고 표현했다. 지속된 호우로 산사태가 발생했고 인명 피해도 컸다. 경북 북부에서는 20명이 숨지거나 실종되었다. 방송과 신문은 연일 비 피해 소식을 전했다.

7월 15일 오전 8시 30분경, 충북 청주시 오송읍 궁평2지하차도 인근 제방 둑이 무너졌다. 미호강이 범람하면서 지하차도로 급속히 물이 밀려들었고, 차량 여러 대가 순식간에 침수되었다.

불과 10분 뒤, 지하차도는 완전히 잠겼다. 이 사고로 운전자와 승객 14명이 목숨을 잃었다. 언론의 관심은 이 사고에 집중되었고, 충청북도와 청주시, 행복도시건설청 등 여러 기관의 대응 부족에 대한 비판이 쏟아졌다.

7월 19일, 경북 예천군에서는 실종자 수색 중이던 해병대원이 급류에 휩쓸려 실종되었다가, 14시간 만에 사망한 채 발견되는 안타까운 사고도 있었다. 7월 하순부터는 연일 폭염과 열대야가 이어졌다. 사람들의 관심은 폭우 피해에서 폭염으로 옮겨갔다.

8월 1일, 전북 새만금에서는 세계 스카우트잼버리 대회가 열렸다. 150여 개 국가에서 한국을 찾은 4만여 명의 대원들이 기록적인 더위에 노출되었고, 불결한 화장실 등 시설 부족과 미흡한 준비에 대한 비판이 일었다. 여기에 태풍 북상 예보까지 겹치자, 조직위는 8월 8일 전 참가자를 8개 시도로 조기 퇴영시켰다. 대회를 준비한 여성가족부와 전라북도에 대한 비난이 커지던 중, 8월 24일부터는 일본 후쿠시마 원전 오염수 방류가 시작되었다.

언론은 원전 오염수의 과학적 안정성과 우리 수산물에 미치는 영향을 집중적으로 보도했다. 야당은 정부가 국민의 건강을 외교보다 뒷전으로 미뤘다며 정부를 맹비판했다. 폭우 피해와 잼버리 대회에 관한 관심은 자연스레 잊혀졌다.

관심은 희소한 공공자원

'많관부'라는 신조어가 있다. "많은 관심을 부탁드립니다"의 줄임말이다. 이 말은 현실에서 흔히 사용되는 표현 중 하나이다. 의례적이며 상투적인 표현이라고 가볍게 넘길 수도 있다. 하지만 정보가 넘쳐나는 시대에 관심을 얻는 일은 결코 쉽지 않다. 시장 상인이 손뼉 치며 외치듯, 언론은 자기 기사를 클릭해 달라며 '속보', '단독', '충격' 같은 제목으로 시선을 끌려 한다. SNS에서는 극단적인 말과 행동이 관심을 끌기 위한 수단으로 활용된다. 정치에서도 의도적으로 자극적인 발언을 하거나, 갈등을 부추기는 방식으로 사람들의 주목을 받으려는 시도가 일어난다. 개인의 일상에서부터 사회 전체에 이르기까지, 관심을 얻는 사람이 곧 영향력을 갖는 시대가 되었다고 해도 과언이 아니다.

노벨경제학상 수상자인 사이먼(Herbert A. Simon)은 "정보가 소비하는 것이 무엇인지는 분명하다. 그것은 관심을 소비한다. 정보의 풍요는 오히려 관심의 빈곤을 만들어 낸다."[57]라고 말했다. 이번 글은 이러한 관심에 관한 것이다.

관심(attention)은 특정 대상이나 정보에 선택적으로 주의를 기울이는 과정이다. 이는 사람이 가진 인지적 한계 속에서, 어떤 사안이 다른 것보다 우선하여 처리되는 현상을 의미한다. 사실 모든 변화는 관심을 가지는 것에서부터 시작한다. 관심은 추가적인 예산과 인력을 확보하는 출발점이며, 정책을 움직이게 하는 원동력이다. 또한 새로운 정책 의제를 설정하게 만드는 촉진제이기도 하다. 그런 의미에서 공공부문에서의 관심은 예산이나 조직만큼 중요한 자원이라 할 수 있다.

그런데 중요한 점은, 관심은 시간적 제약, 정보의 한정성, 정책 우선순위가 반영되는 희소 자원이라는 것이다. 관심은 사람이 가진 제한된 인지 자원을 어떻게 배분하느냐의 문제이기도 하다. 그래서 관심을 둔다는 것은 생각보다 어려운 일이다. 모든 사안에 관심을 기울일 수 없고, 결국 일부 이슈에만 선택적으로 주목하게 된다.

관심[58]은 외부 자극이나 정책적 동기, 상황에 따라 그 정도가 달라진다. 세상의 수많은 사건 중에서도 언론이 부각시킨 이슈에 민감하게 반응하거나, 자신에게 유입된 수많은 정보 중 일부에만 집중하게 된다. 특히 정책가는 관료제 내 상위 계층의 인물이 주목한 사안에 더 많은 관심을 기울이게 된다. 이해관계자들이 조직의 '높은 사람'을 만나려 하거나, 시위를 벌이고, 언론에 제보하며, 국회의원을 통해 문제를 제기하려는 이유도 이러한 한정된 자원의 특성에서 기인한 것이다. 그렇다고 사회 문제가 객관적으로 심각하다고 해서, 자동으로 세간의 관심을 받는 것도 아니다. 세상의 모든 문제가 동시에 중요하게 다뤄질 수는 없다. 정부와 언론이 주목할 수 있는 이슈의 수는 제한적이다. 신문의 지면은 한정되어 있고, 뉴스 방송 시간 역시 제한적이다. 늘 새로운 것을 다루려는 언론의 속성으로 인해, 같은 뉴스를 반복하긴 어렵다. 시청자 역시 반복적인 뉴스에 쉽게 싫증을 느낀다.

이것은 마치 공공 경기장(Public Arena)[59]과 비슷하다. 스포츠 경기장에서 관객이 무대 위의 한 경기만을 볼 수 있는 것처럼, 공공의 관심도 특정 문제에만 집중된다. 공공 경기장은 무대와 관객으로 구성된다. 무대에 오를 수 있는 문제의 수는 제한되어 있으며, 나머지 문제들은 입장조차 하지 못하거나 금세 퇴장하게 된다. 정치인, 언론, 시민단체, 전문가 등이 사회 문제를 부각시키기 위해 이 경기장에서 경쟁한다.

감정적 반응을 유발하거나 시각적으로 눈에 띄는 이슈일수록 무대에 오르기 쉬우며, 언론이나 전문가 집단의 지원을 받는 문제는 무대 진입에 유리하다. 새로운 사건이나 이슈가 발생하면, 기존의 문제는 무대에서 밀려나고 관심의 대상에서 사라지기도 한다. 문제의 존재 여부는 객관적인 심각성보다 얼마나 오랫동안 무대 위에 머무를 수 있는지, 얼마나 효과적으로 관심을 받을 수 있는지에 달려 있다. 사람들의 관심은 희소하며, 오래 지속되지 않는다.

관심을 좌우하는 것들

어떤 정책 문제는 사회적으로 큰 영향을 미치는 것 같아도 정책가의 관심을 받지 못하고 사라지는 경우가 있다. 반면, 어떤 문제는 상대적으로 작은 사안임에도 불구하고 빠르게 정책 의제로 채택되기도 한다. 이러한 차이를 결정짓는 요인[60]들에는 여러 가지가 있다. 누가 문제를 제기하는가, 당시의 상황은 어떠한가, 문제의 특성과 사건의 성격은 무엇인가 등이 복합적으로 작용한다. 이를 하나씩 살펴보자.

먼저 누가 관심을 유도하고 주도하느냐에 관한 것이다. 대통령, 장관과 같은 정부 내부의 고위 정책결정자가 특정 문제를 중요하게 인식하면, 이는 정책 의제로 발전할 가능성이 크다. 그리고 국가 안보, 대형 국책사업, 경제 정책과 같은 사안은 정부 내부에서 주도적으로 논의되는 경우가 많다. 이 경우, 정책가의 관심과 내부 판단이 정책 형성에 중요한 영향을 미친다.

한편 외부 집단이 문제를 제기하고 압력을 행사하면서 정책가의 관심을 끌어내는 경우도 있다. 여당과 야당이 각자의 정치적 이해에 따라 특정 이슈를 활용하고 부각시킨다. 언론 또한 특정 사회 문제를 반복적으로 보도하며 공론화를 유도한다. 전문가와 학계 역시 연구 결과나 정책 제안을 통해 문제의 심각성을 부각하고 해결책을 촉구한다. 정책가의 입장에서는 이렇게 외부로부터 유입되는 관심은 '강요된 의제'가 된다.

어떤 사안에 관심이 쏠리는 데에는 정치적·사회적 분위기도 중요한 영향을 미친다. 관심은 단순히 문제의 심각성뿐만 아니라, 그 상황과 맥락에 대한 사회적 판단이 함께 작용한다. 그런 사례 중 하나가 선거다. 선거가 다가오면 정치인은 유권자의 관심이 높은 이슈를 우선하여 고려하게 된다. 유권자 다수가 지지하거나 민감하게 반응하는 사안은, 선거 이후 실제 정책으로 연결되는 경우가 많다. 이처럼 선거는 킹돈(John W. Kingdon)이 말하는 '정책의 창'이 열릴 가능성이 높은 시기다. '정책의 창[61]'이란 정책 변화가 실제로 일어날 수 있는 짧은 기회의 순간을 의미한다. 평소에는 정책이 쉽게 바뀌지 않지만, 사회 문제가 부각되고, 실행 가능한 대안이 준비되어 있으며, 정치적 지지나 관심이 동시에 맞물리면, 정책의 창이 순간 열리게 된다. 예를 들어, 2020년 이전까지만 해도 감염병 문제는 상대적으로 낮은 관심을 받았다. 그러나 코로나19 팬데믹 이후 방역 정책, 의료 시스템, 백신 개발 등 공중보건 이슈가 핵심 정책 의제로 부상했다. 평소 같으면 예산 확보조차 어려웠을 사안들이 위기 상황과 높은 사회적 관심 속에서 신속히 정책화되었다.

문제의 성격도 정책가의 관심을 이끄는 중요한 요인이다. 사회 문제의 중대성, 피해 규모, 해결 가능성 등이 정책 관심을 좌우한다. 피해자가 많거나 피해 강도가 크다면, 정부가 관심을 가지고 개입할 가능성이 높아진다. 하지만 아무리 근본적인 문제라도 해결책이 마땅하지 않으면 정책 의제로 채택되기 어려울 수 있다. 기후 변화는 대표적 사례다. 이는 중대한 사회 문제이지만, 즉각적인 해결책이 없기 때문에 정책적 관심이 지연되기 쉽다. 즉 어떤 사회 문제가 정책으로 관심을 받기 위해서는 몇 가지 조건이 충족되어야 한다.

  우선 대안이 존재해야 한다. 아무리 심각한 문제라도 해결책이 없으면 논의는 멈추게 된다. 그리고 정치적 이익도 있어야 한다. 정책가가 관심을 계속 가질만한 정치적 보상이나 이해관계가 있어야 한다. 또 다른 조건으로는 사회적 공감대가 형성되어야 한다. 다수 사람이 문제의 존재를 인식하고 문제 해결을 공감해야 한다. 이에 더불어 타이밍도 맞아야 한다. 선거, 재난, 여론 변화 등 상황적 계기와 맞물릴 때 정책 의제로 채택될 가능성이 높아진다. 그런 의미에서 극적인 사건이나 대형 재난은 강한 사회적 반응을 촉발하며, 정책가가 즉각적으로 반응하도록 만든다. 이러한 사건은 정책 의제를 설정하는 점화 장치로 작동한다. 사회적 공분이 강하게 일어나거나, 재난 피해 규모가 클수록 정책가의 관심도 커지고, 보다 적극적인 개입이 이루어진다.

  한편, 사회 문제가 주목 자체를 받지 못하는 때도 있다. 어떤 문제는 언론에서도 제대로 다뤄지지 않아, 사회 전체의 무관심 속에 조용히 묻혀진다. 또 어떤 문제는 객관적으로 심각하고 시급한 사안인데도 별다른 관심을 받지 못한 채 수면 아래에 있기도 한다. 이는 단순히 '논의되지 않았다'는 것을 넘어, 문제의 존재 자체가 공적 논의의 장에서 배제되는 상황을 의미한다. 정치학자 바크라흐와 바라츠(Bachrach & Baratz)는 이러한 현상을 '무의제화(non-decision making)' 또는 '비의제화(non-agenda setting)[62]'로 개념화하였다. 그들은 권력이 단순히 정책을 선택하고 결정하는 능력만이 아니라, 어떤 문제를 아예 논의 대상에서 제외시키는 힘까지 포함한다고 보았다. '무엇을 논의할 것인가'를 결정하는 힘만큼이나, '무엇을 논의하지 않을 것인가'를 결정하는 힘도 권력의 핵심 요소라는 것이다.

그런데 관심이 쉽게 분산되는 문제들은 몇 가지 특성이 있다. 먼저, 정치적으로 너무 민감하거나 사회적 갈등이 오히려 첨예한 경우다. 청소년 성교육, 낙태, 이민자 정책과 같은 주제는 이념적 대립으로 인해 쉽게 공론화되지 않는다. 다음은 이해관계자가 약하거나 조직화되지 않은 경우이다. 노숙인, 장애인, 외국인 노동자처럼 사회적 약자와 소수자는 정책 결정 구조에 접근하기 어렵고, 이들의 목소리는 제도권에서 잘 반영되지 않는다.

또한, 문제가 장기적이고 복합적일 경우에도 정책 의제로 채택되기 어렵다. 기후 위기나 인구 감소처럼 해결이 쉽지 않고 장기간의 정책적 투자가 필요한 사안은 당장의 현안에 밀려 외면되기 쉽다. 특히 선거 주기에 민감한 정치인들은 단기 성과가 어려운 문제에 집중하길 꺼리는 경우가 있다. 결국 정책가의 관심이 부족하니 논의조차 이루어지지 않고, 논의가 없으니, 정책도 만들어지지 않는다. 일부 문제는 정부가 겉으로만 관심을 보이며 실질적 대응은 회피하는 '위장의제(pseudo agenda)'로 다루어지기도 한다. 표면적으로는 정책 검토가 이루어지는 것처럼 보이지만, 실제로는 정치적 부담, 자원 부족, 사회적 합의 미비 등으로 인해 실질적인 변화는 일어나지 않는 것이다.

사회 문제는 정책 관심으로 어떻게 연결되는가?

앞서 언급했듯이, 정부가 모든 사회 문제에 관심을 기울이고 해결 방안을 제시할 수는 없다. 모든 사회 문제가 정책 의제로 전환되는 것도 아니다. 수많은 사회 문제 중 정부가 관심을 두는 일부만이 정책 의제가 된다. 사회 문제가 정부의 정책 의제로 연결되는 방식은 그 중간에 어떤 매개가 작용하느냐에 따라 네 가지 유형[63]으로 나눌 수 있다.

첫째는 사회 문제가 정부의 정책 의제로 직접 연결되는 경우이다[사회 문제 → 정책 의제]. 사회 문제가 바로 의제화되고, 이에 대한 검토가 이루어지는 방식이다. 일반 대중의 관심이 크지 않거나 언론에서 크게 다루지 않은 사회 문제를 대통령, 장관 등 고위 정책가가 직접 인지하는 경우가 이에 해당한다. 정책결정자가 현장을 방문해 민원인의 고충과 건의를 듣고, 바로 정책 검토를 지시하는 사례가 여기에 속한다. 민원인이 속칭 '높은 사람'을 만나려는 이유 중 하나는, 정책결정자의 관심을 유도하기 위한 목적도 있다. 그 외에도 유력 인사의 발언, 특정 인물과의 면담 등을 통해 사회 문제를 인식하기도 하며, 정보기관의 보고서 등을 읽고 문제를 인지하는 경우도 있다. 이러한 유형이 후진국에서 많이 나타난다는 해석[64]도 있지만, 중요한 것은 사회 문제에 대한 정책가의 문제의식이다.

둘째는 사회 문제가 사회적 쟁점을 거쳐 정책 의제로 되는 경우이다[사회 문제 → 사회적 쟁점 → 정책 의제]. 이는 이해관계자가 사회 문제를 쟁점화하거나 갈등을 조성함으로써 정책가의 관심을 유도하는 방식이다. 이를 위해 시민단체나 이해관계자들은 토론회를 개최하거나 다수의 서명을 받아 정책가에게 전달하기도 한다. 또는 결의대회, 집회, 시위 등을 통해 직접적인 압력을 행사하기도 한다. 국회에서 대정부 질문, 상임위 현안 질의, 국정감사 등을 통해 문제점을 쟁점화하고, 이에 대해 정부가 검토에 나서는 경우도 있다.

셋째는 사회 문제가 공중 의제로 부각된 후 정책 의제로 전환되는 경우이다[사회 문제 → 공중 의제 → 정책 의제]. 언론이 사회 문제를 보도하고, 그에 따라 대중의 관심이 집중되면서 정책 의제로 연결되는 방식이다. 이 과정에서 사회 문제가 공중 의제화되는 방식은 다양하다. 언론 기자가 직접 취재하여 보도하는 경우도 있고, 개인이 언론사에 제보하거나 SNS에서 문제를 제기한 뒤, 언론이 이를 후속 보도하는 방식도 있다.

예를 들어, 2023년 10월 초 프랑스 파리에서 대중교통, 호텔, 영화관 등에서 빈대가 발견되었다는 소식이 전해졌다. 우리나라에서도 10월 중순부터 서울 등 일부 지역에서 빈대가 발견된 사례가 온라인 커뮤니티를 통해 확산되었고, 일부 네티즌은 빈대 퇴치 정보와 경험을 공유했다. 10월 하순 주요 언론들이 "빈대 전국 확산 우려", "숙박업소·대중교통에도 빈대 위험" 등의 보도를 내보내면서, 이 문제가 사회적 이슈로 주목받았다. 이에 따라 10월 말 일부 지방자치단체에서 자체 방역 조치를 시행했고, 11월 초에는 정부가 '빈대 합동대책본부'를 구성했다.

넷째는 사회 문제가 사회적 쟁점이 된 후, 언론의 공중 의제화를 거쳐 정책 의제로 이어지는 경우이다[사회 문제 → 사회적 쟁점 → 공중 의제 → 정책 의제]. 이 유형은 둘째와 셋째 유형이 결합한 형태로, 실제 현실에서 흔히 나타나는 사례 중 하나다.

이러한 유형 외에도, 대통령 등 정책결정자의 결단에 따라 새로운 이슈가 갑작스럽게 정부 의제로 채택되는 경우[65]도 있다. 이는 기존에 제기되지 않았던 문제를 정부가 개혁과제로 먼저 제안하고, 이후 언론을 통해 확산시키는 방식이다. 금융실명제 전격 실시, 조세 개편 등의 사례가 이에 해당한다.

사라지는 의제, 살아남은 의제

사회 문제가 정책 의제로 채택되었다고 해서, 그 문제가 곧바로 해결되는 것은 아니다. 정책 의제화는 시작일 뿐이며, 실제 정책으로 이어지기 위해서는 또 다른 문턱을 넘어야 한다. 의제로 채택된 사안은 이제 정책 설계, 법안 발의, 예산 편성, 행정 집행 등 구체적인 실행 과정을 거치게 된다. 이 단계에서는 단순히 이슈가 존재한다는 사실만으로는 부족하다. 실행할 수 있는 대안이 있는지, 재정 여건은 충분한지, 이해관계자 간 타협이 가능한지 등 실질적인 조건이 갖춰져야 정책 추진이 가능하다.

문제는 여기서부터 다시 '관심'의 싸움이 시작된다는 점이다. 정책 의제로 올라갔다고 해서 관심이 자동으로 유지되는 것은 아니다. 오히려 다음 이슈, 더 자극적인 뉴스, 정치적 우선순위의 변화가 등장하면, 방금까지 주목받던 사안도 금세 관심의 뒷자리에 밀려날 수 있다. 정책결정자의 입장에서도 마찬가지다. 언론 등 외부로부터의 압력, 여야 간 갈등, 선거 등 정치적 셈법이 더 중요하게 작용하는 경우, 의제화된 문제는 '검토 중'이라는 말만 남긴 채 실질적 진전 없이 멈춰버리기도 한다.

일부 문제는 정책 설계 단계에서 격렬한 갈등에 부딪히기도 한다. 예를 들어, 아동학대 처벌 강화 정책처럼 국민의 공감을 얻은 사안이라 하더라도, 구체적인 법안 내용에서는 형량 기준, 형평성, 실효성 등을 두고 이해관계자 간 이견이 발생할 수 있다. 그 결과 정책이 완화되거나 수정되며, 때로는 형식적이며 상징적 조치에 그치기도 한다.

또 어떤 정책은 처음부터 실행 가능성을 고려하지 않고 제안되는 경우도 있다. 정치적 메시지를 위한 선언이거나, 단기적 관심을 유도하기 위한 선거용 공약성 제안이 이에 해당한다. 이러한 경우는 입법화나 구체적인 집행 없이 자연스럽게 사라지기도 한다.

결국 정책 의제가 실제 정책이 되기 위해서는 문제에 관한 관심이 단발적으로 그치지 않고, 정치적 설득력과 실행 전략을 수반해야 한다. 관심의 '지속성'과 '정치화'가 동시에 작동해야만 실질적인 정책 전환이 가능한 것이다. 정책 의제는 일정한 관심이 지속되고, 정치권과 시민사회 모두가 일정 수준 이상의 문제의식을 공유하고 있을 때 생존한다. 언론이 꾸준히 문제를 보도하고, 이해관계자들이 조직적으로 대응하며, 정부가 실질적인 검토와 집행에 나설 때, 비로소 정책 의제가 현실 정책으로 이어진다.

정책의 운명을 가르는 것은 결국 '관심의 지속력'이다. 사회 문제는 단순히 문제의 존재 여부에 좌우되지 않는다. 그것이 사회적으로 얼마나 반복적으로 호출되고, 제도권 내에서 계속 관심을 가지고 논의되는가에 정책의 생명력이 달려 있다.

관심은 다른 관심으로 덮어지는가?

언론 역시 관심 형성에 중요하다. 언론[66]은 단순히 사실을 전달하는 데 그치지 않고, 무엇을 중요하게 생각할지를 결정하는 의제 설정에 영향을 미친다. 언론은 사회 문제를 알리고 정부의 관심을 유도하는 데 결정적 역할을 하는 것이다. 맥콤스(Maxwell E. McCombs)와 쇼(Donald L. Shaw)에 따르면, 언론이 어떤 사안을 중요하게 다루면 대중도 그 사안을 중요하다고 인식하는 경향이 있다. 상관계수는 무려 0.97에 이르렀다. 반대로 언론이 특정 사안을 소홀히 다루면, 사람들 역시 그것을 중요하지 않게 여겼다(상관계수 0.98). 이처럼 언론은 사람들의 문제 인식과 관심 형성에 막대한 영향을 미친다. 그렇기 때문에 정책가들도 언론 보도를 무시하기 어렵고, 언론이 제기한 문제에 대응할 수밖에 없다.

하지만 여기서 고려할 점은, 관심은 지속되지 않는다는 것이다. 사람들은 하나의 사회 문제에 오랫동안 머물지 않는다. 다운스(Anthony Downs)는 이를 '이슈 관심 주기(Issue Attention Cycle)[67]'라 부르며, 사회 문제에 대한 관심이 등장하고 사라지기까지 통상 다섯 단계[68]를 거친다고 설명했다.

첫 번째는 잠복 단계다. 바람직하지 않은 문제 상황이 존재하지만, 일반 대중의 관심을 끌지 못하는 단계이다. 이 시기에는 시민단체, 활동가, 전문가, 이익집단 등이 문제에 관심을 갖는다.

두 번째는 놀란 발견과 들뜬 낙관 단계다. 사회 문제와 관련된 일련의 사건들로 인해 사람들이 해당 문제의 심각성을 인식하며, 동시에 곧 해결될 것이라는 낙관적인 전망을 갖게 된다. 사회 구조의 큰 변화나 개혁 없이도 문제를 효과적으로 해결할 수 있으리라는 기대도 따른다. 이 시점에서 정부의 해결 노력이 시작된다.

세 번째는 중요한 진척에 필요한 비용을 인식하는 단계로서, 공공의 관심이 최고점에 도달한 후 점차 감소할 조짐을 보이는 시기이다. 문제 해결이 사람들에게 혜택을 제공하지만, 동시에 상당한 비용을 수반한다는 사실을 대중이 인식하기 시작한다.

네 번째는 관심의 점진적 쇠퇴 단계다. 점점 더 많은 사람들이 문제 해결이 얼마나 어려운지, 그리고 얼마나 많은 비용이 필요한지를 인식한다. 이에 따라 상당수의 사람은 해당 문제에 식상함을 느끼며, 새로운 이슈에 관심을 돌리기 시작한다.

마지막 단계는 사후 단계다. 해당 문제는 더 이상 언론에 보도되지 않으며, 사람들의 관심도 멀어진다.

이러한 다운스의 모델은 이슈가 어떻게 등장하고 사라지는지를 이론적으로 보여준다. 하지만 실제 현실에서 나타나는 관심의 흐름은 이보다 훨씬 다양하다. 박기묵[69]은 다운스의 일반적인 이슈 관심 주기 외에도 사회적 관심이 나타나고 사라지는 여러 유형이 존재한다고 보았다. 그는 1990년대에 대중의 주목을 받았던 100대 사건을 분석하여 이슈의 생존 주기를 다섯 가지로 구분했다. 첫째는 일반형으로, 시간이 지남에 따라 점진적으로 관심이 증가했다가 다시 감소하는 형태다. 둘째는 속보형으로, 갑작스러운 사건이 큰 충격을 주며 단기간에 높은 관심을 받지만, 이후 빠르게 사라지는 유형이다. 속보형의 사례로는 삼풍백화점 붕괴, 김일성 사망, 금융실명제 도입 등이 포함된다. 이들은 모두 예기치 못한 돌발 사건으로, 강한 충격과 함께 대중의 이목을 집중시켰던 이슈들이다. 셋째는 반복형으로, 한 차례 주목을 받았던 이슈가 일정 시간이 지난 뒤 다시 사회적 관심을 끄는 방식이다. 넷째는 기타형으로, 위 세 가지 범주에 뚜렷하게 들어맞지 않는 형태가 여기에 포함된다. 마지막으로는 무생존형, 즉 언론 보도가 7일 이상 이어지지 못하고 대중의 관심도 곧 사라지는 경우다. 박기묵의 분석에 따르면, 100대 사건 가운데 일반형은 32%, 속보형은 34%, 반복형은 18%를 차지했다. 나머지는 기타형 또는 무생존형에 해당했다. 이 결과는 사회적 관심의 흐름이 단일한 경로를 따르기보다, 상황과 사건의 특성에 따라 매우 다양하게 나타남을 보여준다.

그렇다면 하나의 이슈가 발생했을 때, 대중의 관심은 얼마나 오래 지속될까? 흔히 "이슈는 이슈로 덮인다"라는 말이 있는데,

실제로 그런 현상이 존재할까? 박기묵은 앞서 분석한 100대 사건이 언론에서 얼마나 오랫동안 다뤄졌는지의 생존 기간[70]을 조사했다. 여기서 말하는 생존 기간이란, 하나의 사건이 처음 언론에 등장한 시점부터 사람들의 관심이 사라질 때까지, 지속적으로 뉴스 보도와 대중적 주목을 받았던 기간을 의미한다. 분석 결과는 이슈의 성격에 따라 생존 기간이 크게 달랐다. 예컨대, 정치적 위기나 국가적 변화를 수반한 사건은 비교적 긴 생존 기간을 나타냈다. 노무현 대통령 탄핵은 58일, 3당 통합은 51일, IMF 사태는 52일 동안 언론과 대중의 주요 관심사로 다뤄졌다. 삼풍백화점 붕괴(38일), 김일성 사망(37일), 금융실명제 실시(31일)도 마찬가지로 장기적인 이슈 생존력을 보였다. 반면, 상대적으로 짧은 생존 기간을 보인 사례도 많았다. 성수대교 붕괴(22일), 낙동강 페놀 오염(16일), 씨랜드 화재(16일), OECD 가입(12일), 페리호 침몰(11일), 남해안 기름 오염(13일) 등은 사람들의 관심이 단기간에 집중되었다가 빠르게 사라졌다. 이들 대부분은 사건, 사고, 재난에 가까운 이슈들이다.

이처럼 사건의 종류와 성격에 따라 관심의 생존 기간은 달라지며, 특히 정치적 파장이 큰 사안일수록 관심이 오래 유지되는 경향이 있다. 하지만 예기치 못한 사고나 자연재해는 충격이 큰 만큼 초기에 강한 주목을 받지만, 상대적으로 빠르게 언론과 대중의 시야에서 사라졌다.

관심이 필요한 300번의 기회

지금까지 이야기한 관심에 관한 내용을 다시 정리해 보자.

첫째, 관심을 가진다는 것은 결코 쉬운 일이 아니다. 우리는 흔히 "많은 관심을 가져 주십시오"라는 말을 하거나 또는 듣는다. 이 말은 역설적으로, 관심을 두는 일이 그만큼 어렵다는 것을 반영한다. 관심 자체가 희소한 자원이므로, 이를 어느 시기에 어디에 배분할 것인지가 중요한 정책적 판단이 된다. 어찌 보면 대통령의 행사, 장관의 현장 방문, 각종 회의체 운영도 관심의 배분 과정으로 이해할 수 있다.

둘째, 관심에서 있어 언론의 역할이 중요하다. 언론은 사람들에게 정보를 제공하는 주요 매개체이다. 특히 언론이 다루는 내용과 사람들의 인식이 일치하는 경우가 많다. 사람들은 언론을 통해 세상을 이해하고, 해석한다. 물론 사안에 따라 언론 매체별 영향력 차이가 존재하며, 언론이 추구하는 가치에 따라 보도의 수용성이 달라질 수 있다. 그러나 일반적으로 언론 보도는 정책 의제 설정에서 중요한 영향을 미친다는 점은 부정할 수 없다.

셋째, 관심은 오랜 시간 지속되지 않는다. 중요한 사건이라 하더라도, 사람들의 관심은 10여 일에서 길어야 50여 일 정도다. 1주 또는 한 달 정도가 지나면 사람들의 관심은 대체로 다른 이슈로 옮겨간다. 신문과 방송은 같은 내용을 반복적으로 다루기 어렵고, 항상 새로운 뉴스를 찾는 속성을 지닌다. 사람들 또한 반복되는 뉴스에 식상함을 느낀다. 정책가 입장에서 주의해야 할 점은, 이슈는 특정 시기에 반복적으로 제기될 수 있다는 것이다. 사건 발생 30일, 100일, 또는 1년이 지난 시점에 언론이 계기성 보도를 하거나, 유사 사건이 재발하면서 동일 이슈가 다시 떠오르기도 한다.

넷째, 사회적 관심이 집중되는 동안 정책가는 무엇을 해야 할까? 정부 역시 해당 이슈에 관심을 두고 있으며, 필요한 대책을 준비 중이라는 점을 신속히 밝혀야 한다. 이러한 대응은 빠르면 빠를수록 효과적이며, 대응에 따라 사람들의 관심은 자연스럽게 다른 곳으로 이동한다. 다운스가 언급했듯이, 사람들이 정부가 문제 해결을 위해 노력하고 있다는 사실을 인식하게 되면, 해결 과정에 비용과 부작용이 발생할 수 있다는 점도 이해하게 된다. 그렇게 되면서 이슈는 점차 소멸한다. 따라서, 사회적 이목이 집중되는 경우 정책가는 입장을 신속히 정리하고, 대책을 대외적으로 발표하는 것이 중요하다. 그렇게 2~3주의 바쁜 시간을 보내고 나면, 사람들과 언론의 관심은 다음 쟁점으로 넘어가게 된다.

예견된 인재(人災)를 둘러싸고, 하인리히 법칙(Heinrich's Law)이 주목을 받고 있다. 하인리히 법칙[71]은 대형 사고가 발생하기 전에는, 그보다 작은 규모의 경미한 사고나 징후들이 반복적으로 나타난다는 개념이다. 한 건의 중대 사고가 발생하기 전에는 29건의 경미한 사고가 있으며, 그 이전에는 300건의 사소한 이상 징후가 존재한다고 한다. 작은 문제들을 간과하면 결국 큰 재난으로 이어질 가능성이 높다는 것이다. 이 개념은 사회적 관심과 이슈 관리에도 적용될 수 있다. 여러 작은 사회적 경고 신호들에 대해 정책가가 관심을 기울이지 않으면, 결국 심각한 사회 문제로 확대될 수 있다. 초기 징후에 관심을 두고, 경미한 문제라도 적극적으로 대응하며 고민하는 노력이 필요하다. 작은 일에 신경 쓰지 않으면 큰일도 이루어질 수 없는 법이다. 다시 강조하면, 관심이 세상의 변화를 만드는 첫걸음이다. 관심을 기울이는 순간, 이미 변화의 가능성을 만든 셈이다[72].

제2부
정치

1장

선거

#1. 2020년 3월 30일, 정부는 코로나19로 인한 경제 충격을 완화하고 국민 생활 안정을 지원하기 위해, 소득 하위 70%에 해당하는 약 1,400만 가구를 대상으로 긴급재난지원금을 지급하겠다고 발표했다. 이 조치는 강도 높게 시행된 사회적 거리 두기로 인해 외식, 여행, 문화생활 등 소비 지출이 급감하고, 소상공인과 자영업자의 매출이 크게 줄어든 데 따른 것이었다. 이에 앞서 경남, 서울, 경기 등 일부 지방자치단체가 자체적인 재난지원금 지급 방안을 내놓으면서, 중앙정부와의 정책 조율 필요성도 제기되었다.

한편, 4월 15일 총선을 앞두고 긴급재난지원금 지급 대상을 확대해야 한다는 논의가 급부상했다. 정부 방안대로 소득 하위 70%에 한정할 것인지, 전 국민으로 확대할 것인지를 두고 논쟁이 벌어졌다. 선거를 앞둔 상황에서 여당인 더불어민주당은 소득 구분 없이 4인 가구 기준 100만 원을 전 국민에게 4월 내 지급하겠다고 발표했다. 야당은 4인 가구 기준 200만 원을 총선 전에 지급해야 한다며 맞섰다.

    4월 15일 총선 결과, 여당은 180석을 확보했다. 16일에는 기존 방안대로 소득 하위 70%를 대상으로 한 7조 6천억 원 규모의 추가경정예산안이 국무회의에서 의결되어 국회에 제출되었다. 이 과정에서 총선 공약이었던 '전 국민 지급'을 이행하자는 여당과, 재정 건전성을 우려한 기획재정부 간의 갈등이 표면화되었다. 결국 4월 22일에 여당과 기획재정부는 '고소득자의 자발적 기부'를 전제로 전 국민에게 긴급재난지원금을 지급하기로 합의했다. 이어 4월 30일, 총 12조 2천억 원 규모의 추가경정예산안이 국회 본회의를 통과했다. 이후, 행정안전부 주관으로 5월 초부터 전 국민 대상으로 순차적 지급이 시작되었다.

    #2. 2023년 1월 말, 지역 난방비가 큰 폭으로 인상되었다. 이어 2월 말에는 전기 요금이 올랐고, 가스 요금, 상·하수도 요금, 택시비, 지하철 요금 등 주요 공공요금이 줄줄이 인상되었다. 통계청에 따르면, 2023년 1월 전기·가스·난방비 등 연료물가지수는 1년 전인 2022년 1월보다 31.7% 상승했다. 이는 1998년 4월 외환위기 이후 가장 높은 상승률이었다. 공공요금 급등의 주요 원인은 우크라이나 전쟁으로 인한 국제 천연가스 가격 폭등

이었다. 사실, 국제 가스 가격은 2021년부터 이미 오르기 시작했다. 코로나19 팬데믹 이후 세계 경제가 회복되면서 에너지 수요가 증가했고, 2022년 2월 러시아의 우크라이나 침공으로 에너지 시장의 불안정성이 커지며 가격은 더욱 치솟았다. 이런 상황에서 한국가스공사는 2021년부터 총 8차례에 걸쳐 산업통상자원부에 가스 요금 인상을 요청했다. 가스 요금은 '원료비 연동제' 구조로, 국제 가격이 오르면 소비자 요금도 함께 인상되는 방식이다.

그러나 정부는 선거를 앞두고 물가 상승을 억제하기 위해 인상 요청을 승인하지 않았다. 그 결과 2021년 하반기부터 국제 가스 가격이 급등하면서 한국가스공사의 적자가 빠르게 늘어났다. 2022년 1분기 적자는 약 1조 원이었지만, 연말에는 8조 원을 넘어섰다. 결국 2022년 3월 9일 대통령 선거가 끝난 뒤인 4월, 산업통상자원부는 가스 요금 인상을 승인했고, 그 부담은 새로 출범한 정부가 떠안게 되었다. 이후 2022년 4월부터 2023년까지 원가 상승분을 반영해, 가스 요금은 여러 차례에 걸쳐 단계적으로 인상되었다.

정책과 정치의 연결고리

정책은 정치적 진공 상태에서 만들어지는 것이 아니다. 정책은 정치와 분리된 독립적 기술이 아니라, 정치와 긴밀히 연결된 과정이다. 정책은 정부가 국민의 삶을 향상하기 위한 선택이며, 정치는 그 정책의 방향을 결정하는 과정이다. 정책이 없다면 정치는 공허한 외침에 불과하고, 정치가 없다면 정책은 관료적 절차에 머물 뿐이다. 그런 점에서 민주주의 핵심 과정인 선거는 정책 과정에 필연적으로 연결될 수밖에 없다. 물론 모든 정책과 행정이 선거에 영향을 받아 설계되고 집행되는 것은 아니다. 하지만 선거가 정책과 행정을 움직이는 강력한 변수가 될 수 있다는 점은 분명하다.

이번 글에서는 실제로 정책가가 선거를 의식해 의사결정을 내리는지, 아니면 선거와 무관하게 정책을 추진하는지, 정책 성과는 투표에서 얼마나 중요하게 고려되는지, 그리고 궁극적으로 정책은 선거로부터 자유로울 수 있는지를 살펴본다. 이 논의를 진행하면서 분명히 해야 할 점이 있다. 공무원의 정치적 중립성은 철저히 지켜져야 한다. 공무원은 선거에 부당한 영향력을 행사하거나, 결과에 영향을 미치는 행위를 해서는 안 된다. 이는 민주주의를 지키기 위한 기본적 원칙이자 전제이다.

본질적으로 행정은 정치적인가?

1989년 대학교에 입학해 처음 수강했던 과목이 행정학개론이었다. 그 과목의 학기 말 시험 문제는 늘 같았다. "행정과 정치의 관계에 대해 논하시오." 그때는 행정학 개론 교과서를 외워 답안지에 옮겨 적었을 뿐이었다. 그러나 지금 돌아보면, 그 논의는 단순히 시험용 암기 지식을 넘어, 행정학이라는 학문이 고민해 온 핵심 질문이자 오래된 논쟁거리였다. 선거가 정책에 어떤 영향을 미치는지를 알아보기에 앞서, 양자의 관계에 대한 논의를 먼저 살펴보겠다.

19세기 말 미국은 산업화와 도시화가 급속히 진행되면서, 경제적 불평등, 정치 부패, 노동 착취, 정치 참여 제약 등 다양한 사회 문제에 직면해 있었다. 당시 정치권은 정실주의와 부패로 얼룩져 있었으며, 선거에서 승리한 정당은 공직을 지지자들에게 나누어주는 관행으로 정부를 운영했다. 이는 행정의 비효율성과 무능으로 이어졌다. 이런 문제를 해결하기 위해 등장한 것이 이른바 '진보주의 개혁운동'이었다. 진보주의자들은 정부가 과학적 원리와 기술적 전문성에 기반해 운영되어야 하며, 공직은 능력에 따라 임용되고 경력에 따라 유지되어야 한다고 주장했다. 행정은 정당의 도구가 아니라, 국민 전체를 위해 중립적으로 기능하는 전문적 조직이어야 한다는 인식이 확산되었다. 오늘날 당연하게 여겨지는 이러한 주장들이 당시에는 사회개혁의 핵심 과제였던 것이었다.

이러한 흐름 속에서 1887년 윌슨(Woodrow Wilson)[1]은 행정을 정치와 구분되는 독립된 연구 대상이자 실천 영역으로 정립해야 한다고 주장했다. 그는 정치는 '무엇을 할 것인가'를 결정하는 역할이고, 행정은 '그것을 어떻게 실행할 것인가'를 다루는 기술적이며 효율적인 것으로 구분했다. 이는 행정을 정치로부터 분리해 전문성과 능률성을 확보하려는 시도였으며, 미국 행정학의 출발점이 되었다. 윌슨의 뒤를 이어 굿나우(Frank J. Goodnow)는 이러한 논리를 보다 체계화했다. 그는 정치와 행정의 역할을 명확히 구분하며, 정치는 국가의 의지(will)[2]를 형성하는 과정이고, 행정은 그 의지를 집행(execution)하는 기능이라고 보았다. 정치와 행정을 엄격히 분리하며, 행정을 가치중립적이며 전문적 영역으로 정의했다. 이른바 정치·행정 이원론이다.

 그러나 정치와 행정을 분리하는 이러한 시각은 시간이 지나며 점차 한계를 드러냈다. 현실은 정치가 방향만을 설정하고, 행정이 이를 기계적으로 집행하는 단순한 구조가 아니었기 때문이다. 특히 정부의 역할이 확대되고 정책의 성격이 복잡해지면서, 행정이 단순한 집행에 머물 수 없게 되었다. 그 과정에서 행정은 가치 갈등, 사회적 요구, 정치적 환경에 능동적으로 대응하는 역할까지 맡게 되었다. 이러한 현실을 반영해 1940년대 이후 학계에서도 정치와 행정의 연계성을 강조하는 시각이 등장했다. 예를 들어, 애플비(Paul H. Appleby)는 "행정은 본질적으로 정치적이다[3]"라고 강조하며, 행정은 단지 정책을 실행하는 수단이 아니라, 정책 목표의 설정과 재조정 과정에도 적극 관여한다고 주장했다. 월도(Dwight Waldo)[4] 역시 행정은 공공의 가치와 민주주의 원리에 기반해 운영되어야 하며, 정치적 책임성과 응답성을 내포한 제도적 영역임을 강조했다.

이러한 관점은 오늘날의 다양한 정책 이론으로 이어지고 있다. 정책은 더 이상 행정 내부의 기술적 판단만으로 형성되지 않는다. 정치적 계산, 선거 유불리, 언론과 여론, 이해집단의 압력 등 다양한 정치적 요소들이 복합적으로 작용하는 과정[5]으로 이해된다. 정치와 행정은 독립적으로 분리된 영역이 아니라, 상호 연계된 관계로 작동하고 있는 것이다.

선거, 정책을 움직이는 힘

앞서 본 것처럼, 행정과 정책은 정치와 분리되어 있지 않다. 행정은 정치와 긴밀히 연결된 과정 속에서 작동한다. 행정과 정치를 연결하는 제도적 기제는 다양하지만, 핵심 고리 중 하나는 선거다. 선거는 민주주의에서 중요한 제도적 장치다. 선거는 시민들이 자유롭고 공정한 절차를 통해 대표자를 직접 선택하고, 그렇게 선출된 정치 지도자가 정책 결정에 대해 비교적 높은 수준의 통제력을 행사하도록 만드는 과정[6]이다. 또한 선거는 정책이 만들어지는 정치적 환경을 형성하며, 선거 결과에 따라 때로는 정책의 우선순위와 내용이 크게 달라지게 된다.

정당과 후보자들은 정권을 획득하거나 유지하기 위해 정책 공약을 전략적으로 설계하고 활용한다. 선거가 가까워질수록 유권자의 선호, 여론, 사회적 요구가 공약에 적극적으로 반영되는 경향이 나타난다. 정부 역시 선거를 통해 정책의 정당성과 신뢰를 확보하려 한다. 유권자들은 선거를 통해 미래 정책 방향을 선택하거나, 현 정부의 정책 성과를 평가하는 기회를 갖게 된다. 이 과정에서 어떤 정당이 승리하느냐에 따라 기존 정책이 유지되거나, 전면적으로 수정·폐기되기도 한다. 또한 선거 과정에서 제시된 정책 공약은 당선 이후 새로운 정책의 출발점이 된다. 공약은 정치적 약속이자, 향후 정부 정책의 기초 설계도가 되는 셈이다. 이처럼 선거는 정치와 행정, 그리고 정책을 연결하는 구조적 통로이며, 정책 과정 전반을 형성하고 변화시키는 중요한 계기다. 선거가 있는 한, 정책은 정치적 환경과 유권자의 선택 속에서 결정되고, 또 재구성될 수밖에 없다. 선거는 정책을 움직이는 강력한 힘인 것이다.

선거는 경기 변동을 유발하는가?

정책이 선거로부터 완전히 자유롭지 않다는 현실은 경제정책에서 특히 두드러진다. 선거가 경제정책에 영향을 미치고, 나아가 경기 자체를 변동시킬 수 있다는 주장은 꾸준히 이어져 왔다. 그 대표적인 사례가 바로 노드하우스(William D. Nordhaus)가 제안한 정치적 경기순환주기 가설(Politically Induced Business Cycle)[7]이다. 노드하우스의 이론은 말 그대로 가설이다. 즉, 경험적 연구와 논의를 통해 축적된 일반적 설명인지, 아니면 특정 조건에서만 관찰되는 현상인지에 대한 논쟁이 여전히 진행 중이다.

  노드하우스는 경제가 시장 메커니즘에 따라 움직이는 것만은 아니며, 선거라는 정치적 사건에 의해 일정한 패턴을 따라 변동할 수 있다고 보았다. 특히 선거에서 재집권을 노리는 정치인들은 유권자들이 경제 상황 평가에 민감하게 반응한다고 가정했다. 유권자들은 실업률, 물가, 소득 수준 같은 선거 직전의 경제 상황을 투표하는 데 중요한 판단 기준으로 삼는다는 것이다. 따라서 정치인들은 선거 시점을 고려해 경제적 상황을 특정 방향으로 유도하려는 유인을 갖게 된다. 이러한 논리에 따라, 정부는 선거가 가까워질수록 경기 부양을 위해 팽창적 재정정책이나 완화적 통화정책을 선호하게 된다. 이는 단기적으로 국민의 가처분소득을 늘리고, 실업률을 낮추는 효과를 가져온다. 그러나 이러한 정책은 인플레이션이나 재정 적자 확대 같은 부작용을 수반하게 된다. 따라서 선거 이후에는 경제 안정화를 위해 긴축 정책이 다시 도입된다. 정부는 지출을 줄이고, 세율을 높이거나, 금리를 올리는 방식으로 경기를 조절하려 한다.

결과적으로 정치적 경기순환주기 가설은 경기가 경제적 요인만으로 움직이는 것이 아니라, 선거라는 정치적 이벤트로 인해 인위적으로 변동할 수 있다는 점을 설명한다. 이 가설이 주목받은 이유는, 정치와 정책이 얼마나 밀접하게 연결되어 있는지를 보여주었기 때문이다. 정책가는 시장경제 원리에만 따라 경제정책을 설계하는 것이 아니라, 정치적 유불리에 따라 경제를 관리하려는 유인을 가지고 있다는 점을 강조한 것이다.

이후 많은 연구자가 노드하우스의 아이디어를 계승하거나 비판하면서, 정치적 경기순환 현상을 실증적으로 검증하려는 연구를 진행했다. 대표적으로 알레시나(Alberto Alesina)[8]는 미국을 포함한 주요 민주주의 국가들을 대상으로 정치적 경기순환 현상을 분석했다. 그는 선거를 앞둔 정부가 경기 부양을 위해 통화정책과 재정정책을 조정하는 경향이 있으며, 선거 이후에는 인플레이션 통제를 위해 긴축 정책을 시행하는 패턴이 반복적으로 나타난다고 주장했다. 또한 그는 정당의 이념적 성향에 따라 경기순환의 형태가 다르게 나타날 수 있다고 분석했다. 보수 정당이 집권하면 긴축 정책을 우선시하고, 진보 정당이 집권하면 재정 확대 정책을 선호하는 경향이 있다는 것이다.

이러한 분석은 OECD 국가들을 대상으로 한 비교연구에서도 확인된다. 클라크(William R. Clark), 라이히트(Usha N. Reichert)[9] 등이 1960년대부터 1990년대 초반까지 주요 산업국가들을 대상으로 실증 분석한 결과, 선거 이전에 정부 지출이 증가하고 실업률이 일시적으로 감소하는 경향이 있다고 밝혔다. 특히, 단임제 국가보다 연임 가능성이 있는 대통령제 국가에서 정치적 경기순환 효과가 더 강하게 나타난다고 주장했다. 페르손(Torsten Persson)과 타벨리니(Guido Tabellini)[10] 역시 여러 민주주의 국가의 데이터를 분석한 결과, 정치적 경기순환 현상이 존재하지만, 국가별 정치·경제적 제도에 따라 그 강도가 다르게 나타난다고 주장했다. 특히 의회제보다 대통령제에서 이러한 현상이 뚜렷하게 나타난다는 점을 강조했다.

우리나라에서도 정치적 경기순환주기를 검증하려는 실증 연구들이 진행됐다. 다만, 연구 결과가 일관되게 나타나지는 않았다. 이는 우리나라 민주주의 역사가 상대적으로 짧고, 연구에 활용된 자료가 제한적이었다는 한계와도 관련이 있다. 예를 들어, 1980년대 통화량과 건설 계약액 등의 특정 지표에서 약한 수준의 정치적 경기순환 효과를 발견했다는 분석이 있고, 통화정책을 통한 경기순환이 제한적으로 존재한다는 연구 결과도 있다.[11] 또한 중앙정부의 조세 수입에서 정치적 순환주기가 나타났으며, 약 2.3년 주기의 정치적 조세 순환이 존재한다는 분석도 있다.

반면, 김재한[12]은 제14대 대통령 선거를 분석한 결과, 정치적 경기순환의 유의미한 증거를 발견하지 못했다고 주장했다. 그는 정부의 경기 부양 정책이 선거와 직접적으로 연관되기보다는 당시 경제 상황과 정책 기조에 따라 결정된 것으로 볼 여지가 크다고 보았다. 또한, 이은국[13]은 선거와 경기순환 간 직접적 상관관계를 확인하기 어렵다고 분석했다. 그는 우리나라의 경우 재정정책과 통화정책 결정 과정에서 중앙정부와 국회의 역할이 구분되어 있으며, 대통령제하에서 행정부의 재량권은 크지만, 선거가 경제정책에 미치는 영향은 서구 국가들보다 제한적일 수 있다고 보았다.

경제 성적표가 표심을 결정한다?

앞선 정치적 경기순환 가설이 정책의 관점에서 선거와의 관계를 살펴본 것이라면, 여기에서는 유권자 관점에서 살펴보자.

정치적 경기순환 가설은 유권자들이 선거 즈음의 경제 상황을 가장 중요한 기준으로 삼아 투표한다고 전제한다. 유권자들은 안정된 물가, 낮은 실업률과 같은 경제 성과를 바탕으로 정부를 평가하며, 장기적 시각보다는 단기적이고 제한된 관점에서 경제와 정치를 바라본다는 것이다. 이는 소위 '회고적 투표' 행태와 관련이 있다. 회고적 투표란 유권자들이 정부와 여당의 성과를 평가하여 투표 선택의 기준으로 삼는 행태를 의미한다. 대통령과 여당이 그동안 어떤 정책을 추진했고, 어떠한 성과를 거두었는지를 평가한 후, 그 결과에 따라 투표를 결정한다는 것이다. 이는 대통령과 집권 여당의 국정운영 성과에 대한 중간평가이자 일종의 심판의 의미[14]를 갖는다. 즉, 정부가 국정운영을 제대로 수행하지 못했다고 판단하면, 유권자들은 대통령이 속한 정당을 선거에서 지지하지 않는 선택을 하게 된다. 주로 야당에서 내세우는 "정권 심판론"이 바로 이러한 논리와 연결된다.

회고적 투표는 유권자의 합리적 무시(rational ignorance)[15]와도 관련된다. 유권자들은 모든 정책 정보를 알기에는 정보 획득 비용이 많이 들고, 시간도 제한되어 있다. 정보를 얻는 데 드는 노력과 비용은 많은 데 반해, 내 한 표가 전체 선거 결과에 미치는 영향은 매우 작다는 점을 유권자들은 알고 있다. 그래서 유권자는 지난 정부 성과처럼 비교적 쉽게 확인할 수 있는 기준을 가지고 회고적으로 투표한다. 이는 유권자의 현실적이며 합리적인 판단이라고 할 수 있다.

한편, 정권 심판의 회고적 투표와 대비되는 개념으로 '전망적 투표'가 있다. 이는 유권자들이 당선 이후의 국정운영 능력을 판단하거나, 선거 공약의 적절성과 이행 가능성을 고려하여 투표하는 행태를 의미한다. 즉, 정책 공약이나 미래 비전, 후보자의 능력 등 앞으로의 기대를 기준으로 투표하는 방식이다. 국가가 어떤 방향으로 나아갈지, 후보자가 미래에 경제를 개선할 수 있을지를 판단하는 것이다. 이러한 투표 행태는 앞으로 "국정을 안정적으로 운영할 수 있도록 힘을 실어달라"는 논리를 펼칠 때 강조된다. 유권자 입장에서는 후보자들 가운데 앞으로 누가 더 잘할 것인가를 판단하는 것이다. 과거보다는 미래를 보고 투표하는 것이다. 이렇게 보면, 회고적 투표는 '지난 성적표'를 평가하는 방식이고, 전망적 투표는 '앞으로의 계획서'를 평가하는 방식이라 할 수 있다. 어떤 기준이 더 중요하게 작동하는지는 시대적 상황과 맥락에 따라 달라진다. 그리고 현실의 선거에서는 두 방식이 함께 작동하는 경우가 많다.

앞서 언급한 회고적 투표에서 유권자들이 국정운영 성과를 평가할 때 자주 고려하는 기준이 경제 상황의 변화이다. 일반적으로 경제가 좋아지면 유권자들은 집권 여당을 지지하는 경향이 강해지고, 반대로 경제가 나빠지면 야당 후보를 지지하면서 현 정부를 심판하려는 투표 행태가 나타난다. 이러한 현상을 '경제투표'라고 부른다.

경제투표란 유권자들이 자신의 경제적 상황이나 국가 경제의 전반적 흐름을 기준으로 정부를 평가하고 투표에 반영하는 행태를 의미한다. 이는 정치적 이념이나 정당 충성심보다 경제적 성과가 중요한 투표 결정 요인으로 작동하는 경우를 가리킨다. 특히 경제투표는 경제 상황 악화의 책임을 누구에게 돌리느냐, 즉 책임 귀속[16]에 따라 그 효과가 달라진다. 경제가 나빠졌다고 해도 그것이 정부 책임이 아니라고 생각하면 경제투표 효과는 약해진다. 반면, 정부 책임이라고 인식될 때 경제 상황은 강한 투표 기준으로 작동하게 된다.

이런 책임 귀속 여부는 단순히 유권자 개인의 판단만으로 결정되지 않는다. 정치제도의 구조적 특성이 책임 귀속을 명확하게 할 수 있는 조건을 결정짓기 때문이다. 대통령제인지 내각제인지, 단일정당 정부인지 아니면 연립정부인지, 중앙집권적인지 또는 권력이 분산되어 있는지에 따라 경제투표 효과가 달라진다. 즉 대통령제·단일정당·중앙집권 구조일수록 정부 책임이 명확해져 경제투표 효과가 강하게 나타나지만, 내각제·연립정부·분권화 구조에서는 책임이 분산되기 때문에 경제투표 효과가 약해지는 경향이 있다.

또한 유권자가 경제 성과의 어떤 측면을 고려하는지에 따라서 경제투표의 방식은 달라질 수 있다. 경제투표는 크게 거시 경제 상황, 특정 경제정책에 대한 평가, 그리고 자산 가치 변화에 따른 판단으로 나누어 볼 수 있다.

첫째, 거시 경제 상황을 평가하는 것이다. 경기 호황이나 경기 침체 같은 경제 환경을 살펴보고, 인플레이션, 실업률, 경제성장률, 재정 적자 등 정부의 경제 운영 전반을 판단하여 투표하는 것이다. 예를 들어, 집권 기간에 실업률이 증가하고 경제 성장이 둔화하였다면, 유권자들은 여당에 대해 부정적 평가를 내릴 가능성이 크다.

둘째, 특정 경제정책에 대한 찬반이 투표에 영향을 미칠 수 있다. 세금 인상, 복지 지출 확대, 민영화 정책 등은 유권자의 경제적 이해관계와 직결되기 때문에 찬반 입장이 선거 선택에 반영된다. 예를 들어, 일본에서 소비세 인상이 선거에서 여당에 불리하게 작용한 사례가 있다. 이는 정부의 정책 결정이 국민의 경제적 부담과 직접 연결될 때, 유권자는 이를 투표에 반영하려는 경향이 높다는 점을 보여준다.

셋째, 자산 가치 변화가 투표에 영향을 미치는 경우다. 부동산 가격, 주식 시장 변동, 주택 보유 여부와 같은 개인 자산 변화가 정치적 판단에 영향을 줄 수 있다. 특히 부동산 가격이 급등하거나 하락하는 상황에서는 현 정부의 경제정책이 자신에게 유리한지 불리한지를 판단하고, 이를 투표에 반영하는 성향이 나타난다. 예를 들어, 평당 아파트 매매가격이 높은 지역일수록 보수 정당에 투표할 가능성이 높으며, 자산 수준이 높을수록 보수 정당을 지지할 확률이 증가하는 경향[17]도 확인되었다. 이는 자산 가치 변화가 경제적 이해관계뿐 아니라 정치적 선택에도 중요한 변수로 작용할 수 있음을 보여준다.

선거와 정책의 선순환을 위하여

이제 관련 내용을 정리해 보자. 정책과 정치는 본질적으로 연결되어 있다. 서로 다른 영역처럼 보이지만, 정책 없는 정치는 존재할 수 없고, 정치 없는 정책 역시 의미를 잃는다. 정치는 정책을 통해 실현되고, 정책은 정치를 통해 선택되고 변화한다. 특히 선거는 정책과 정치가 만나는 가장 직접적이고 역동적인 공간이다. 선거를 통해 정책의 우선순위가 정해지고, 때로는 기존 정책의 방향이 수정되거나 새로운 정책이 등장한다. 이처럼 선거는 정책을 심판하고, 또 정책을 설계하는 출발점이 된다.

우리나라 선거도 이러한 정치·정책의 상호작용 속에서 변화해 왔다. 과거에는 영호남과 같은 지역주의가 선거 결과를 좌우하는 핵심 변수였다. 그러나 2000년대 이후 선거에서는 지역적 요인 외에도 세대, 이념, 계층, 성별, 소득 수준 등 다양한 사회적 요인들이 결합해 투표 행태를 결정짓고 있다. 과거처럼 정당의 지역 기반이나 후보자의 개인적 역량만으로 선거 결과가 결정되는 시대는 점점 끝나가고 있다. 특히 최근 선거에서는 경제적 요인이 유권자의 표심에 영향을 미치고 있다. 유권자가 자신의 경제적 상황이나 정책의 경제적 효과를 기준으로 투표하려는 모습을 보이고 있다. 부동산 가격, 세금 정책, 물가 상승, 일자리 문제 같은 경제정책이 선거에서 주요 쟁점으로 떠오르는 현상은 점점 뚜렷해지고 있다. 대표적인 사례가 2021년 서울시장 보궐선거였다. 당시 선거에서는 부동산 가격 급등과 이에 따른 보유세·양도세 인상이 주요 이슈로 부각되면서, 당시 여당이 패배하는 결과로 이어졌다. 이는 경제정책이 유권자의 삶에 얼마나 직접적으로 영향을 미치는지, 그리고 그 영향이 어떻게 정치적 선택으로 연결되는지를 보여주는 사례다.

결국 선거와 정책은 하나의 순환 구조 안에 있다. 정책은 국민의 삶을 변화시키고, 그 변화는 다시 선거를 통해 정치적 선택으로 돌아온다. 그리고 정치적 선택은 또 다른 정책을 낳는다. 이 과정이 제대로 작동할 때, 민주주의는 건강하게 발전하고 정책 또한 국민의 신뢰 속에서 지속적으로 개선될 수 있다. 정책과 정치는 결코 분리될 수 없다. 오히려 선거를 통해 정책이 검증되고, 좋은 정책이 다시 정치적 지지를 얻는 선순환 구조가 마련될 때, 국가도 발전할 수 있다. 선거는 국민 생활을 바꾸는 정책을 선택하는 가장 중요한 민주주의 장치임을 다시 한번 새겨둘 필요가 있다[18].

2장

포퓰리즘

#. 포퓰리즘을 언급하는 언론 기사는 흔히 접할 수 있다. 특히 선거를 앞두고는 이러한 보도가 자주 등장한다. 다음은 2024년 4월 총선을 앞두고 보도되었던 「포퓰리즘·선심성 공약 논란, 유권자 냉철한 판단 필요할 때」라는 제목의 기사[19] 일부다.

"민주당은 민생경제 비상사태 해결을 위해 모든 국민에게 1인당 25만 원, 가구당 평균 100만 원의 민생회복지원금 지급을 제안한다고 밝혔다. 예상되는 재원 13조 원에 대해 기존 예산을 조정하거나 기금을 전용하면 얼마든지 마련할 수 있다고 했다. 이번 제안도 포퓰리즘이라는 비난을 불렀다. 국민의힘은 25일 야당이 또 총선을 앞두고 무책임한 현금 살포 선심 공약으로 매표 행위에 나섰다고 주장했다. 그러면서 약 13조 원의 재원을 위해선 국채를 발행해야 한다면서 결국 시중에 돈을 더 풀게 돼 물가 불안을 자극하게 되고 물가 상승을 부추긴다고 지적했다.

총선을 앞두고 유권자의 마음을 사려고 돈 풀기 경쟁을 벌이고 선심성 공약을 남발하는 데는 여야가 따로 없다. 막대한 예산이 소요되는데도 재원 마련 대책을 구체적으로 밝히지도 않은 채 무작정 발표하고 보는 사업 공약이 한둘이 아니다. …(중략)… 포퓰리즘이나 졸속 공약은 당장은 달콤하게 느껴지지만, 실현 가능성이 작을뿐더러 설령 공약이 이행되더라도 국가나 미래 세대에 큰 부담으로 작용할 수 있다. 이번 총선에 나선 후보들의 공식 선거운동이 이달 말부터 시작된다. 지역 발전과 국가의 미래를 위해 정말 필요한 공약과 매표성 선심 공약을 엄밀히 가려내는 유권자들의 혜안이 필요할 때다."

대중의 선택인가, 인기영합인가?

흔히 말하는 포퓰리즘(populism)이란 무엇일까? 포퓰리즘이라는 말을 들으면, 남미 일부 국가의 실패한 경제정책이 떠오르며 부정적인 이미지가 생긴다. 포퓰리즘은 인기영합적 정책을 상징하는 용어로, 정책의 부정적 측면을 강조하는 데 자주 사용된다. 재정적으로 실현 가능성이 낮은 정책을 주장하거나, 유권자의 환심을 사려는 선심성 공약을 가리키는 경우가 많다. 우리나라에서 포퓰리즘은 객관적이고 학술적인 개념이라기보다는 정치적 비판이나 공세의 수단[20]으로 활용되고 있다.

이러한 인식은 포퓰리즘의 본래 개념과는 거리가 있다. 포퓰리즘의 어원인 라틴어 'populus'는 '인민, 민중, 대중'을 뜻하며, 이를 그대로 해석하면 인민주의, 민중주의, 대중주의가 된다. 이는 엘리트주의나 대의민주주의와 대비되는 개념으로, 대중의 직접적 참여와 대중의 이익 반영을 강조하는 정치 형태를 의미한다. 그런 의미에서 포퓰리즘과 민주주의는 닮은 점이 있다. 다수를 위한 정책을 형성하고 다수의 지지를 얻고자 한다는 점에서 그렇다. 특히 직접적인 정치 참여와 정치적 반응성을 강조한다는 점에서 그 유사성은 뚜렷하다. 그래서 포퓰리즘은 "민주주의가 만들어 낸 그림자[21]"라고도 표현된다.

포퓰리즘과 민주주의는 모두 대중의 의사를 반영하려는 정치 방식이라는 점에서 유사해 보이지만, 양자 사이에는 분명한 차이가 있다. 민주주의는 법과 제도를 기반으로 운영되며, 다수의 의견을 따르되 소수의 권리도 보호하려는 균형을 중시한다. 반면 포퓰리즘은 대중의 직접적인 요구를 우선시하며, 기존 엘리트와 제도적 장치를 부정하는 성향이 있다. 민주주의는 장기적인 정책과 안정적인 국가 운영을 목표로 하지만, 포퓰리즘은 단기적인 대중의 지지를 얻기 위해 즉각적인 조치를 취하는 경향이 있다. 민주주의는 갈등의 조정과 타협을 통해 지속 가능한 체계를 구축하려 하지만, 포퓰리즘은 대중 정서를 직접 자극하며 감성적 호소를 통해 빠른 정치적 변화를 끌어내는 특징을 가진다. 이 과정에서 의회나 정당, 언론 등 기존 민주주의 제도를 약화시키는 방향으로 나아갈 위험도 존재한다.

현대적 의미의 포퓰리즘은 19세기 중반 제정 러시아 치하에서 전개된 나로드니키(Narodnik) 운동과 19세기 후반 미국의 인민당(People's Party)으로까지 거슬러 올라간다. 나로드니키는 '인민 속으로'라는 구호를 내걸고, 도시의 지식인들이 농촌으로 들어가 농민과 함께 사회를 바꾸고자 했던 급진적 개혁운동이었다. 이들은 지주-소작 관계를 철폐하고, 농민이 주체가 되는 자치적이고 공동체적인 토지 소유 체계를 지향했다. 이는 당시 농업 중심 사회에서 농민의 삶을 개선하려는 이념적이고 실천적인 시도였으며, 엘리트에 대한 반발과 민중 중심 정치라는 점에서 초기 포퓰리즘적 성격을 띠었다.

한편 미국의 인민당은 1890년대 경제 불황과 산업화의 불균형 속에서 등장했다. 이 정당은 노동자, 소농, 영세 자영업자들이 중심이 되었으며, 거대 기업의 독점과 금융 권력에 맞서 산업 규제, 철도 요금 통제, 토지 개혁, 금융 개혁 등을 요구했다. 이들은 대중의 불만과 요구를 정치에 직접 반영하고자 했으며, 당원들은 흔히 '포퓰리스트(Populists)'라고 불렸다. 이에 따라 인민당은 '포퓰리스트당(Populist Party)'이라는 별칭으로도 알려졌다. 이들은 특히 은행과 금융에 대한 비판을 통해 채무자 구제를 주장했으며, 1892년 대통령 선거에서 후보를 내세울 만큼 정치적 영향력을 발휘했다. 인민당은 이후 정치 무대에서 점차 사라졌지만, 당시 대중의 경제적 불만과 정치적 대표성 부족에 대한 강한 반발을 보여준 포퓰리즘 운동으로 평가된다.

포퓰리즘이 오늘날 부정적인 의미로 사용되기 시작한 것은 남미의 정치 사례가 국내 언론에 자주 인용되면서부터다. 특히 1950년대 아르헨티나의 페론(Juan Domingo Perón) 정부가 대표적 사례로 거론된다. 페론 대통령은 노동자와 빈민을 위한 정책을 내세우며 국가 주도의 강력한 개입을 추진했다. 그의 경제정책은 국가 주도 산업화, 노동자의 권리 강화, 대규모 복지 프로그램 확대 등을 중심으로 구성되었다. 특히 노동조합과 긴밀한 협력 관계를 맺고, 임금 인상과 근로 조건 개선을 적극 추진했다. 페론 정부는 공공사업과 보조금을 통해 단기적인 경기 부양을 시도했으나, 결과적으로 재정 적자가 급증하고 외화 부족, 인플레이션 등 경제 불안정을 초래했다. 특히 주요 산업을 국유화하면서 산업 경쟁력이 약화하고, 경직된 경제 구조와 외국 자본 이탈이라는 부작용도 나타났다. 이런 문제들이 누적되면서 아르헨티나 경제는 점차 불안정해졌고, 결국 1955년 군부 쿠데타로 페론은 실각하게 되었다. 페론 정부의 복지 확대 정책은 한편으로는 소득 재분배의 측면에서 긍정적 평가를 받기도 하지만, 재정의 무책임성과 경제 위기를 불러온 사례로 지적되며 오늘날 포퓰리즘에 대한 부정적 인식을 강화하는 빌미[22]가 되었다.

이 외에도 베네수엘라의 차베스(Hugo Chávez) 정부의 국유화 정책, 그리스 정부의 연금 확충 정책 등은 포퓰리즘의 대표적인 사례로 언론에서 언급된다. 차베스 정부는 석유를 중심으로 한 주요 산업을 국유화하며 사회주의적 경제 모델을 강화했다. 교육, 보건, 식량 보급 등 공공 서비스를 확대하고, 빈곤층을 위한 다양한 보조 정책을 시행하면서 한때 높은 대중적 지지를 얻었다. 그러나 이 같은 정책은 유가에 지나치게 의존한 나머지, 국제 유가 하락 시 심각한 재정 불안을 초래했고, 민간 경제는 급격히 위축되었다. 극심한 인플레이션, 생필품 부족, 외환 고갈 등의 경제 위기로 이어졌다. 그리고 그리스 정부는 퇴직 연령 인하, 높은 연금 지급률 유지 등으로 국민 생활 향상에 기여했으나, 정작 이를 뒷받침할 세수 기반과 경제성장률은 부족했다. 결국 이러한 구조는 지속적인 재정 적자와 누적된 국가 부채로 이어졌고, 2010년대 초반 유럽 재정 위기 당시 그리스는 국제 구제금융을 요청하는 상황에까지 이르렀다.

포퓰리즘을 바라보는 시각

앞서 살펴본 바와 같이 실제로 언론과 정치 담론에서는 포퓰리즘이 종종 무책임한 지출, 인기영합주의, 재정 위기의 원인으로 묘사된다. 그러나 학계에서는 포퓰리즘을 이보다 넓은 관점에서 바라보고 있으며, 인민주권의 회복, 정치 스타일 등 다양한 차원에서 접근하기도 한다.

우선 여러 연구자는 포퓰리즘을 사회계층 간 대립으로 설명하며, 엘리트·기득권층과 이에 맞서는 대중(인민) 간의 갈등으로 해석한다. 이러한 시각에서는 포퓰리즘을 단순한 정치적 수사나 전략이 아니라, 기득권층에 대한 반발과 대중의 권리 회복을 위한 운동으로 간주한다. 즉 대중을 동원하고 정치적 정당성을 확보하는 수단으로 포퓰리즘이 기능하는 것이다. 특히 이 관점에서의 포퓰리즘은 인민주권의 회복을 강조하는 측면이 강하다. "사회는 기득권층과 대중으로 양분되며, 정치란 궁극적으로 대중의 목소리를 직접 반영해야 한다"라는 주장은 포퓰리즘의 핵심 이념[23] 중 하나다. 이러한 관점에서 포퓰리즘은 민주주의의 어두운 이면이자 제도적 한계를 극복하려는 시도이며, 다양한 사회적 주체들이 적극적으로 참여하는 정치적 흐름[24]으로 해석된다. 포퓰리즘은 대중의 정치적 요구와 기대가 집중적으로 표출되는 과정으로 볼 수 있다.

포퓰리즘을 바라보는 또 다른 시각은 정치 지도자의 스타일과 리더십 방식에 주목하여 설명한다. 포퓰리스트 지도자들은 기존 정치 질서나 제도에 대한 강한 반감과 거리두기 전략을 사용하며, 자신이 기성 정치와는 다른 새로운 리더라는 이미지를 구축하려 한다. 이들은 제도권 정치인을 부패하거나 무능한 기득권으로 묘사하고, 대중과의 직접적인 소통을 중시하는 경향을 보인다. 예컨대 미국의 트럼프(Donald Trump) 대통령과 필리핀의 두테르테(Rodrigo Duterte) 대통령은 기존 정치인들이 잘 사용하지 않던 직설적이고 공격적인 언어를 활용하여, 대중과의 정서적 유대감을 형성했다. 트럼프는 '미국 우선주의'를 내세워 글로벌화와 워싱턴 정치에 대한 불만을 가진 유권자들의 지지를 결집했다. 두테르테는 범죄와 마약 척결을 명분으로 거친 언행과 강경책을 내세우며, 소외된 국민의 분노와 좌절감을 대변하는 지도자로 지지를 얻었다. 이처럼 포퓰리즘 지도자는 대중과 직접적인 유대감을 형성하며, 일반 국민의 정서를 자극하는 언행을 적극 활용한다. 기존 정치 시스템의 한계를 부각하고, 자신이 대중의 진정한 대변자라는 이미지를 강조하는 전략을 구사하는 것이다. 이러한 방식은 선동적이지만 동시에 대중의 감성을 파고드는 정치 스타일로 평가되며, 특정한 시대적·사회적 배경에서 강력한 영향력을 발휘할 수 있다.[25]

우리나라의 포퓰러리즘과 포퓰리즘

주목할 점은, 최근 우리나라에서 사용되는 '포퓰리즘'이라는 개념이 본래의 학문적 정의와 다르게 활용되고 있다는 사실이다. 원래 포퓰리즘은 대의제 바깥에서 정치 지도자가 대중의 감성을 자극하며 제도 정치에 반하는 선동적 행위로 이해되는 경우가 많았다. 그러나 국내에서는 제도권 안에서 특정 정책을 추진하거나, 정당 간 경쟁에서 유리한 입지를 차지하기 위한 전략적 도구로 포퓰리즘 개념이 사용되는 경향이 강하다. 즉 우리나라에서 포퓰리즘은 주로 '대중 인기영합주의'의 의미로 해석되며, 정치적 반대 세력을 공격하거나 비판하는 논거로 동원되는 사례가 두드러진다[26].

사실 인기영합주의를 의미하는 정확한 영어 표현은 '포퓰러리즘(popularism)'이다. 그런데도, 국내 보수 언론을 중심으로 포퓰러리즘 대신 포퓰리즘(populism)이라는 용어가 차용되었고, 이를 대중영합주의 혹은 인기영합주의로 병기하며 사용하였다. 또한 남미 국가들이 추진한 분배 중심의 정책이 경제 실패를 초래했다는 사례들을 반복적으로 인용하면서, '포퓰리즘 = 무책임한 정책 = 경제 위기'라는 도식적인 인식 틀이 형성되었다. 이 과정에서 원래의 개념과는 다른 '포퓰리즘 = 부정적 정치 행위'라는 해석이 고착된 것이다.[27]

이러한 경향은 2010년대 이후 서울시 무상급식 논쟁을 계기로 뚜렷해졌다. 당시 복지 확대 정책을 두고 포퓰리즘이라는 낙인이 붙었으며, 이후 이 용어는 정책의 실질적 내용보다는 그 정치적 의도를 의심하는 부정적 수사로 자주 사용되었다. 기사 검색 사이트인 빅카인즈(Big Kinds)의 데이터를 활용하여 '포퓰리즘'이라는 단어가 언론에서 얼마나 자주 언급되었는지를 분석해 보았다. 분석 기간은 1990년부터 2022년 말까지이며, 조선일보 등 전국 단위 종합일간지 11개와 경제 일간지 8개를 포함한 총 19개 신문 기사다. 1990년대에는 포퓰리즘이 사용되는 경우가 매우 드물어, 1990년에는 2건, 1991년에는 3건에 불과했다. 그러나 김대중 정부와 노무현 정부 시기에는 연간 500건 이상으로 증가하였다. 이후 2009년에는 859건, 2010년에는 2,910건으로 늘어났고, 2011년에는 7,818건, 2012년에는 5,485건으로 정점을 찍으며 포퓰리즘이라는 용어가 언론에서 본격적으로 확산하였다. 최근에도, 이 용어는 여전히 활발히 사용되고 있으며, 매년 3,000건 이상의 기사에서 포퓰리즘이 언급되고 있다.

  포퓰리즘에 대한 우리나라 언론의 인식 변화를 좀 더 구체적으로 살펴보자. 1990년대 후반까지만 해도 포퓰리즘은 인민주의 혹은 기존 체제와의 대립을 의미하는 학문적 개념에 가까운 방식으로 사용되었다. 다음은 1989년 12월 30일 자 동아일보 사설의 일부 내용이다. 이 사설에서는 포퓰리즘을 '민중주의'라고 표현하며, 국민을 위하는 것이 본래 나쁜 개념은 아니지만, 그 방식이 불법 폭력을 옹호하는 방향으로 흐를 경우 국가 운영에 부정적인 영향을 미칠 수 있다고 지적하고 있다.

불법 폭력 극단은 좌우 그 어느 쪽의 것이든 민주주의의 적이라는 사실을 외면하는 풍조는, 학생·근로자 등 당사자들은 그렇다 치고 심지어 일부 지도층과 지식인들의 은근한 비호에 이르러서는 우리의 자율능력을 회의케 한 단면이었다. 이러한 일부 지도층과 지식인들의 무책임한 포퓰리스트적 성향은 사태 악화에 적잖은 역할을 했다. 민중주의라고 할 수 있는 포퓰리즘은 국민을 위한다는 그 발상 자체가 잘못된 것은 아니지만, 그 방법이 국가 운영의 안목을 결여하고 있기 때문에 남미 여러 나라의 경제를 악화시킨 주요 원인 중 하나가 되었다. 5공 청산을 1년 내내 질질 끌어온 시대 역행적인 반동주의와 불법 폭력을 감싸는 민중주의가 우리의 순조로운 제2의 도약을 방해하는 요소가 되고 있다.

이후, 김대중 정부와 노무현 정부가 출범하면서 포퓰리즘 논쟁은 확대되었다. 보수 성향의 언론과 지식인들은 진보 정권의 정책을 기존 기득권 질서에 대한 도전으로 인식하며, 상당한 위기감을 공유하게 되었다. 이들은 김대중·노무현 정부의 정책적 특징을 비판하는 과정에서 남미 국가의 사례를 자주 인용하며, 이를 포퓰리즘과 연결하는 방식으로 논리[28]를 전개했다. 이 과정에서 포퓰리즘은 다원적 의미를 가진 학술적 개념이라기보다는, 대중의 비합리적 요구에 편승하는 무책임한 정치 행태로 단순화되기 시작했다. 일부 언론과 정치권은 이러한 개념을 적극

활용하여 포퓰리즘을 정치적 공세의 도구[29]로 삼았다. 2003년 4월 15일 동아일보 시론을 예로 들어 보자. 해당 내용에서는 노무현 대통령의 선택을 베네수엘라 차베스 대통령에 빗대며, 경제 파탄을 막기 위해서는 자유시장경제 질서를 우선시해야 한다는 논리를 연계시키고 있다.

> 노 대통령의 선택은 정해져 있다. 포퓰리즘에 집착하는 차베스 대통령을 따를 것이냐, 아니면 포퓰리즘을 버리고 개혁적 경제원칙에 충실한 룰라 대통령을 따를 것이냐이다. 노 대통령이 정책을 결정할 때 반드시 짚어보아야 할 것이 하나 있다. 이런 결정이 일시적 인기는 있으나 경제의 근본에 해가 되는 포퓰리즘적인 것인지 아닌지를 점검해 유혹을 뿌리치는 일이다. 지난 5년 동안 베네수엘라 국민을 정치적 혼란과 경제 파탄으로 몰아넣은 차베스 대통령이 아직도 자신의 모든 행위는 '국민의 이름과 지지'로 이뤄지고 있다고 주장하고 있음은 우리에게 시사하는 바가 매우 크다.

또한 노무현 정부 시절에는 기존 제도를 벗어나 인터넷을 매개로 한 대중의 정치적 참여[30]가 포퓰리즘으로 해석되기도 했다. 일부 언론은 인터넷 기반의 참여 민주주의가 군중 심리에 의해 왜곡될 가능성이 크다고 우려를 표했다. 특히, 의회 등 대의제 민주주의의 핵심 기관이 약화되고 정치 지도자가 일반 대중과 직접 연결되는 구조가 형성될 경우, 이는 포퓰리즘 혹은 중우정치(衆愚政治)로 흐를 위험이 있다고 비판했다. 보수 언론과 평론가들은 참여정부의 정책 결정 과정이 국민 전체의 의견보다 네티즌 집단에 과도하게 의존하고 있다며, 이는 디지털 기반의 참여가 민주주의를 확장하기보다는 오히려 포퓰리즘적 성격을 강화할 수 있다는 논리[31]를 전개했다. 2003년 3월 22일 중앙일보 사설은 이러한 우려를 반영하며, 인터넷을 통한 정치적 개입이 포퓰리즘적 성격을 띠고 있다고 지적한다.

새 정부 들어 인터넷을 활용한 장관 추천, 장관 후보자의 검증 과정에서의 온라인 공격, 노사 협상에서 근로자 측을 대변하는 정부의 개입 등은 법을 위반했다고까지는 할 수 없지만, 포퓰리즘적 요소를 상당 부분 내포하고 있다. 우리가 우려하는 것은 법과 제도를 준수하기보다 국민의 인기에 의존해 정치가 운영될 가능성이다. 그렇게 될 경우, 경제적 합리성을 무시한 선심성 정책이 남발될 것이며, '국민의 이름'을 앞세운 법과 제도의 훼손이 결국 모든 국민에게 피해를 줄 수밖에 없다. 특히, 포퓰리즘이 극단으로 치닫게 되면 통제할 수 없는 권력을 낳고, 이는 오히려 민주주의를 파괴하는 결과로 이어질 것이다. 따라서, 법치 없는 민주주의는 민주주의가 아니라는 점을 명심해야 한다.

특정 정책을 인기영합이라고 비판하는 논거로 '포퓰리즘'이라는 용어가 본격적으로 사용되기 시작한 것은 2010년 이후부터다. 특히 2010년 지방선거를 기점으로 무상급식 등 복지 이슈가 주요 정치 의제로 부상하면서, 포퓰리즘 논쟁이 본격화되었다. 당시 민주당은 무상급식, 무상의료, 무상보육, 반값 등록금 등의 3+1 보편적 복지 정책을 본격적으로 제시했다. 민주당이 다수를 차지했던 서울특별시 지방의회는 2010년 12월 전면 무상급식 관련 조례를 통과시켰고, 이에 대해 당시 서울시장은 강하게 반대했다. 그는 "복지의 탈을 씌운 망국적 포퓰리즘 정책을 거부하겠다"며, "무상급식은 지방선거에서 반짝 지지를 얻기 위해 내건 인기영합적 복지 선전전의 전형"이라고 주장했다. 이후 2011년 8월, 무상급식 정책을 둘러싼 주민투표가 진행되었으나, 개표 요건을 충족하지 못해 무산되었다.

일부 언론은 이러한 복지 확대 정책을 "무차별적인 과잉 복지"로 규정하며, 이를 표를 얻기 위한 매표성 정책으로 비판했다. 이들은 복지 정책이 막대한 재정을 필요로 하며, 장기적으로 경제를 위기에 빠뜨릴 위험이 크다고 경고했다. 특히 복지의 비효율성, 도덕적 해이 문제, 세대 간 불평등 심화, 자유시장 경제의 훼손 등을 주요 논거로 삼아 복지 확대를 비판하고, 그 실현 가능성을 의문시했다. 복지는 재정 건전성을 유지하는 범위 내에서 시행되어야 하며, 무리한 복지 확대는 결국 경제 파탄을 초래할 수 있다는 논리를 펼쳤다. 또한 아르헨티나, 베네수엘라, 그리스와 같은 국가들을 사례로 들며, 이들 국가의 경제 위기가 복지 포퓰리즘에서 비롯되었다는 주장을 제기했다. 이러한 논리는 "포퓰리즘 정책 → 재정 건전성 악화 → 재정 위기 → 경제 파탄"이라는 일련의 흐름으로 구성되었으며, 이는 복지 확대를 경계하고 비판하는 언론 담론의 대응 프레임[32]으로 자리 잡았다. 이러한 프레임은 현재에도 여전히 사용되고 있다. 다음은 2020년 4월 9일 자 조선일보 사설, 「나랏빚 눈사태에 깔릴 2030세대가 포퓰리즘에 NO해야 한다」에 실린 내용이다.

100년 전 아르헨티나에는 이탈리아 여성이 가정부로 일하러 왔다. 〈엄마 찾아 3만리〉의 배경이다. 하지만 1946년 등장한 페론 정권이 나랏돈을 '공짜 시리즈'에 퍼부으면서 급속히 기울기 시작했다. 재정 적자 → 국가 부도 위기→ 구제금융이 반복되면서 1980년대 자식 세대는 변변한 직장도 구하지 못했다. 그런데도 '공짜'를 외치는 포퓰리즘 세력에 표를 던지자, 손자 세대는 미국·유럽으로의 탈출을 유일한 희망으로 삼는 처지가 됐다. 포퓰리즘이 선거에서 이기는 이유는 그 폐해가 나타나는 데 시간이 걸리기 때문이다. 나랏빚을 물려받은 자식 세대가 이건 아니라고 깨닫게 될 때는 이미 늦었다.
　현재 우리나라의 6070세대는 "연금과 건강보험 혜택을 온전히 받는 처음이자 마지막 세대"가 될 것이라고 한다. 현금 복지 종류가

벌써 2,000종에 육박하고 최근 여야가 도박 베팅하듯 벌이는 포퓰리즘 경쟁을 보면 기우라 할 수 없다. 부모 세대의 포퓰리즘 뒷감당을 해야 하는 2030세대가 지금 '아니다'라고 외쳐야 한다.

최근에는 선거를 앞두고 유권자의 표심을 얻기 위한 포퓰리즘적 정책을 비판하는 맥락에서, '표(票)퓰리즘'이라는 신조어가 등장해 사용되고 있다. 이 표현은 '표(票)'와 '포퓰리즘'을 결합한 것으로, 선거에서 재정 건전성이나 정책의 지속 가능성은 고려하지 않은 채, 유권자의 지지를 끌어내기 위한 단기적이고 선심성 강한 정책을 지칭하는 데 사용된다. 이러한 '표퓰리즘'이라는 용어는 기존의 포퓰리즘보다 한층 더 직접적으로 '선거용 정책'이라는 부정적 의미를 내포하고 있다. 이 용어는 특히 선거철마다 등장하는 현금성 지원, 무상 복지 확대, 세금 감면 등 표를 얻기 위한 공약이 과연 실효성과 책임성을 갖추었는지에 대한 의문을 제기하는 데 활용된다.

포퓰리즘 시대, 미래 세대의 공짜점심

이상과 같이 포퓰리즘의 개념과 그 의미 변화를 살펴보았다. 오늘날 포퓰리즘은 단순히 대중 친화적인 정책을 뜻하는 것이 아니라, 재정적 고려 없이 추진되는 인기영합적 정책을 비판하는 논거로 자리 잡았다. 특히 경제적 합리성을 배제한 분배 정책이나 복지 정책을 부정적으로 규정하는 정치적 프레임으로 자주 활용된다.

포퓰리즘은 경제 원칙과 정치 논리가 충돌하는 지점에서 발생한다. 경제 원칙은 비용과 효과, 장기적 성장과 지속 가능성을 중시한다. 반면 정치 논리는 선거에서의 승리를 최우선으로 삼기 때문에, 여론을 빠르게 따라가는 경향이 있다. 또한 정치 논리는 공정한 분배, 선거 공약 실천 등 정치적 목표를 중심으로 문제를 해석한다. 이러한 정치의 목적 지향성 자체가 나쁜 것은 아니다. 그러나 정치적 목표에 집중한 나머지, 경제적 현실성과 정책 과정의 타당성을 간과하는 상황은 경계할 필요가 있다.

포퓰리즘은 확산[33]하는 속성이 있다는 점도 주의가 필요하다. 포퓰리즘은 앞으로도 계속 논의될 주제이며, 특히 경제적·정치적 위기 상황에서 그 경향이 강하게 나타난다. 경제성장률이 낮고, 대통령 지지율이 하락하며, 선거가 가까워질수록, 여당보다는 야당에서 포퓰리즘적 행태가 두드러지는 경향이 있다. 정치 세력은 대중의 지지를 얻고 지지층을 결집하기 위해 포퓰리즘적 전략을 쉽게 포기하지 않기 때문이다.

따라서 선동적이고 감성적인 정책 제안이 실제로 경제적 타당성을 갖추었는지를 냉정하게 평가하고, 객관적인 정책 분석을 통해 대응하는 것이 중요하다. 국민의 세금으로 운영되는 재정인 만큼, 지속 가능성을 충분히 고려해야 한다. 필요한 곳에 필요한 재정은 투입되어야 한다. 하지만, '공짜 정책'은 없다. 포퓰리즘이 남긴 재정적 부담은 결국 미래 세대가 감당하게 된다. 누군가가 언젠가는 갚아야 할 돈이다.[34]

3장

영혼

#1. 2007년 12월 19일에 치러진 제17대 대통령 선거에서 당시 야당이었던 이명박 후보가 당선되었다. 이후 대통령직인수위원회가 12월 말 출범했고, 2008년 1월 초부터는 각 부처의 업무보고가 시작되었다. 이 과정에서 국정홍보처 소속의 한 직원이 언급한 '영혼' 발언이 언론의 주목을 받았다. 아래는 이에 대한 언론 사설[35]의 일부다.

국정홍보처가 대통령직 인수위원회에 업무보고를 하던 중 "우리는 영혼이 없는 공무원"이라고 했다고 한다. 인수위가 홍보처의 정책 실패 문제를 계속 지적하자 "대통령제 하에서 관료는 대통령의 뜻에 따라 일할 수밖에 없는 것 아니냐"며 자신들의 입장을 변명한 셈이다. … (중략) … 그러나 공무원도 '영혼'이 있어야 한다. 그들에게도 판단이 있고, 양식이 있고, 양심이 있다. 대통령과 장·차관이 지시한 일이 불법적 요소를 지니고 있거나 실패할 게 뻔한데도 무조건 복종하겠다면 영혼 없는 로봇이나 허수아비와 다름없다. 그렇다고 주요 국가정책에 대해 사사건건 항의하고 반대하라는 얘기가 아니다. 국민 세금으로 봉급을 받는 공직자라면, 국민에게 봉사할 책무를 가진 공무원이라면, 민주사회의 건강한 시민이라면, 인격을 가진 인간이라면 자신의 마음속에 결코 물러설 수 없는 최저선은 있어야 한다.

#2. 다음은 2023년 6월 게재된 「공무원의 영혼」에 관한 칼럼[36]의 일부다. 정부가 바뀔 때마다 반복되는 정책 바뀜과, 이를 수행해야 하는 공무원의 입장을 다루고 있다.

영혼 없는 공무원이란 흔한 말이 있다. 정권이 바뀔 때마다 공무원들은 홍역을 치른다. 전 정권의 정책을 뒤집는 일이 빈번한 한국에서는 새 정권이 들어서면 담당 공무원들은 좌천이나 옥살이까지 각오해야 한다. 대부분 강요에 의해 영혼을 버린 공무원들이다. 올해 초 방송통신위원회 과장이 구속됐다. 문재인 정권에서 TV조선 승인 심사를 하면서 고의로 감점했다는 혐의였다. …(중략)…

결론은? 대의민주주의에서 국가 대사(大事)의 방향 선택권은 국민과 국민으로부터 권한을 위임받은 대통령, 국회에 있다. 직업공무원은 국가적 정책의 방향을 거스를 권한이 없는 것이다. 전 정권에서 그랬듯이 현 정권도 마찬가지다. 정책의 옳고 그름은 다른 차원의 문제다. 국민과 국회에 맡기면 된다. 늘공은 영혼을 버려야 국정이 매끄럽게 운영된다. 배알도 없느냐는 비난도 듣겠지만 불가피한 일이다. 국가 정책을 일관되고 신속하게 추진하려면 그래야 한다. "이상적인 관료는 영혼이 없다"라는 독일의 사회학자 막스 베버의 말 뜻이 그런 것이다. 반대로 말하면 영혼이 없는 직업공무원은 죄가 없다. 불법적인 행위를 했다면 당연히 처벌을 받아야 하지만, 단지 전 정권 부역죄란 명목으로 벌을 주는 일만큼은 사라져야 한다. 영혼이 없다는 것은 정치적 중립을 지킨다는 뜻도 된다. 그들을 비아냥댈 것은 더욱 아니다.

'영혼 없는 공무원'의 기원과 막스 베버

2008년 1월 3일, 대통령직인수위원회가 각 부처의 업무보고를 받는 자리에서 국정홍보처의 한 고위 간부가 "공무원은 영혼이 없는 존재"라고 자조적으로 발언했다. 이 말은 사회적 논란을 불러일으켰고, 이후 정부가 바뀔 때마다 '공무원의 영혼'을 둘러싼 논쟁이 반복적으로 소환되었다. 당시 국정홍보처 간부의 발언은 관료제 내에서 복종의 의무를 지닌 집행자로서의 공무원을 비유적으로 표현한 것이었다. 그러나 언론은 이를 "소신 없이 신임 대통령에게 코드를 맞추며, 갑자기 입장을 바꾼 공무원"으로 해석했고, 그렇게 받아들여졌다.[37] 행정부 공무원의 입장을 옹호하기 위해 국정홍보처 간부가 인용했던 표현이, 무사안일, 복지부동, 철밥통과 같은 낙인 효과가 큰 비하적 상징어[38]로 전락하고 말았다.

'영혼의 부재' 논란은 공무원, 특히 행정부 관료가 정치적 결정으로부터 얼마나 독립적으로 행동할 수 있는지에 대한 딜레마를 반영한다. 관료는 두 개의 규범 사이에서 균형을 요구받는다. 하나는 국민의 뜻을 위임받은 통치 권력 혹은 정치적 상급자에게 복종해야 하는 위계적 규범이며, 다른 하나는 직업적 전문성을 바탕으로 공익을 실현해야 하는 전문적 윤리이다.[39] 관료는 본질적으로 민주적 절차를 거쳐 선출된 정치 지도자의 정당한 명령에 따라 정책을 성실하고 효율적으로 집행할 의무를 지닌다. 이는 행정의 민주적 정당성과 책임성을 확보하는 기본 전제다. 동시에 관료는 국민 전체에 봉사하는 직업공무원으로서, 전문성에 근거하여 공정하고 공익 지향적으로 직무를 수행할 책임도 함께 지닌다. 이처럼 관료는 두 규범을 동시에 수행해야 하는 이중적 책무[40]를 안고 있다.

문제는 이 두 규범이 행정 현장에서는 충돌하기 쉽다는 점이다. 관료제와 민주주의가 교차하는 접점에서 구조적 긴장이 발생할 수 있다는 것이다. 정치적 상급자의 요구나 결정에 무비판적으로 따를 경우, 행정은 자율성과 전문성을 상실한 기계적 집행 조직에 머물게 된다. 반대로 행정적 전문성을 앞세워 정치적 판단과 결정을 수행하지 않을 경우, 정책의 민주적 정당성을 훼손할 우려도 존재한다. 결국 '영혼 없는 공무원'이라는 비판은 이 두 규범 사이에서 균형을 잃었을 때 나타나는 사회적 반응이라 할 수 있다.

사실 "공무원은 영혼이 없다"라는 주장의 근거는 독일의 사회학자인 막스 베버(Max Weber)에게서 유래한다. 베버의 본래 의도는 언론에서 흔히 말하는 "전문 직업인으로서의 소신, 자율성"과는 맥락이 다른 것이었다. 1910년대 독일은 제1차 세계대전에서 패배했고, 독일 제국은 급격한 정치적 변환을 겪고 있었다. 군주와 귀족 중심의 정치체제가 약화되는 가운데, 민주주의에 대한 기대가 높아지고 있었다. 베버는 독일이 제1차 세계대전에 휘말린 이유 중 하나로 가신 관료의 정치 관여라고 보았다. 국민을 대표하는 민주적 지도자가 없는 상태에서, 군주와 가신 관료들이 기술적인 판단으로 국가를 운영한 결과가 패전이라는 것이다. 베버는 이렇듯 관료가 기술적 전문성이라는 명목으로 누구에게도 책임지지 않는 정치적 결정을 하는 것을 경계했다.[41] 또한 봉건시대를 지나 근대국가로 전환된 사회에서, 관료가 정치인의 역할을 대신해서도 안 된다고 강조했다.

그러면서 근대 민주국가를 유지하기 위해서는 기계장치처럼 작동하는 합리적 조직이 필요했다. 이러한 조직이 베버가 말하는 관료제다. 이러한 관료제 속에서 공무원은 합리적 법치에 따라, 개인의 감정이나 정치적 열정을 배제한 체, 중립적이고 객관적으로 업무를 수행해야 한다. 이때 관료는 '영혼 없는 전문가'로 기능한다. 베버에게 있어 관료란 개인적 분노와 열정을 배제하고, 주어진 목표를 성실히 이행하는 전문 기술자다.[42] 마치 동전을 넣으면 정해진 상품이 나오는 자동판매기처럼, 관료는 감정이나 도덕적 판단 없이 정해진 규칙에 따라 기계적으로 업무를 수행할 뿐이다.

베버가 상정한 이상적인 관료제에 대해 좀 더 살펴보자. 베버가 구상한 관료제는 "영혼 없는 전문가"들로 구성되며, 법규성, 계층제, 전문가주의, 비정의성(非情誼性), 문서주의의 특징을 가진다.* 이러한 특성을 가진 관료제는 거대하고 복잡한 과업을 효율적이고 합리적으로 처리하기 위해 전체를 작은 단위로 분할하고, 각 과정을 전문화하는 구조를 갖는다. 또한 관료는 "분노와 열정 없이", 개인적 편견과 주관적 가치 판단을 배제한 채, 법규와 정해진 절차에 따라 분업화된 업무를 기계적으로 수

---

* ① 법규성은 조직 내 모든 직위의 권한과 관할 범위가 (특정 개인에 의해 좌우되는 것이 아니라) 법규에 의해 직위에 명확히 정해진다는 의미이다. ② 계층제는 직위의 높고 낮음에 따라 위계질서가 형성되며, 하위 직원은 상위 직원의 감독을 받는 것을 뜻한다. ③ 전문가주의는 해당 직무를 수행하기 위해 필요한 전문 지식과 자격 요건을 갖춘 관료가 채용되어야 한다는 것이다. ④ 비정의성은 직무를 수행할 때 개인적인 감정, 친분, 상대방의 사회적 지위에 얽매이지 않고, 규칙과 절차에 따라 객관적이고 공정하게 업무를 처리해야 한다는 뜻이다. ⑤ 문서주의는 직무의 권한이 문서로 만들어진 규칙에 근거하며, 직무 수행은 구두가 아니라 문서로 처리되고 보존된다는 것을 말한다.

행한다. 행위의 책임은 계층 구조를 따라 상급자의 명령으로 이전되므로, 관료의 의무는 상관의 명령을 성실하게 수행하는 것으로 제한된다.[43]

베버는 이 과정을 "명예"로운 것으로 설명한다. 그는 "관료의 명예는 상관의 명령을 마치 자신의 신념과 일치하는 것처럼 성실히 수행하는 능력에 있다. 설령 상관의 명령이 어긋난 것처럼 보이거나, 이의를 제기했음에도 상관이 명령을 계속 주장하는 경우에도 마찬가지이다"라고 말한다. 이러한 명예의 개념은, 관료가 상관의 명령을 수행하는 과정에서 자신의 도덕적 감정이나 윤리 의식이 손상되지 않도록 해 주는 정서적 여과 장치로 기능한다. 개인이 가질 수 있는 도덕적 판단을 상관의 명령에 복종하는 규율로 대체하게 한다. "개인적인 감정은 없습니다. 그저 명령을 따랐을 뿐입니다"라는 말은, 이러한 베버의 명예를 반영하는 표현이다.

관료제의 도덕적 함정

베버 관료제에서의 수직적 계층화와 기능적 분업은, 관료의 책임을 기술적 역할에 국한되도록 유도한다. 관료제 내부에서 분업화된 업무를 수행하는 구성원들은 자신이 맡은 일이 조직 전체의 맥락에서 어떤 의미를 갖는지 정확히 인식하기 어렵다.

기능적으로 수많은 사람들이 각기 다른 역할을 수행하기 때문에, 각자가 자신의 직무에만 집중하다 보면 조직 전체가 어떤 일을 왜 하는지에 대한 관심은 점차 멀어지게 된다.

이러한 구조에서는 결정, 행위, 결과 사이의 간격이 점점 벌어지면서, 자신의 업무가 궁극적으로 어떤 영향을 미치는지를 실감하기 어려워진다. 조직 전체를 조망할 수 없는 '불가시성'과, 자신의 직무와 최종 결과 사이의 '거리감'은 관료의 인식을 제한한다. 이에 따라 개별 관료의 관심은 눈앞의 업무를 얼마나 효율적으로 수행하느냐에만 집중하게 된다.[44] 결국 업무의 목적과 방향성을 상실하고, 관료는 자신에게 주어진 역할을 효율적이고 성실하게 수행하는 기술적 전문가로 한계가 지워진다. 이러한 과정은 주어진 명령에 대한 복종을 더욱 강화하는 구조로 이어진다.

이러한 현상을 바우만(Zygmunt Bauman)은 "도덕적 수면제(moral sleeping pill)"라는 개념으로 설명했다.[45] 그는 관료제의 구조가 개인의 도덕적 감각을 마비시키고, 타인의 고통에 대한 공감 능력을 차단하는 구조를 만들었다고 비판했다. 이러한 구조 속에서 관료는 자신이 수행하는 행위의 결과를 인식하거나 성찰하지 않게 되며, 그 결과로 홀로코스트와 같은 반윤리적 폭력이 용인되는 행정 행위가 가능해졌다고 본다.

이와 같은 문제의식을 정치철학자 아렌트(Hannah Arendt)

도 공유했다. 그는 나치 독일의 유대인 학살을 조직적으로 수행한 관료 아이히만(Adolf Eichmann)의 재판을 분석하면서, '악의 평범성'[46] 개념을 제시하였다. 아렌트는 아이히만이 괴물이나 사디스트가 아니라, 정해진 명령을 수행하는 데 집중한 "성실한 관료"였다는 점에 주목했다. 아이히만은 자신의 행위가 초래한 결과의 참혹함에는 무감각했으며, 단지 "지시받은 업무를 충실히 수행했을 뿐입니다"라고 진술했다. 아렌트는 악이 반드시 비정상적인 광기에서 비롯되는 것이 아니라, 일상적인 복종과 깊이 없는 사유의 부재 속에서도 발생할 수 있다는 점을 지적했다. 아렌트의 분석은 오늘날에도 관료제 내에서 책임과 윤리의식이 분절될 때 발생할 수 있는 구조적 위험성에 대한 중요한 성찰의 계기를 제공한다.

베버의 관료제를 넘어

베버가 강조한 관료제는 정치와 행정의 완전한 분리를 전제로 한다. 정치는 가치 판단과 정책 결정을 담당하는 영역이며, 행정은 그 결정을 효율적으로 집행하는 관리 기능에 머물러야 한다는 것이다. 양자가 분리되고 이원화된다는 측면에서 보면, 행정은 엄격한 정치적 중립성[47]을 지닌 체계로 간주된다. 이러한 구조 내에서 관료는 정책결정자가 아니라, 집행자이자 기술자로 규정된다. 그들은 정치가 결정한 내용을 효율적으로 실행하는 '영혼 없는 전문가'이며, 정치적 판단으로부터 독립된 중립적이고 객관적인 존재로 역할이 설정된다. 만약 베버의 이러한 20세기 초반의 이념이 오늘날까지 그대로 적용되고 있다면, 국정홍보처 간부가 말한 "우리는 영혼 없는 공무원입니다"라는 발언은 결코 틀린 말이 아닐 것이다. 그것은 정치로부터 분리된 집행자로서의 관료를 표현한 말이기 때문이다.

그러나 20세기 중반 이후, 행정과 정치를 기계적으로 구분하는 것이 현실적이지 않다는 인식이 점차 확산되었다. 이는 민주주의의 성숙, 복지국가의 등장, 사회 문제의 복잡화에 따라 정치와 행정의 경계가 흐려졌기 때문이다. 정치는 가치 판단을 담당하고, 행정은 기술적 집행을 맡는다는 전통적 이원론은 현실의 다양한 정책 환경을 설명하기엔 점점 부족해졌다. 이러한 변화 속에서 관료제는 더 이상 단순한 명령 이행의 기계로 기능할 수 없게 되었다. 행정은 단순한 관리 기능을 넘어서 가치 판단과 자원 배분, 사회적 공정성 확보, 정책 대안의 조율 등 정치적 기능을 수행하는 영역으로 변화했다. 행정이 다루는 사안은 공정성, 형평성, 민주성, 사회통합 등 정치적 가치와 점점 연결되고 있으며, 이는 관료가 단지 중립성과 효율성만으로 자신의 역할을 정당화할 수 없는 상황을 만들었다. 정치권력의 결정을 충실히 집행하는 수동적 역할에 머물지 않고, 정책 형성 과정에 실질적으로 참여하는 능동적 행위자가 되었다. 따라서 오늘날 행정은 합법성·효율성·중립성이라는 관리적 가치에 더해, 민주적 정당성·공공성·책임성이라는 정치적 가치까지 포괄하는 복합적 영역으로 확대[48]되었다. 이로 인해 행정과 정치의 이원화, 그리고 관료의 완전한 정치적 중립을 전제로 한 베버식 관료제의 입지는 좁아지게 되었다.

공무원 영혼의 현대적 변화

이와 함께 '공무원의 영혼'에 대한 관념도 시대에 따라 변화했다. 앞서 기술했듯이, 베버는 행정이 정치에 개입해서는 안 된다는 점을 강조하며 '영혼 없음'을 관료제의 이상적 규범으로 제시했다. 그의 관점에서 이상적인 관료는 개인의 감정이나 가치 판단 없이, 정치적 결정에 중립적이고 기계적으로 복종하는 존재였다. 베버에게 있어 관료는 처음부터 '영혼'이 없었다.

그러나 최근에는 '영혼 없음'이라는 표현은 전혀 다른 의미로 쓰이고 있다. 오늘날에는 이 개념이 정치 또는 통치 권력의 요구에 관료가 맹목적으로 따르는 행태를 비판하는 표현으로 변화됐다. 이는 관료가 전문가로서의 직업의식과 소명 의식, 책임감과 자존감을 충분히 발휘하지 못하고 있다는 안타까움을 반영한다. 정치적 대응성은 높아졌지만, 오히려 전문가로서의 소신은 약화하였다는 비판이 제기되고 있는 것이다. "정치적 소신도 없고, 통치 권력에 맞설 용기도, 공직에 대한 자존감도 없다."라는 것으로 해석되고 있다. 이러한 변화된 맥락에서 본다면, '영혼 없는 공무원'이라는 표현은 단순히 정치적 중립성을 뜻하는 것이 아니라, 공무원의 소신과 자존감의 상실을 말한다.

실제로 2008년부터 2012년까지의 언론 사설을 분석한 연구[49]에 따르면, 언론은 관료가 전문성을 유지하지 못한 채 통치 권력에 지나치게 민감하게 반응하는 현상을 '영혼 없음'으로 표현하고 있다. 이 표현은 공무원이 정권이 바뀔 때마다 관료가 자신의 입장과 행동을 쉽게 바꾸는 모습을 비판적으로 묘사한다. 해당 연구에서는 공무원이 영혼과 소신을 상실하는 원인으로 정권 교체기에 새로운 권력과 '코드'를 맞추려는 행태와, 권력을 추종하는 조직 문화를 지목한다. 또한 관료제의 최상위 권한을 선출직 공직자가 독점하는 제도적 조건 역시, 공무원의 자율성과 독립성을 약화시키는 요인으로 작용한다고 분석한다. 이러한 여건 속에서 공무원은 권력의 눈치를 보면서 지시를 수동적으로 수행하는 태도를 보이게 되고, 과거 정부의 정책을 쉽게 뒤집는 말 바꾸기 행태로 이어지기도 한다.

결국 '영혼 없음'은 단지 무기력함이나 무관심을 뜻하는 것이 아니다. 새로운 정권의 기조에 민감하게 반응하면서 동시에 과거 정권과는 거리를 두려는 태도를 의미한다. 이런 상황에서 공무원이 끝까지 소신을 지켜야 한다고 주장할 경우, 또 다른 딜레마가 발생한다. 이는 공무원이 이전 정권의 정책을 고수하며, 민주적 절차에 따라 선출된 새로운 정권의 방침을 거부해야 한다는 모순에 빠지게 되는 것이다. 정치적 정당성과 행정적 일관성 사이에서 공무원은 갈등을 겪을 수밖에 없다. 따라서 '영혼 없음'이라는 표현은 단순한 비난을 넘어, 오늘날 공무원이 어떤 역할을 수행해야 하며, 정권 교체 속에서도 어떻게 전문성과 책임성을 지킬 수 있을 것인가에 대한 근본적인 고민을 요구하는 개념이라 할 수 있다.

균형 잡힌 영혼을 위하여

이제 다시 정리해 보자. 공무원은 정치와 행정의 관계 속에서 서로 상충하는 두 가지 의무를 동시에 수행해야 하는 딜레마[50]에 놓여 있다. 정치적 대응 의무와 전문인으로서의 직업적 의무가 충돌하는 상황에 직면하는 것이다. 공무원은 집권 정부의 정치 철학과 정책 실현을 위해 최선을 다해야 하며, 상관의 명령에 복종할 의무가 있다. 동시에 정권 교체와 무관하게, 특정 정당에 대한 지지 여부와 관계없이 어느 정권 아래서도 동일한 기준과 성실함으로 직무를 수행해야 한다. 이러한 정치적 대응성, 정치적 충성을 과도하게 강조할 경우, 공무원은 정치권력에 맹목적으로 복종하는 하수인으로 전락할 위험이 있다. 정권이 바뀔 때마다 정책의 일관성과 행정의 합리성이 훼손될 가능성이 커지며, 이는 곧 '영혼 없는 공무원'이라는 비판으로 이어질 수 있다.

하지만 전문 직업적 자율성을 일방적으로 강조하는 것 또한 문제를 낳을 수 있다. 공무원이 공익을 자신의 판단과 동일시하거나, 자기중심적 결정으로 행정의 민주성과 공공성을 훼손할 가능성이 있기 때문이다. 지나친 전문성 의존은 행정을 경직시키고 형식주의를 강화하며, 개혁에 대한 저항을 불러일으킬 수도 있다.

결국 중요한 것은 상충하는 의무 사이에서 균형을 찾는 일이다. 정치적 통제와 직업적 자율성은 서로 대립하는 개념이 아니라, 적절한 긴장과 조화를 이루며 공존해야 할 가치다. 공무원은 직무 수행 과정에서 정무직 상관의 정치적 통제 권한을 존중해야 한다. 동시에 객관적이고 독립적인 전문가로서의 판단도 존중받아야 한다. 정치적 중립성에 따른 복종의 의무와 전문 직업인으로서의 자율성은 서로를 배제하는 것이 아니라, 균형을 이루어야 할 상보적 요소다. 공무원이 충성해야 할 대상은 특정 정치인이 아니라, 헌법과 국민 전체이다. 핵심은 영혼이 있느냐 없느냐의 문제가 아니라, 정치와 행정 사이에서 '균형 잡힌 영혼'을 어떻게 실천할 것인가에 있다[51].

4장

정책행동

#. 국회 상임위원회에서의 정치적 행동을 분석한 정치학 박사 논문52)이 있다. 김한나는 제18대와 제19대 국회 상임위원회를 지역 예산의 크기와 정책 소관의 범위를 기준으로 네 가지 유형으로 구분하였다. 국회의원들은 자신이 추구하는 정치적 목표, 즉 업적 과시(credit claiming)나 정책 입장 표명(position taking)에 유리한 상임위를 선호하며, 이에 따라 행동과 전략이 달라진다고 분석하였다.

먼저, 크레딧 상임위(credit committee)는 지역 예산은 크지만, 정책 소관은 작은 상임위를 말한다. 농림축산위원회나 산업통상위원회가 여기에 해당한다. 이 상임위 소속 의원들은 지역개발 사업을 통해 유권자에게 성과를 보여주고, 이를 다음 선거에 활용하려는 경향이 강하다. 성과 중심의 목표를 추구하기 때문에 정당을 초월한 협력이나 상호 거래(log-rolling)를 통해 서로의 지역 예산 확대를 돕는 모습이 나타난다. 이해관계 충돌보다는 지역 발전이라는 공동 목표를 중심으로 결속하는 특징이 있다.

둘째, 포지션 상임위(position committee)는 보건복지위원회나 기획재정위원회처럼 상임위의 정책 소관은 크지만, 지역 예산 규모는 작은 상임위이다. 이 유형의 상임위 의원들은 지역구 개발보다는 전국적 차원의 이슈에 대한 자신의 입장을 명확히 드러내고 이를 통해 언론이나 대중의 주목을 받으려는 경향이 크다. 특히 수도권 지역이나 비례대표 의원들이 많이 소속되며, 전문성을 기반으로 정책적 입장 표명에 적극적이다. 포지션 상임위에서는 정당 간 대립과 갈등이 주요한 의사결정 방식으로 나타나며, 협력보다는 당론에 따른 대립 구도가 형성되는 경우가 있다.

셋째, 크레딧-포지션 상임위(credit-position committee)는 지역 예산 규모와 정책 소관이 모두 큰 상임위를 말한다. 국토교통위원회, 행정안전위원회 등이 대표적이다. 이 상임위는 지역구 개발 성과와 정책적 입장 표명이라는 두 가지 정치적 목표를 동시에 추구할 수 있어 선호되는 상임위로 꼽힌다. 의원들은 예산 심사와 정책 심의 과정에서 정당 당론과 지역 이해관계라는 이중의 압력 속에서 활동하게 되며, 상황에 따라 협력과 대립 전략을 혼합적으로 사용한다. 갈등 상황에서는 언론을 의식해 강경한 태도를 보이기도 하지만, 예산 심사 과정에서는 여야 간 거래와 협상을 통해 실리를 챙기려는 전략적 행동을 보이기도 한다.

넷째, 레토릭 상임위(rhetoric committee)는 지역 예산 규모도 작고 정책 소관 범위도 작은 상임위를 의미한다. 외교통일위원회나 여성가족위원회 등이 속한다. 이 상임위들은 정부 견제나 지역개발이라는 측면에서 의원들에게 특별한 매력을 주지 못하기 때문에 의원들의 선호가 높지 않은 편이다. 다만, 직능 전문성이 뚜렷한 비례대표 의원이나, 정무 활동이나 당내 역할이 더 중요한 지도부급 의원들이 주로 이 상임위를 선택하는 경우가 있다. 이 유형에서는 실제 정책 성과보다는 선언적이고 상징적인 입장 표명이 주로 나타나며, 결의안 채택이나 공식 성명 발표와 같은 활동이 의원들의 주요 전략이 된다. 외교나 안보 이슈처럼 상징성이 강한 이슈가 있을 때 언론 노출을 기대하는 의원들의 행동이 포착되기도 한다.

정책은 정치적 행동을 수반한다

이번 글은 정책과 정치적 행동에 관한 내용을 다룬다. 정책은 다양한 참여자들이 자신의 이해관계를 관철하기 위해 갈등하고 경쟁하며 타협하는 정치적 과정의 산물이다. 누군가는 더 많은 예산을 확보하기 위해 노력하고, 누군가는 기존 이익이 줄어들까 우려하며 반대한다. 또 어떤 사람은 외부 평판을 의식해 결정을 내리고, 다른 누군가는 책임을 피하기 위해 소극적으로 행동하기도 한다. 이러한 정책 과정에는 정치적[53] 행동이 필연적으로 따를 수밖에 없다.

그렇다면 왜 정책은 정치적 행동을 수반할까? 이 질문은 단순히 '누가 결정을 내리는가?'를 넘어서, 어떤 가치가 우선되며, 어떤 이해관계가 반영되고, 어떤 방식으로 결정되는지를 묻는 것이기도 하다. 정책은 공공자원의 배분을 둘러싼 의사결정이기에, 그 배분은 필연적으로 정치적 과정을 거치게 된다. 라스웰(Harold D. Lasswell)은 정치를 "누가, 무엇을, 언제, 어떻게 갖는가(who gets what, when, and how)[54]"를 결정하는 과정이라고 정의했다. 이 정의는 정치의 본질이 희소 자원을 둘러싼 선택과 우선순위의 결정에 있음을 보여준다. 정책은 바로 그 선택의 결과다. 정책이 본질적으로 정치적이라는 점은 린드블롬(Charles E. Lindblom)의 점증주의[55]에서도 잘 드러난다. 그는 이상적인 합리적 결정보다는 기존 정책에 점진적으로 덧붙이는 방식이 현실의 의사결정 방식이라고 보았다. 이는 정치적 협상과 타협이 정책 결정의 중심에 자리 잡고 있음을 보여준다. 과학적 분석이나 논리로만 갈등을 조정할 수 없기 때문에, 현실의 정책 결정은 언제나 정치적 계산과 절충의 결과라는 것이다.

결국 정책은 단순한 행정적 기술이나 과학적 분석의 산물이 아 닙니다. 그것은 이해관계, 가치 판단, 권력관계가 교차하는 공간 에서 만들어진다. 이러한 점에서 정책은 필연적으로 정치와 얽혀 있으며, 정치적 행위를 통해 구성되고 조정되는 복합적 산물이라 할 수 있다.

정치적 행동을 설명하는 관점들

정책은 단순한 행정적 결정이 아니다. 그 안에는 갈등과 타협, 힘의 작용과 규칙, 제도와 문화가 복잡하게 얽혀 있다. 따라서 정책을 이해하려면 '정치적 행동'을 어떻게 설명할 수 있는지를 살펴봐야 한다. 여러 이론들이 이러한 행동을 해석하는 틀을 제시해 왔다. 대표적으로 다원주의, 엘리트주의, 조합주의, 그리고 이후 등장한 신제도주의, 정책네트워크 이론 등이 있다.

먼저 다원주의[56)]는 다양한 이익집단이 정치에 참여해 경쟁하고, 그 결과로 정책이 형성된다고 본다. 노동자, 기업, 시민단체, 전문가 등 서로 다른 이해를 가진 집단이 제도 안에서 목소리를 내고, 그 과정에서 정책이 조정된다는 것이다. 여러 세력이 자유롭게 경쟁할 수 있는 개방된 구조를 전제로 하며, 민주주의의 장점을 강조한다. 그러나 현실에서는 자금, 정보, 인맥 등 자원이 풍부한 집단이 더 큰 영향력을 행사하는 경우가 많아, 평등한 경쟁이 항상 보장되지는 않는다.

이에 대한 반대 관점이 엘리트주의[57]이다. 이는 정책이 실질적으로 소수의 영향력 있는 인물들에 의해 좌우된다고 본다. 기업인, 고위 공직자, 정치 지도자 등이 주요 결정을 내리고, 일반 시민은 그 과정에 깊이 개입하기 어렵다는 시각이다. 지역 행사나 회의에서 특정 인사들만 소개되는 장면은, 사회에서 누가 영향력을 갖고 있는지를 보여주는 상징적 장면이기도 하다. 물론 현실에서 시민참여나 언론 감시가 존재하므로, 소수 인물이 모든 정책을 독점한다고 보긴 어렵다.

다원주의와 엘리트주의의 중간 지점을 제시하는 것이 조합주의[58]로, 이 관점은 국가가 특정 이익집단을 제도화된 협상 파트너로 인정하고, 이들과 협의해 정책을 조정한다고 본다. 예를 들어, 노동정책을 만들 때 정부, 노동조합, 사용자 단체가 함께 공식 협의 테이블에 앉는 구조가 대표적이다. 이는 갈등을 제도 안에서 관리하고, 정책의 예측 가능성을 높이는 데 효과적이다. 그러나 인정받은 집단만 참여하면서, 다양한 시민사회나 주변부 집단의 목소리가 배제될 위험도 존재한다.

앞선 관점들이 집단과 권력 중심의 설명이라면, 신제도주의[59]는 더 구조적이고 역사적인 맥락을 강조한다. 사람들은 단지 이익을 따져 행동하는 것이 아니라, 자신이 속한 제도와 문화, 역사적 경험에 따라 행동한다. 한번 선택된 정책 경로는 쉽게 바뀌지 않으며, 시간이 흐를수록 기존 제도가 새로운 선택을 제약한다. 연금이나 세금처럼 장기적으로 축적된 정책은 초기 구조에 따라 방향이 고정되기 쉽다. 또 정책 결정은 단순히 효율성과 합리성만이 아니라, 사회적으로 적절하다고 여겨지는 방식이 선택되기도 한다. 이는 제도, 규범, 상징이 의사결정에 큰 영향을 미친다는 점을 보여준다.

정책네트워크[60] 관점은 여기서 한 걸음 더 나아가, 제도뿐 아니라 다양한 행위자들 간의 관계망에 주목한다. 정책은 정부 안에서만 만들어지는 것이 아니다. 공무원, 정치인, 전문가, 기업, 시민단체, 언론 등 여러 주체가 느슨한 협력과 경쟁의 관계를 형성하며 정책을 만들어간다. 이들은 자문기구, 실무 협의회, 연대 조직 등을 통해 서로 연결되어 있으며, 이 네트워크는 정책 과정에서 실질적인 영향력을 행사한다. 제도가 정한 형식적 권한보다, 관계와 정보 흐름이 정책 방향을 결정짓는 경우도 많다. 즉, 누가 누구와 연결되어 있고, 어떤 정보를 공유하며, 어떤 의제를 중심으로 움직이는지가 정책 성패를 가르는 중요한 요소다.

이처럼 정책을 둘러싼 정치적 행동은 단순하지 않다. 누가 결정권을 갖고 있는가만으로는 충분히 설명되지 않는다. 어떤 제도에 속해 있는지, 누구와 연결되어 있는지, 어떤 규범과 문화가 작동하는지가 모두 영향을 미친다.

정책이 정치를 결정하는가?

최근 MBTI 성격 유형이 하나의 유행처럼 활용되고 있다. 사람을 처음 만났을 때 예전처럼 혈액형을 묻기보다는, MBTI의 16가지 성격 유형 중 어디에 속하는지를 물어보는 경우가 있다. 이는 성격 유형에 따라 예상되는 행동 패턴이나 업무 처리 성향이 다르기 때문이다. 정책도 이와 유사하다. 정책 유형에 따라 정치적 행동이나 갈등의 양상, 정책 참여자의 역할이 달라지기 때문이다. 정책 현상을 이해하고 대응하는 데 있어, 정책 유형은 중요한 분석 도구가 된다.

이러한 접근은 정책을 체계적으로 분류할 수 있으며, 각 유형은 예측 가능한 정치적 행동 패턴을 가진다고 전제한다. 정책유형에 대한 연구는 1960년대 로위(Theodore J. Lowi)의 연구[61]에서 본격적으로 시작되었다. 당시는 라스웰(Harold D. Lasswell)이 '정책 과학(policy science)'이라는 개념을 처음 제시한 이후, 정책학을 독립된 사회과학으로 정립하려는 이론적 논의가 활발히 이루어지던 시기였다.[62] 사회 문제들이 점점 복잡하고 다학제적인 성격을 띠게 되면서, 기존의 정치학이나 경제학만으로는 이를 효과적으로 다룰 수 없다는 인식이 퍼지기 시작했다. 이에 따라 문제 해결을 중심에 두고, 다양한 학문이 통합되어 실천적으로 작동하는 새로운 학문적 틀이 필요했고,

그것이 바로 정책학이다. 아울러 당시에는 정치학의 영향 아래, 앞서 말한 엘리트 이론이나 다원주의 이론이 모든 정책 결정 과정을 설명할 수 있다고 여겨졌다. 즉, 정치가 정책을 결정한다(Politics determines policies)는 인식이 지배적이었고, 정책은 정치 과정의 종속변수로 이해되었다.

하지만 로위는 경험적 분석에 기반하여 기존 사고와는 다른 방향에서 접근했다. 그는 오히려 정책이 정치적 행동의 원인이며, 정책이 정치를 결정한다(Policies determine politics)고 강조했다. 즉, 정책은 정치의 종속변수가 아니라, 독립변수로 이해한다. 정책에 따라 정책 과정과 정치적 행동이 달라진다는 것이다.[63] 이러한 전환적 사고와 개념의 도입 덕분에, 로위의 정책유형론은 이후 정책학의 주요한 고전 이론으로 자리 잡았고, 오늘날에도 정책학 교과서에 빠짐없이 소개되는 기본 개념으로 평가받고 있다. 로위는 정책 유형을 강제력의 행사 방법과 적용 대상을 분류 기준으로 '분배정책, 규제정책, 재분배정책, 구성정책'의 네 가지로 구분하였다.

분배정책은 특정 개인이나 집단에 자원을 지원하고 후원하는 성격의 정책이다. 국유지 불하, 보조금 지원, 특정 지역에 대한 선심성 예산 배정 등이 여기에 해당한다. 이 정책은 비용 부담자와 수혜자가 직접적으로 마주하지 않기 때문에, 갈등 발생 가능성이 상대적으로 낮은 편이다. 즉, 혜택을 받는 수혜자는 특정 개인, 지역, 단체로 한정되지만, 그에 필요한 비용은 조세로 광범위하게 분산되어 지출되기 때문에, 일반 국민은 정책 결정 과정에 깊이 관여하지 않으며 관심도 크지 않다. 분배정책에서는 수혜를 먼저 확보하기 위한 경쟁은 존재하지만, 특정 집단에 과도한 부담을 지우는 구조가 아니기 때문에, 심각한 갈등이나 대립이 발생할 가능성은 작다. 이러한 특성은 정책 참여자들 사이에서도 반영된다. 예를 들어 국회의원들 사이에는 "비상충 영역에서의 상호 불간섭[64]"이라는 관행이 나타난다. 이는 서로 이해관계가 충돌되지 않는 사안에 대해서는 관여하지 않고, 자신의 지역구 이익에만 집중하는 정치적 행태를 의미한다. 쉽게 말해, 남의 일에는 개입하지 않고 각자 자신의 몫을 챙기는 방식의 행동이 나타나는 것이다.

규제정책은 개인이나 단체에 대해 직접적인 강제와 제약을 부과하는 정책이다. 이 정책은 규제로 인한 피해자와 수혜자가 명확히 구분되고, 피규제자와 수혜자 간의 이해관계가 충돌하기 때문에, 갈등이 발생할 가능성이 매우 높다. 갈등이 존재하기 때문에, 규제를 얻거나 규제를 막으려는 집단의 조직력은 강하게 형성되는 경향이 있다. 경우에 따라 정치적 불안정성과 사회적 갈등이 대규모로 표출되기도 한다. 규제정책은 수혜자와 피해자가 분명히 갈리는 구조이기 때문에, 정부와 국회가 이해관계를 조정할 수 있는 정치적 조정 능력과 제도적 중재 장치를 갖추는 것이 필요하다고 할 수 있다.

예를 들어, 우버와 타다 같은 차량공유 서비스가 국내에 도입되었을 때, 기존 택시업계는 생존권 침해를 강하게 주장하며 집단적으로 반발했다. 단순한 경제적 이해를 넘어, 직업 안정성과 시장 질서에 대한 위협으로 인식되었기 때문이다. 실제로 2019년 타다 서비스가 본격화되자, 택시업계는 도심 대규모 시위, 분신 사망, 삭발 투쟁 등 강력한 방식으로 반대 입장을 표출했다. 이 과정에서 시민 불편이 초래되었고, 사회적으로도 '혁신 대 생존'이라는 프레임이 형성되며 격렬한 논쟁이 이어졌다. 정부는 국토교통부, 국회, 플랫폼 기업, 택시 단체가 참여하는 사회적 대타협 기구를 구성해 조정에 나섰지만, 조율까지 상당한 시간과 갈등비용이 소요되었다. 결국 2020년 '타다금지법'으로 불린 「여객자동차운수사업법 개정안」이 국회를 통과하면서 플랫폼 운송 서비스에 대한 규제 근거가 명문화되었고, 타다는 서비스를 중단하게 되었다.

재분배정책은 사회보장 지출과 같이 부와 소득을 계층 간에 이전시키는 복지 정책 또는 사회집단 간 권리 구조를 재조정하는 정책이다. 이 정책은 부유층과 빈곤층, 자본가와 무산 계층과 같은 넓은 사회계층에 영향을 미친다는 점에서 분배정책 또는 규제정책과 차이가 있다. 재분배정책의 주요 의사결정 단위는 연합체이며 이들 간의 관계는 이데올로기적이거나 계급 대립적 성격을 띠는 경우도 있다. 재분배정책의 쟁점은 사회 전체에 광범위한 영향을 미치기 때문에, 다른 정책 유형보다 용이하게 공식 의제의 지위를 획득할 가능성이 크다. 재분배정책에 대해 의회는 행정부와 연합체가 합의한 사안을 비준하는 수준의 중재자 역할을 담당하거나, 행정부와 연합체가 상호작용하여 형성한 정책을 소극적으로 받아들이는 역할에 그치기도 한다. 물론 조직화하기 어려운 수혜 계층을 위해 정치인이 주도적 역할을 하는 때도 있다.

구성정책[65]은 정치체제와 제도의 형성, 재조정, 운영 방식에 직접 영향을 미치는 정책을 말한다. 예를 들어, 선거구 획정, 정부 조직 개편, 입법·행정부 간 권한 조정, 정부 기관 설립, 기관 간 예산 협의 절차 등이 구성정책에 해당한다. 이 정책들은 주로 정치권력의 구조, 운영 규칙, 의사결정 절차 등 체제의 틀을 규정하거나 변경하는 역할을 한다는 점에서, 정책의 기본 룰을 다루는 정책으로 이해되기도 한다. 구성정책은 특정 집단의 이익을 직접적으로 조정하거나 이전하지 않기 때문에, 겉보기에는 갈등이 적어 보일 수 있다. 그러나 실제로는 정치권력의 분배나 제도적 이해관계가 걸려 있기 때문에, 정당 간 이념적 충돌의 성격을 띠는 경우도 있다. 특히 정권 교체기나 정치 개혁 논의가 활발한 시기에는 구성정책이 핵심적인 의제로 부상하기도 한다. 이러한 특성 때문에 구성정책은 정책의 정치성이 가장 뚜렷하게 나타나는 영역 중 하나로 평가되기도 한다.

편익과 비용에 따른 정책행동

로위의 정책 유형은 정치 현상을 정책학적으로 설명할 수 있는 이론적 기초와 비교 방법론적 틀을 제공했다는 점에서 의의를 지닌다. 그의 분류는 정책 유형 연구의 출발점이 되었으며, 이후 많은 후속 연구[66]가 이를 확장하거나 수정·보완하는 방향으로 발전했다. 한편, 윌슨(James Q. Wilson)[67]은 로위의 이론이 다루지 못한 정책의 편익과 비용의 분포 구조에 주목하며 새로운 분류 기준을 제시하였다. 그는 정책으로 인한 편익과 비용이 각각 '집중되었는가' 혹은 '분산되었는가'에 따라 정책 유형이 달라진다고 보았다. 윌슨의 정책 유형 역시 정책이 어떻게 형성되고, 정치적 갈등이 어떤 방식으로 표출되는지를 이해하는 데 유용한 분석 틀을 제공하며, 보다 현실적인 설명력을 제시한다. 그런 의미에서 윌슨의 네 가지 정책 유형을 추가 설명한다.

첫째, 다수 정치(majoritarian politics)는 정책의 편익과 비용이 모두 광범위하게 분산되어 있는 유형이다. 수혜자와 부담자가 모두 일반 대중이기 때문에, 이해당사자 간의 조직적 갈등은 뚜렷하게 나타나지 않는다. 대신 정책의 성패는 여론의 흐름과 정치적 리더십에 의해 좌우된다. 국가 안보, 대기오염 규제, 대중교통 확대와 같은 정책들이 이에 해당하며, 정치인들은 정책의 공익성과 정당성을 강조하여 다수의 지지를 확보하려는 전략을 사용한다. 갈등이 존재하더라도 개별 이해집단 간의 충돌이라기보다는 선거와 여론을 매개로 한 정치적 경쟁의 양상을 띤다.

둘째, 이익집단 정치(interest group politics)는 정책의 편익과 비용이 모두 특정 집단에 집중되어 있는 경우이다. 노사관계, 산업 규제, 전문직 면허제도 등이 사례이다. 수혜 집단과 비용 부담 집단 모두 자신의 이익을 조직화하여 적극적으로 정책 과정에 개입하며, 이에 따라 치열한 로비와 협상, 때로는 입법 과정에서의 대립이 전개된다. 정책가는 상반된 집단의 압력 속에서 타협과 균형을 모색하거나, 자신의 정치적 기반에 유리한 쪽을 택하는 전략을 구사하게 된다. 이 유형에서는 갈등의 구조가 명확하고 조직화된 이해집단이 주도한다는 점에서 정치화된 정책 환경이 형성된다.

셋째, 기업가 정치(entrepreneurial politics)는 편익은 널리 분산되어 있지만, 비용은 특정 집단에 집중되는 구조이다. 예를 들어 환경 규제, 식품 안전기준 강화, 소비자 보호 정책 등이 이에 해당한다. 일반 대중은 수혜자이지만, 수혜가 간접적이고 장기적이기 때문에 조직화되기 어렵다. 반면 규제로 인해 비용을 부담하는 특정 산업이나 집단은 조직화되어 반대한다. 이러한 구조에서는 보통 개혁을 추진하는 정치가나 정책 지도자가 공익을 명분으로 여론을 환기하고 반대 집단의 의견을 극복하려는 전략을 구사한다. 때에 따라 정책 추진에는 상당한 정치적 리더십과 사회적 지지가 요구된다.

넷째, 고객 정치(client politics)는 정책의 편익이 특정 집단에 집중되고, 비용은 사회 전체에 분산되는 구조이다. 농업 보조금, 특정 산업에 대한 세제 혜택 등이 대표적인 예다. 이 경우 정책 수혜자는 자신의 이익을 지키기 위해 적극적으로 정치적 압력을 행사하지만, 비용이 분산되어 있기 때문에 대중은 불이익을 체감하지 못하거나 조직화되기 어렵다. 정치인은 수혜 집단의 지원을 통해 정책을 밀어붙이는 데 유리한 구조를 가질 수 있고, 이에 따라 정책은 비교적 쉽게 형성되고 유지되는 경향이 있다. 하지만 장기적으로는 재정 부담 증가나 형평성 논란을 초래할 수 있는 구조적 한계를 내포하고 있다.

정책행동이 말하는 정치의 언어

이제 정치적 행동을 다시 정리해 본다. 1960~70년대의 정책 유형 이론을 다시 살펴보는 이유는 단순히 고전 이론을 되짚기 위함이 아니다. 오늘날에도 여전히 유효한 중요한 통찰이 있기 때문이다. 정책이 정치적 행동을 결정짓는다는 관점, 그리고 정책의 성격에 따라 참여자 간 권력 행사와 행동 방식이 달라진다는 이해는 현대 정책 분석에도 핵심적인 토대가 된다.

정책의 유형은 곧 정치의 유형을 함의한다. 정책 유형을 통해 우리는 각 정책 상황에서 어떤 정치적 행동이 나타날지 예측하고 대응할 수 있다. 분배정책에서는 국회의원들이 지역구 이익 확보를 위해 적극적으로 개입하며, 정당 간 경계를 넘는 협력과 거래가 발생할 수 있다. 규제정책이나 재분배정책에서는 이해관계자 간 갈등의 강도가 높아져 행정부가 입법을 요청하거나 주도적으로 정책을 추진하는 양상을 보이기도 한다. 특히 연금개혁, 노동개혁, 교육개혁과 같은 구조적 재편을 수반하는 재분배정책에서는 행정부의 책임성과 조정 역할이 중요해진다. 물론 이러한 정치적 행동의 양상이 모든 정책에서 일률적으로 나타나는 것은 아니지만, 정책 유형에 따른 전반적인 행동 경향을 이해하는 것은 정책 설계와 집행에 큰 도움이 된다.

오늘날 복잡한 사회 문제와 다양한 이해관계가 얽힌 정책 환경에서 정책 유형에 따른 차별화된 접근법을 이해하는 것은 여전히 필요하다. 정책을 공부한다는 것은, 곧 정책 현실을 이해하고 설계하며 조정하는 능력을 기르는 일이다. 이는 정책학이 단지 행정 기술이 아니라, 정책 현실에 개입하는 실천적 학문임을 보여준다. 이것이 우리가 반세기 전의 정책유형 이론을 다시 읽고, 오늘날의 맥락에서 재해석해야 하는 이유이다.[68]

제3부
선택

1장

합리성

#1. 합리적인 정책은 감이 아니라, 데이터와 과학적 분석을 기반으로 할 때 가능하다. 2024년 2월에 행정안전부에서 발표한 다음 사례[1]는 AI가 어떻게 합리성을 뒷받침할 수 있는지를 보여준다.

그동안 많은 지자체는 버스 승객의 하차 정보 데이터가 부족해 대중교통 수요를 정확히 파악하기 어려웠다. 이 때문에 지역 정치인의 요구나 주민 민원에 따라 관행적으로 노선이 조정되는 일이 반복되었다. 수요가 거의 없는 지역에 정류장이 신설되거나, 노선이 불필요하게 연장·변경되는 일이 잦아 시민 불편은 물론이고 운영비 증가와 세금 낭비 문제도 꾸준히 제기되어 왔다. 이러한 문제를 개선하기 위해 행정안전부와 부산광역시는 AI 기반 승객 하차 정보 추정 모델을 개발했다. 이 모델은 AI가 하차 지점과 하차 인원을 예측해 현실에 가까운 교통 수요량을 산출하고, 대중교통의 잠재 수요를 찾아내는 데 중점을 두었다. 개발 과정에서는 교통카드 사용 이력, 통신사 유동 인구 데이터, 신용카드 사용 정보 등 약 3억 건에 이르는 공공·민간 데이터가 활용되었다. 이를 통해 정류장별 하차 인원을 최대 99%까지 정확히 추정함으로써 실제 수요에 기반한 과학적 노선 개편이 가능해졌다.

#2. 대통령이 2024년 3월 18일 농협 하나로마트 양재점을 방문해 "대파 한 단에 875원이면 합리적인 가격인 것 같다"라고 발언한 것이 논란이 되고 있다. 대통령이 언급한 가격과 실제 시장 가격 사이에 큰 차이가 있었기 때문이다. 한국농수산물유통정보에 따르면, 3월 18일 기준 대파 한 단(1kg)의 평균 소매 가격은 3,018원이었다. 일주일 전(4,005원)보다는 다소 내렸지만, 여전히 평년 가격(2,982원)보다 높은 수준이었다. 다만 일부 유통업체에서는 정부 지원금, 농협 자체 할인, 농산물 할인쿠폰 등이 적용돼 실제로 875원에 판매된 사례도 있었다. 대통령의 발언은 정부의 할인 정책을 통해 물가가 안정되고 있다는 점을 강조하려는 의도이다. 하지만 문제는 많은 국민이 체감하는 실제 가격과는 거리감이 있었다는 점이다. '합리적'이라는 표현은 오히려 대통령의 현실 인식이 부족하다는 인상을 주었다. 야당은 "국민이 화가 난 것은 대파 가격이 아니라, 물가 관리를 포기한

무책임"이라며 대통령의 인식을 강하게 비판했다.

합리적 사유와 판단

이번 글은 '합리성'과 '합리적'에 관한 것이다. 사회과학을 공부하거나 또는 행정 현장에 있는 사람이라면 누구나 한 번쯤 접했을 내용이다. 합리성은 행정 이론의 바탕이자, 행정이 추구해야 할 중요한 가치 중 하나이다. 실제 행정 운영의 기본이기도 하다. 이번 글에서는 교과서를 다시 펼쳐보는 마음으로 '합리적'이 무엇을 의미하는지, 그리고 그 개념을 바탕으로 선택이 어떻게 이루어지는지를 정리해 본다.

사람은 하루에도 수많은 선택을 한다. 연구에 따르면, 우리는 하루에 수천 번에서 많게는 3만 번 이상 결정을 내린다고 한다. 아침에 무엇을 입을지, 어떤 길로 갈지 등과 같은 크고 작은 선택들이 끊임없이 이어진다. 음식의 경우도 마찬가지이다. 식습관을 연구한 완싱크(Brian Wansink)에 따르면, 사람들은 하루에 약 200번이나 음식과 관련된 결정[2]을 무의식적으로 내린다고 한다. 선택할 수 있는 모든 음식을 하나하나 비교하고 분석하기보다는, 대부분은 늘 먹던 것이나 주변 사람들이 추천하는 음식을 고른다. 이처럼 우리의 많은 선택은 무의식적이거나 자동화된 판단에 기반한다. 뇌의 에너지 소모를 줄이기 위해 "아무거나 괜찮아요"라며 결정을 미루거나, 충동적으로 고르거나, 기본 옵션을 그대로 수용하기도 한다. 우리의 일상은 모든 대안을 치밀하게 비교해 내리는 합리성의 연속이 아니라, 습관과 환경, 그리고 뇌의 피로를 줄이려는 본능적 반응 속에서 이루어지는 제한된 선택들로 가득하다.

그럼에도 우리는 일상생활에서 '합리적'이라는 말을 종종 사용한다. 누군가의 선택이 이성적으로 보일 때, 혹은 어떤 판단이 논리적이고 타당하다고 여겨질 때 "그건 합리적이야"라고 말하곤 한다. 일상에서 '합리적'이라는 표현은 보통 '이성적이고 논리적인', 혹은 '상식적인 판단'이라는 뜻으로 쓰인다. '합리적'이라는 개념은 기본적으로 이성(理性)과 밀접하게 연결되어 있다. 개인이 주체로서 자신의 이성적 사유와 판단에 따라, 이치에 맞는 행동을 하는 그것이 바로 합리적이라는 뜻이다. 본능이나 감정, 충동, 혹은 관행에 무비판적으로 따르는 것이 아니라, 사유와 이성을 바탕으로 분별력 있게 행동하는 것을 의미한다. 이러한 맥락에서 이종범은 합리성을 "감정이 배제된 지적 통찰에 의하여 사건 또는 사건 간의 관계 또는 결과의 의미를 분석하고 판단하는 것[3]"이라고 설명한다.

하지만 현실 정책 영역에서는 합리적이라는 표현이 단순히 개인의 이성적 판단만을 의미하지 않는다. 이 용어는 추상적이고 포괄적일 뿐만 아니라, 다의적 개념으로 쓰인다. 예를 들어, 에너지 이용 합리화, 농지의 합리적 이용[4], 규제 합리화, 재원 배분의 합리성, 공공기관 경영 합리화 등 여러 분야에서 합리적이라는 말이 등장한다. 이때 '합리적'이라는 표현은 단순히 사고의 논리성뿐만 아니라 효율성, 체계성, 타당성 등 다양한 기준을 포함한다. 이 점에 주목한 브루베이커(Roger Brubaker)는, 합리적이라는 용어가 "사려 깊은, 체계적인, 계산할 수 있는, 도구적인, 정확한, 정량적인, 예측 가능한, 의도적인, 효율적, 이해할 수 있는, 일관된" 등 16가지 이상의 의미[5]로 사용된다고 지적한다. 이는 합리성이 맥락에 따라 다르게 해석될 수 있는 개념임을 보여준다.

이처럼 의미가 다양하지만[6], 이해의 틀을 명확히 하기 위해 사이먼(Herbert A. Simon)[7]의 논의를 중심으로 합리성을 크게 두 가지, 즉 내용적 합리성과 절차적 합리성으로 나누어 설명한다. 이 구분은 정책을 판단할 때 무엇을 기준으로 삼을 것인가, 즉 결과의 타당성인가, 아니면 과정의 정당성인가를 따지는 데 있어 중요한 분석 틀을 제공한다.

내용적 합리성과 절차적 합리성

우선 내용적 합리성[8] 또는 실체적 합리성에 대해 살펴보자. 내용적 합리성이란 우리가 흔히 말하는 '합리적 결정'이나 '합리적 선택'처럼, 정책을 선택해야 하는 상황에서 목표 달성에 가장 부합하는 대안을 고르는 것을 의미한다. 즉 주어진 정책 목표를 달성하기 위한 여러 대안 중에서, 최소 비용으로 최대 효과를 낼 수 있는 선택을 합리적이라고 본다. 같은 비용이라면 성과가 더 큰 수단을, 같은 목표라면 비용이 더 적은 대안을 선택하는 것이 합리적이라는 뜻이다. 경제학적으로는 기대효용을 극대화하는 선택, 즉 '최적성'을 추구하는 관점이다. 이러한 합리성은 선택의 결과를 중시하는 관점이며, 목표에 대한 수단의 선택이라는 측면에서 도구적 합리성으로 이해된다. 이 경우의 합리성은 경제성, 효율성, 능률성이라는 표현과 상호 호환[9]하여 사용될 수 있다.

그런데 여기에는 두 가지 중요한 가정이 깔려 있다. 첫째, 정책결정자는 효용 극대화나 이윤 극대화와 같은 명확한 목표를 가지고 있어야 한다. 둘째, 모든 가능한 대안에 대한 완벽한 정보와 판단 능력을 갖추고 있어야 한다. 그러나 현실은 그렇지 않다. 인간은 전지전능하지 않다. 정보는 불완전하고, 미래를 정확히 예측하기도 어렵다. 고려할 수 있는 대안의 수 역시 제한적이다. 정책 목표조차 불분명한 경우가 많다. 예를 들어, 저출생 문제를 해결하기 위해 어떤 목표를 설정할지, 어떤 수단이 효과적인지 사전에 명확히 알 수 없다. 수많은 정책 대안을 정확하게 비교하고 분석하는 것도 사실상 불가능하다. 우리의 사회 인식은 단편적이고 부분적이며, 복잡한 인과관계를 단순화된 방식으로 순차적으로 처리할 수밖에 없다.

이런 맥락에서 사이먼은 인간을 '합리적 존재(rational being)'가 아니라, '합리적이려고 노력하는 존재(intendedly rational being)'로 본다. 인간은 완전한 합리성을 실현할 수 없으며, 제한된 범위 안에서만 합리적으로 행동[10]할 수 있다는 것이다. 인지능력의 제약, 대안 탐색과 선택에 소요되는 시간과 비용의 한계, 예측 곤란성 때문에 내용적 합리성을 온전히 실현하는 것은 불가능하며, 대신 절차적 합리성을 추구해야 한다고 본다. 즉 인간 능력의 한계를 고려할 때, 대안 탐색의 과정과 절차를 효율화하는 데에 관심을 두어야 한다는 것이다.

합리 지향적 인간의 제한된 합리성

이러한 제한된 합리성[11]의 상황은 정책 현실에서 흔히 나타난다. 첫째는 시간의 제약이다. 할인 기한이 정해져 있는 상품을 구매할 때처럼 많은 선택은 제한된 시간 안에 이루어져야 한다. 분기, 반기 등 기간에 따라 결정해야 하는 경우가 있다. 상급 기관의 독촉, 법정 기한, 신청 마감일 등은 충분한 고민을 하기 어렵게 만든다. 시간의 제약으로 인해 사람들은 충분한 정보 수집이나 대안 검토 없이 빠르게 결정을 내릴 수밖에 없다.

둘째는 정보의 부족이다. 의사결정에 필요한 정보가 부족하면, 아무리 합리적 사고를 하더라도 정확한 판단은 어렵다. 현실을 충분히 파악하지 못하거나, 대안 간 비교 분석이 이뤄지지 않은 상태에서 내리는 결정은 필연적으로 불완전하다. 정보가 없거나 부정확하면, 사람들은 경험에 의존하거나, 직관이나 추측에 기대어 판단을 내리기 때문에 잘못된 결과로 이어질 가능성이 있다.

셋째는 인간 능력의 한계다. 사람은 무제한의 정보처리 능력이나 지적 역량을 갖고 있지 않다. 가능한 모든 대안을 탐색하고 평가하는 것은 현실적으로 불가능에 가깝다. 예를 들어, 실무자가 정책 대안 10가지를 제시했다고 하더라도, 정책결정자가 이를 모두 면밀히 비교하고 최적 안을 선택하는 것은 매우 어렵다. 실제로는 2~3개 수준의 대안 내에서만 선택이 이루어지는 경우가 많다. 다시 말해 '가능한 것' 안에서만 판단이 이루어진다.

넷째는 감정적·심리적 요인이다. 사람은 항상 이성적으로 판단하지 않는다. 기분이나 정서 상태, 선입견, 과거의 경험 등은 판단에 영향을 미친다. 사적 감정이나 자기방어 심리는 자신의 판단을 왜곡하거나 부정적인 정보를 외면하게 만들 수 있다. 과거의 성공 경험이나 고정관념은 새로운 대안을 받아들이는 데 장애가 되기도 한다.

다섯째는 외부의 압력과 사회적 영향이다. 사람들은 주변의 시선, 조직의 분위기, 상사의 기대, 또는 이해관계자의 압력에서 완전히 자유롭지 않다. 정치적 고려나 권위자의 발언, 언론의 반응, 이익집단의 입장 등은 합리적 판단을 어렵게 만든다. 공공정책은 다양한 이해관계가 얽혀 있어, 외부 환경에 영향을 받기 쉬운 구조를 갖는다.

여섯째는 자원의 제약이다. 예산, 인력, 시간, 공간, 기술 등 정책 실행에 필요한 자원이 충분하지 않다면, 아무리 좋은 정책 대안이라도 현실적으로 채택되기 어렵다. 예산이 부족하거나, 담당 공무원의 수가 제한되거나, 전문 인력이 없는 경우 가장 바람직한 선택보다는 실행할 수 있는 범위 내에서 타협하게 된다.

제한된 합리성에서의 선택

이러한 제한된 합리성 아래에서 선택은 어떻게 이루어질까? 이에 대한 몇 가지 대표적인 설명을 살펴보자. 먼저 사이먼의 만족모형(satisficing model)[12]이다. 인지능력의 한계, 정보 부족, 상황의 복잡성으로 인해 정책결정자는 '경제인(economic man)'이 아니라, '행정인(administrative man)'으로서 행동하게 된다. 경제인은 목표 달성을 극대화하기 위해 모든 가능한 대안을 비교하여 최적의 선택을 하지만, 행정인은 모든 대안을 검토하기보다는 만족할 만한 수준에서의 대안을 선택한다. 행정인은 머릿속에 먼저 떠오른 대안을 중심으로 복잡한 현실을 단순화하고, 이것에 가장 적절하고 중요하다고 생각하는 요소들만을 고려해서 대안의 결과를 예측한다. 그런 다음, 다른 대안들과 그 결과를 순차적으로 비교한다. 이런 식의 대안 탐색은 만족할 만한(satisficing), 또는 그 정도면 괜찮은(good enough) 대안을 찾으면 종료된다.

한편, 사이먼의 만족모형이 인간의 인지적 한계에 주목한 설명이라면, 린드블롬(Charles E. Lindblom)의 점증모형[13]은 만족모형에 기반하되 정치적 상호작용과 정책 결정의 정치적 제약 요인을 반영한다. 점증모형은 정책결정자가 분석력, 시간, 정보가 모두 제약된 상황에서, 심지어 대안 비교의 기준이 될 가치조차 불분명한 상황에서, 현재의 정책에 소폭의 변화를 가한 대안을 선택하는 것이 바람직하다고 본다. 즉 정책은 일회적으로 완결된 결정이 아니라, 현실과 여건에 맞춰 반복적으로 수정·보완되어 가는 연속적 과정이라는 것이다.

정책 결정은 이처럼 제한된 비교와 점진적 조정을 통해 이루어진다. 따라서 린드블롬에게 있어 '좋은 정책'이란 모든 기준에서 완벽한 선택이 아니라, 정책 과정에 참여한 이해관계자들이 수용 가능하다고 판단하는 선택이다. 그는 정책 결정의 완전한 합리성은 불가능하며, 오히려 사회 구성원 간의 조정과 타협을 통해 그 불완전성을 줄일 수 있다고 보았다. 그에게 있어, 현실 정책 과정은 진흙 속을 겨우겨우 헤쳐 나가는 것(muddling through)과 같은 변화의 연속이며 시행착오를 줄여가는 과정이다.

합리성이 제한된 상황에서의 선택을 이해하는 또 다른 방식으로는 사회학적 접근이 있다. 이 관점에서는 인간이 항상 경제적·물질적 이익을 따져 선택하는 존재라기보다는, 사회적 규범과 가치에 비추어 '무엇이 적절한가?'를 고민하며 행동한다고 본다. 즉, 사람들은 비용과 편익을 정밀하게 계산해 효율성을 극대화하기보다는, '이 상황에서 어떻게 행동하는 것이 사회적으로 맞는가?'를 기준으로 선택을 내린다는 입장이다.

마치(James G. March)와 올센(Johan P. Olsen)은 이러한 시각에서, 개인의 이익 극대화를 전제로 한 '결과성의 논리'보다, 사회적 역할과 규범에 부합하는 선택을 중시하는 '적절성의 논리'[14]를 강조한다. 정책결정자는 불확실성과 인지적 제약의 조건 속에서, 무엇이 바람직하고 합리적인 선택인지 사전에 알기 어렵다. 그 결과로 정책결정자는 자신의 역할과 위치에 부합하는 선택, 즉 사회적으로 기대되는 방식으로 행동하는 것이 자신의 이익에도 부합한다고 판단한다. 현실에서 자주 들을 수 있는 "적절히 처리하겠습니다"라는 표현은, 실은 사회적 기준과 기대에 맞춰 문제가 되지 않도록 하겠다는 의미로, 적절성의 논리가 작동하고 있음을 보여준다.

불확실한 상황에서의 우연한 선택

지금까지 제한된 합리성 하에서 선택을 살펴보았으나, 현실 정책 과정은 이보다 훨씬 더 복잡하다. 실제 정책은 합리성이 적용되는 이상적 세계에서처럼 움직이지 않는다. 단순히 '만족할 만한 수준에서 의사결정이 된다'고 말하기에는 설명되지 않는 현상이 곳곳에서 나타난다. 정책 선택은 '문제 인지→대안 탐색→대안 비교→대안 선택'이라는 선형적이고 예측 가능한 절차를 따르지 않는 경우가 다수다. 때로는 우연한 계기나 돌발 상황을 통해, 언뜻 보기엔 비합리적으로 보이는 결정이 이루어지기도 한다. 또한 정책 결정은 정치적 맥락과도 완전히 분리될 수 없다. 정책은 대통령, 장관, 국회의원, 정당, 언론, 전문가, 이익집단 등 다양한 행위자들이 얽히고설킨 복잡한 상호작용 속에서 형성된다. 이들 사이에는 선호와 목표가 명확하지 않거나 서로 충돌하는 경우도 있고, 때로는 자신이 진정으로 추구하는 것이 무엇인지조차 불분명한 상태에서 정책이 추진되기도 한다. 게다가 정책 결정은 불확실성이라는 조건도 내포하고 있다. 원인과 결과 간의 관계에 대한 지식이 불충분하며, 앞으로 정책 환경이 어떻게 변화할지도 예측하기 어렵다. 이처럼 정책 선택의 순간은 복잡하고, 모호하며, 불확실하다. 따라서 이를 설명하기 위해서는 보다 현실적이고 유연한 설명 틀이 필요하다. 이러한 조건 속에서, 때로는 비합리적이고 우연하게 보이기도 하는 선택을 설명하는 모델이 바로 '쓰레기통 모형'[15]이다. 그리고 이를 보다 체계적이고 정책 과정에 맞게 발전시킨 설명 틀이 킹돈(John W. Kingdon)의 '다중흐름모형'[16]이다.

쓰레기통 모형[17]은 조직의 결정이 계획된 합리적 흐름이 아니라, 우연한 만남과 상황의 조합에 의해 이루어질 수 있다는 점을 설명한다. 이 모형은 문제, 해결책, 참여자, 결정 기회의 네 가지 요소가 마치 쓰레기통 안에 무작위로 들어 있는 쓰레기처럼 질서 없이 뒤섞여 있다가, 우연히 조건이 맞아떨어지는 순간에 결정이 형성된다고 본다. 즉, 어떤 문제를 해결하기 위해 정책이 만들어지는 것이 아니라, 이미 존재하던 해결책이 특정한 기회와 결합하면서 정책으로 채택되는 경우가 있다. 정책 결정은 계획된 분석의 결과라기보다, 우연성과 조직 내 흐름의 산물로 이루어지는 경우가 있다는 점을 강조한다.

이러한 쓰레기통 모형이 정책 결정의 복잡성과 우연성을 설명하는 데 유용한 틀이라면, 킹돈의 다중흐름모형[18]은 이를 보다 정책 과정에 맞게 체계화한 이론이다. 이 모형은 정책 결정이 단일한 논리나 절차로 이루어지지 않으며, 독립적으로 흐르던 문제 흐름, 정치 흐름, 정책 흐름이라는 세 가지 흐름이 '정책의 창'이 열리는 짧은 순간에 결합함으로써 정책 선택이 이루어진다고 본다. 이 과정에서 중요한 역할을 하는 것이 바로 '정책 선도자'이다. 이들은 자신의 전문성과 자원을 동원해 세 가지 흐름을 결합하고, 정책의 창이 열릴 기회를 포착해 정책 결정을 끌어내는 핵심 행위자들이다. 세 가지 흐름이 모두 결합할 경우 정책으로 채택될 가능성[19]이 높아지지만, 항상 완전한 결합이 이루어지는 것은 아니다. 때로는 문제 흐름과 정치 흐름만 결합하고, 정책 흐름이 부족한 경우도 있으며, 반대로 정책 대안은 존재하지만, 문제에 대한 사회적 관심이나 정치적 지지가 부족해 결정으로 이어지지 않는 경우도 있다. 부분 결합 상태에서는 정책 수용성이 낮고, 실행 과정에서 갈등이나 저항이 발생할 가능성도 커진다.

다중흐름모형의 주요 요소인 문제 흐름, 정치 흐름, 정책 흐름, 정책의 창, 정책선도자에 대해 좀 더 살펴보자. 먼저 문제 흐름은 사람들이 정부의 개입이 필요하다고 인식하는 사회 문제가 떠오르는 과정을 말한다. 재정 적자, 물가 등 통계 지표, 예기치 못한 사건·사고, 또는 정책에 대한 비판적 피드백 등이 문제를 사회적으로 부각시키는 계기가 된다. 하지만 지표 자체가 문제를 자동으로 구성하는 것은 아니며, 문제에 대한 사람들의 인식과 해석 방식에 따라 중요성이 달라진다.

정치 흐름은 국민 여론의 변화, 선거 결과, 정부 구성의 변화, 이익집단의 활동 등을 포함한다. 예를 들어 대선이나 총선을 통해 새 정부가 출범하거나 국회의 권력 구도가 바뀌는 상황은, 강력한 정치 흐름의 전환을 의미한다. 특히 선거는 특정 의제를 주목받게 하며, 선거에서 승리한 정당의 공약이 정책으로 현실화되는 데 중요한 기제로 작용한다.

정책 흐름은 정부 관료, 학계, 연구기관 등 정책 전문가들로 구성된 정책공동체 내에서 다양한 대안이 경쟁하는 과정을 뜻한다. 많은 아이디어가 일종의 '아이디어 수프' 속에서 부유하다가, 실현 가능성과 사회적 수용성을 기준으로 걸러진다. 이 과정에서 살아남은 대안이 정책의 창이 열릴 때 실제 선택지로 제시될 수 있다.

이처럼 세 흐름은 각각 독립적으로 흘러가지만, 정책의 창이 열리는 특정한 순간에 맞물리게 되면 정책 결정이 이루어진다. 정책의 창은 예기치 못한 사건이나 정치적 전환 등으로 인해 예고 없이 갑자기 열릴 수 있으며, 다시 닫히면 기회를 놓칠 수 있다.

여기서 정책 선도자는 핵심적인 역할을 수행한다. 이들은 전문성, 권위, 자원, 열정을 갖춘 사람 또는 집단으로서, 정책 문제를 정의하고, 자신이 지지하는 정책 대안을 주장하며 문제와 해법, 정치적 기회를 연결하는 중개자 역할을 한다[20]. 정책 선도자는 모든 과정을 통제할 수는 없지만, 결정적인 순간에 정책의 창을 열고 흐름을 결합해 정책 결정이 이루어지도록 유도하는 데 중요한 기여를 한다. 우리나라 정책 환경에서는 대통령, 지방자치단체의 장, 장관, 국회의원, 여야 정당, 이익집단, 전문가 집단 등이 정책 선도자의 역할을 수행[21]할 수 있다. 이들이 얼마나 적극적으로 정책 의제를 제시하고, 대안을 설계하며, 정치적 기회를 활용하는가에 따라 정책 선택의 성패가 갈린다.

사례를 적용해 보자. 2023년 가을, 경기도 김포시장은 김포시의 서울 편입을 주장하며 행정안전부에 서울 편입에 대한 주민투표를 요구했다. 김포시장은 "경기북부특별자치도가 추진되는 과정에서 경기남도나 경기북도로 속하기가 어려운 애매한 위치에 김포시가 있다. 결국 서울로 편입하는 것이 김포 시민들의 이익을 가장 위하는 길이다."라고 했다. 한편 국민의힘은 김포시의 서울 편입을 2024년 4월 총선 공약으로 제시했고, 야당인 민주당은 김포시의 서울 편입에 대해 특별한 입장을 표명하지 않고 관망하는 태도를 유지하였다. 주무 부처인 행정안전부에서는 "김포시의 생활권적 특성과 지리적 역사적 여건, 주민 공감대 등을 종합적으로 고려해 살펴보겠다"라는 입장[22]을 보였다.

다중흐름모형의 관점에서 보면, 세 가지 흐름은 완전히 결합하지 않은 상태다. 문제 흐름에서는 김포 시민의 지속적인 교통 불편, 생활권 격차, 수도권 행정구역의 비효율성 등이 서울 편입 논의의 배경으로 작용했다. 이는 김포시장의 문제 제기를 통해 공식화되었다. 정치 흐름에서는 국민의힘 비상대책위원장이 이를 2024년 4월 총선 공약으로 내세우며 정치 의제화를 시도

했다. "목련이 피는 봄이 오면 김포는 서울이 될 수 있을 것"이라면서 대중적 상징을 통해 정치적 관심을 유도했다. 그러나 민주당은 특별한 입장을 밝히지 않았고, 행정안전부 또한 신중한 입장을 견지하고 있어 정치적 흐름이 분명한 방향성을 갖고 있다고 보기는 어려웠다. 정책 흐름에서는 김포 서울 편입을 둘러싼 구체적 정책 대안이나 실행 전략이 충분히 제시되지 않았으며, 관련 연구나 법률 검토, 전문가 집단의 논의도 활발하지 않았다. 정책공동체 내에서 서울 편입이라는 아이디어가 아직 정책적 설계 수준으로 구체화되지 않았다.

이처럼 세 가지 흐름은 각기 독립적으로 움직였지만, 결정적인 결합에는 이르지 못했다. 정책 선도자 역할을 자처한 김포시장이 이슈를 적극적으로 부각했으나, 정치 흐름과 정책 흐름의 지원이 미약했고, 정책의 창이 열릴 수 있는 조건 또한 충분히 형성되지 않았다. 이 사례는 현실에서 이 세 가지 흐름이 동시에 결합하는 일이 결코 쉽지 않다는 점을 보여준다. 아울러 정책선도자가 핵심적인 역할을 수행할 수 있지만, 그 영향력이 정치적·제도적 조건에 따라 제한될 수 있음도 확인할 수 있다.

킹돈의 다중흐름모형 외에도 정책 선택과 변화를 설명하는 이론으로 '옹호연합모형'이 있다[23]. 정책은 단기간에 급격히 바뀌기보다는 장기적인 경쟁과 학습, 상호작용을 통해 변화한다는 관점을 제시한다. 이 모형은 특정 정책 영역에서 활동하는 관료,

국회의원, 정당, 전문가, 시민단체 등 다양한 행위자들이 공통된 신념과 가치를 공유하는 '옹호연합'을 형성함으로써 정책 목표를 실현하려 한다고 본다. 이들은 정책 하위체계 안에서 경쟁하거나 협력하며 정책의 안정과 변화를 이끈다. 행위자들의 신념 체계는 '심층핵심신념', '정책핵심신념', '도구적 신념'의 세 층위로 나뉘며, 그중 정책핵심신념이 연합 간 갈등의 핵심이 된다. 정책 변화는 연합 간 타협, 정책 학습, 외부 환경 변화(예: 정권 교체) 등을 통해 가능해진다. 옹호연합모형은 갈등이 뚜렷하고 장기화하는 분야, 예컨대 환경, 에너지, 보건, 교육 정책 등에서 유용한 설명 틀로 활용된다.

인공지능 시대와 합리성

지금까지의 논의를 정리해 보자. 정책 결정은 오랫동안 '합리성'이라는 기준에 따라 설명되어 왔다. 합리성이란 인간이 이성적 판단을 통해 최선의 수단을 선택하고, 원하는 목표를 효과적으로 달성할 수 있다는 믿음에서 출발한다. 경제학의 '최적성' 개념처럼, 주어진 자원과 조건에서 최고의 선택을 찾아내는 것이 합리적인 결정으로 간주되었다. 그러나 현실에서의 정책 선택은 반드시 이성적 계산이나 논리적 절차에 따라 이루어지지 않는다. 문제를 인식하고 대안을 제시하며 정책이 결정되는 과정은 선형적이지 않으며, 때로는 우연한 계기나 정치적 필요, 상징적 대응을 통해 비선형적으로 이루어진다. 문제 흐름, 정치 흐름, 정책 흐름이 우연히 만나는 짧은 순간에 특정 대안이 채택되기도 한다. 때로는 '왜 그 정책이 선택되었는가?'보다 '왜 그때 채택되었는가?'가 더 중요한 설명이 되기도 한다.

그렇다면 AI 시대에서 선택은 어떻게 바뀔까? AI가 최적의 버스 노선을 제안하듯이, 정책 선택에서도 합리성의 획기적인 진보가 가능할까? AI는 인간이 감당하기 어려운 방대한 데이터를 분석하고, 패턴을 예측하며, 대안을 도출하는 데 있어 강력한 도구가 될 수 있다. 이는 분명히 제한된 합리성을 상당 부분 보완할 수 있는 기술적 진전이다. 그러나 정책의 선택은 단지 계산의 문제가 아니다. 어떤 현상을 문제로 볼 것인가, 어떤 가치를 우선할 것인가, 사회적으로 수용 가능한 선택은 무엇인가 하는 질문에는 여전히 정치적, 윤리적, 사회적 판단이 요구된다. AI는 '더 나은 판단'을 가능하게 할 수는 있지만, 그 판단이 정책으로 선택되기 위해서는 인간의 책임, 맥락에 대한 감수성, 그리고 타이밍에 대한 직관이 필요하다. 우리가 맞이할 새로운 합리성은 단순한 기술적 효율성의 문제가 아니다. 그것은 이성과 감정, 데이터와 가치, 알고리즘과 정치가 동시에 작동하는 합리성으로 나아가야 한다는 요구이기도 하다. AI가 정책 결정의 수단이 될 수 있지만, 최종 선택의 책임은 여전히 인간, 특히 정책가

에 남아 있다. 정책가들이 말하는 "종합적으로 검토해 보겠습니다"를 AI가 대체하지 않기를 바란다.[24]

2장

딜레마

\#. 2023년 3월 6일, 외교부 장관은 일제강점기 강제징용 사건 관련 대법원 판결에 대한 정부 입장을 발표했다. 핵심 내용은 행정안전부 산하 '일제강제동원피해자지원재단'이 강제징용 피해자 및 유족에게 2018년 대법원 확정판결에 따른 판결금 및 지연이자를 지급한다는 것이었다. 이는 일본 기업을 대신하여 국내 재단이 지급하는 제3자 변제 방식이었다. 외교부 장관은 강제징용 피해자 측의 의견을 존중하면서 한일 양국의 공동이익에 부합하는 합리적 해결 방안을 마련하기 위해 그동안 노력해 왔다는 것을 강조했다. 더 나아가, 한일 관계 해법이 대선 공약을 실천한 것이자 미래를 위한 결단이라고 했다.

여당은 같은 날 논평을 내고 "미래와 국익을 향한 대승적 결단이자 미래지향적 한일 관계를 향한 강한 의지"라고 평가했다. 아울러 2018년 대법원 판결 이후 과거 정부와 민주당이 아무런 조치도 없이 방치했다면 비판했다. 반면 야당은 "진정한 사죄와 배상을 요구하는 피해자를 짓밟는 것이며, 대법원 판결과도 배치되는 것이다"라며 반대했다. 피해자 할머니와 유가족 역시 제3자 변제 방안을 수용할 수 없다는 거부 의사를 분명히 밝혔다. 한편 2025년 5월 기준으로, 제3자 변제로 배상금을 수령한 피해자는 총 22명이다.

이러지도 저러지도 못하는 난감한 상황

정책을 만들거나 실행할 때, 이러지도 저러지도 못하는 난감한 상황에 부딪히는 경우가 있다. 어느 쪽으로 결정하더라도 누군가는 손해를 보고, 또 다른 누군가는 이익을 얻는, 이른바 정책 딜레마의 상황이다. 사회가 민주화되고 이해관계가 다양해질수록, 이러한 딜레마는 자주 나타난다. 예컨대 자유무역협정을 체결하면 수출은 증가하지만, 국내 산업 보호 문제가 불거진다. 케이블카를 설치하면 관광 수입을 기대할 수 있지만, 자연 훼손의 우려가 커진다. 국민연금의 지급 기준을 줄이면 재정의 지속 가능성은 높아지지만, 개인의 노후 보장성은 낮아진다. 정책 딜레마는 2개 이상의 대안을 절충하거나 또는 대안을 동시에 채택하는 것이 어려운 상황에서 나타난다. 하나의 선택이 다른 선택의 희생을 요구하기 때문에, 정책가는 어느 쪽의 피해를 감수할지, 어떤 가치를 더 우선할지를 결단해야 한다. 그 과정에서 비판을 감내하거나 정치적 부담을 짊어지는 일은 피할 수 없다.

이번 글은 이러한 정책 딜레마[25]에 관한 것이다. 정책가는 이런 상황에서 어떻게 선택하고 행동할 수 있는지에 관한 것이다. 물론, 완벽한 해답은 없다. 하지만 더 나은 선택을 위한 고민에 도움이 되길 바란다.

양립할 수 없는 가치와 목표 중에서의 선택

정책 딜레마는 단순한 '어려운 결정'을 의미하지 않는다. 그것은 무엇을 선택해도 손해를 피할 수 없는 상황, 즉 어느 쪽을 택해도 희생을 감내해야 하는 진퇴양난의 상황이다. 정책 딜레마는 일반적으로 다음과 같은 세 가지 특성[26]을 갖는다. 첫째, 양립할 수 없는 가치나 목표가 동시에 존재한다. 예를 들어, 공공성과 효율성, 성장과 분배, 개인의 자유와 공공 안전은 종종 충돌한다. 둘째, 각 선택지마다 고유한 이익과 손해가 존재하며, 어느 하나도 명백히 우월하다고 보기 어렵다. 셋째, 대안 간 절충이 어렵고, 동시에 모두를 만족시키는 선택은 불가능하다. 결국 정책가는 어느 쪽을 선택하든 무언가를 포기해야 하는 '희생의 결정'을 내려야 하는 셈이다.[27] 이처럼 딜레마는 단순한 선택이 아니라, 불완전하고 불편한 결정을 강요받는 조건이다.

이처럼 선택이 어려운 상황에 대해, 기존의 정책 결정 모형, 예를 들어 합리적 모형에서는 딜레마를 지식과 정보의 부족, 혹은 정보를 처리하는 인간 능력의 한계에서 비롯된 문제로 설명한다. 다시 말해, 모든 정보를 완벽히 알 수 있다면 대안들을 비교하고 우선순위를 정해 합리적으로 선택할 수 있다고 본다. 그러나 현실에서는 정보가 충분히 하더라도 결정을 내리기 어려운 경우가 있다. 즉 정책 결정의 합리성이 확보된 상황에서도 양자택일이 곤란한 경우가 존재한다. 그 이유는, 선택의 기준이 되는 가치나 목표 간에 조정이 곤란하고, 당사자 간의 이해관계가 첨예하게 충돌하는 경우가 있기 때문이다. 특히 가치 간의 교환이 불가능할 때는 합리적 선택만으로는 해결할 수 없는 상황이 발생한다.

이러한 정책 딜레마는 그 내용과 맥락에 따라 여러 유형으로 나눌 수 있다. 대표적으로는 가치 딜레마, 수단 딜레마, 윤리적 딜레마와 정치적 딜레마가 있다. 가치 딜레마는 서로 충돌하는 두 개 이상의 가치 중 하나를 선택해야 하는 상황을 의미한다. 예컨대 효율성과 형평성, 공성과 자율성과 같은 가치들이 대립할 때 발생한다. 환경 보호와 경제 성장의 균형, 복지 확대와 재정 건전성의 조화처럼, 모두 중요한 가치이지만 동시에 실현하기 어려운 경우가 이에 해당한다. 이때 정책가는 어떤 가치를 우선시할지를 결정해야 하며, 그 기준은 단순한 기술적 판단이 아닌 정치적·사회적 판단에 달려 있다.

수단의 딜레마는 목표는 분명하지만, 그 목표를 실현하기 위한 수단들 사이에서 갈등이 발생하는 상황이다. 예를 들어, 기후 위기를 해결하기 위해 탄소세를 도입하려 할 때, 이 수단이 경기 위축이나 저소득층의 부담 증가로 이어질 수 있다면, 정책가는 수단 선택에서 딜레마에 빠진다. 이처럼 수단 간에는 효과성, 실현 가능성, 정치적 수용성 등이 서로 다르게 작용하며, 어떤 수단이 더 적절한지 판단하기 어려울 수 있다.

윤리적 딜레마는 옳고 그름의 기준이 충돌하는 상황을 말한다. 어떤 선택도 완전히 옳거나 그르다고 보기 어려운 경우, 딜레마가 발생한다. 예컨대 공공의 이익을 위해 일부 개인의 권리를 제한해야 할 때, 또는 위기 상황에서 사실을 비공개하는 것이 더 나은 결과를 낳는다고 판단되는 경우가 이에 해당한다. 윤리적 기준이 충돌할 때는 어떤 결정을 내려도 논란이 따르기 마련이다.

정치적 딜레마는 정책 결정에 정치적 부담이 따를 때 발생한다. 정책적으로는 타당하더라도, 지지층의 반발, 여론 악화, 선거 불이익 등의 우려로 인해 쉽게 추진하기 어려운 상황이다. 예를 들어, 공공요금 인상이 필요한데도 국민의 반발이 크거나, 특정 이해집단의 기득권을 침해하는 개혁이 정치적 부담으로 작용하는 경우가 이에 해당한다. 이때 정책가는 정책의 타당성과 정치적 현실 사이에서 균형을 고민하게 된다.

딜레마와 갈등

현실에서 딜레마와 갈등이 혼용되기도 한다. 딜레마와 갈등은 비슷해 보이지만, 분명한 차이가 있다. 개략적으로 보면 딜레마는 반드시 하나를 선택해야 하는 상황이고, 갈등은 이해관계자들 간의 대립으로 발생하는 문제라는 점에서 구별된다. 즉, 딜레마는 선택의 문제라면, 갈등은 조정의 문제다.

우선, 딜레마는 상충하는 대안 중 하나를 반드시 선택해야 하는 상황이다. 중요한 것은, 어떤 선택을 하더라도 이익과 손해가 동시에 따른다는 점이다. 서로 충돌하는 가치나 목표 사이에서 어느 하나를 고르면, 그에 따른 반발이나 손실은 피할 수 없다. 예를 들어, 정년을 연장하면 고령층의 생계는 안정되겠지만, 동시에 청년 일자리는 줄어들 수 있다. 이런 식으로 대안들이 충돌하면서 어느 쪽을 선택해도 비판과 반발이 따른다. 반면, 갈등은 특정 대안을 선택하지 않아도 발생할 수 있다. 갈등은 이해관계자들이 서로 다른 입장과 요구를 갖고 있을 때 발생하며, 꼭 둘 중 하나를 골라야 하는 조건은 아니다. 예컨대, 지역 간 갈등이나 세대 간 갈등은 대안을 선택하지 않아도 발생한다.

또 하나의 차이는 타협 가능성이다. 딜레마는 대안 간의 본질적 충돌로 인해 타협이 매우 어렵거나 불가능한 경우가 많다. 예를 들어, 환경 보호와 지역 개발 사이에서는 양쪽 모두를 만족시키는 절충안을 찾기 쉽지 않다. 반면, 갈등은 이해관계자 간의 협상과 조정을 통해 일정한 타협점을 찾을 수 있는 경우가 있다. 중재나 협의를 통해 조율이 가능한 구조라는 점에서 딜레마와는 다르다.

발생 원인에서도 차이가 있다. 딜레마는 가치 간의 충돌에서 비롯된다. 예를 들어, 국민연금의 재정 건전성을 유지하기 위해 급여 수준을 줄일 것인지, 아니면 소득 보장을 강화하기 위해 더 많은 재정을 투입할 것인지와 같은 선택은 서로 다른 가치를 놓고 결정해야 하는 전형적인 딜레마다. 반면, 갈등은 이해관계 간의 충돌에서 발생한다. 정책 수혜 집단과 비수혜 집단, 또는 정책의 추진 여부에 따라 이해득실이 달라지는 집단 간의 이견과 요구가 맞부딪치면서 갈등이 생긴다.

해결 방식에서도 차이가 있다. 딜레마는 결국 결단이 필요하다. 어떤 선택도 완벽하지 않기 때문에, 정책결정자의 책임 있는 판단과 선택이 중요하다. 반대로, 갈등은 협상과 조정 과정을 통해 해결될 수 있다. 중재자를 두거나 이해당사자 간의 대화와 논의를 통해 타협안을 찾는 방식이 일반적이다.

딜레마와 보호된 가치

정책 딜레마란 무엇을 선택하든 만족스러운 해결책이 없고, 타협하기 어려운 가치나 이익이 충돌하는 상황을 말한다. 설령 타협점이 있다고 해도, 그 타협안을 수용하거나 또는 실행하기 어려운 경우이다. 딜레마를 이해하는 관점은 크게 두 가지로 나누어 볼 수 있다.

첫 번째는 선택이 가져올 결과를 기준으로 딜레마를 이해하는 방식이다. 이 관점에서는 두 가지 선택지 중 어느 쪽을 택하더라도 기회손실이 크기 때문에 결정이 어렵다는 점에 주목한다. 기회손실이란 하나를 선택함으로써, 선택하지 않은 대안에서 얻을 수 있었던 이익을 포기하는 것을 의미한다. 이처럼 두 대안의 기회손실이 상호 비교 가능하다는 점에서, 이 관점은 합리적이고 공리주의적인 성격을 띤다. 이러한 결과 중심의 접근은 일반적으로 두 대안의 기회손실이 비슷하다는 전제를 바탕으로 한다. 그렇기 때문에 이해관계자들 간의 입장이 팽팽하게 맞설 가능성이 크며, 불이익을 입게 될 집단의 강한 반발이나 집단행동의 조직화로 이어지기 쉽다.

두 번째는 결과와 무관하게, 가치 간의 충돌로 인해 딜레마가 발생하는 경우이다. 이 관점에서는 두 가치를 서로 비교 자체를 할 수 없기 때문에 선택이 어려워진다. 정책 대안들이 연속선 위에 놓여 있는 것이 아니라, 분절된 방식으로 존재하기 때문에 상호 비교가 성립하지 않는다. 예를 들어, 장애인의 권리를 다른 어떤 가치로 대체할 수 있을까? 사람의 목숨을 금전적 가치로 환산할 수 있을까? 이런 질문은 쉽게 답할 수 없으며, 어떤 선택을 하든 반대와 반발이 뒤따를 수밖에 없다. 이와 관련하여, '보호된 가치'[28]라는 개념을 눈여겨 볼 필요가 있다. 합리적 의사결정 이론에서는 가치 간 교환이 가능하다고 본다. 즉, 서로 다른 가치들의 이익과 손실을 비교하고, 공리적으로 계산할 수 있다고 가정한다. 그러나 모든 가치가 교환 가능한 것은 아니며, 일부 가치는 다른 가치와의 비교 자체를 거부하는 성격을 가진다. 이러한 가치를 보호된 가치라고 부른다. 보호된 가치는 다른 가치와의 비교나 교환을 금기시하며, 그 자체로 절대적인 의미를 지닌다. 예를 들어, 습지의 금개구리가 환경 피해를 입는 상황을 금전적 가치로 논의하는 것 자체가 부적절하다는 주장이 여기에 해당한다.

이러한 보호된 가치의 특성을 정책가들은 유의할 필요가 있다. 보호된 가치는 '양적 둔감성', '도덕적 의무', '분노'의 특성[29]을 지닌다. 첫째, 양적 둔감성은 보호된 가치는 정책결과의 크기와는 무관하다는 것이다. 보호된 가치에서는 많고 적음의 숫자가 중요한 것이 아니라, 정책 행위 자체에 중점을 둔다. 예컨대, 낙태가 만 건이든 백 건이든, 그 수와 상관없이 낙태라는 행위 자체를 반대하는 경우다. 둘째로 보호된 가치는 도덕적 의무의 관점에서 내리는 판단이다. 낙태 행위가 많은 사람들에 의해 시행되고 있더라도 낙태 행위 자체가 도덕적으로 잘못된 행위라고 판단하는 것이다. 셋째로 분노는 보호된 가치를 위반하는 생각만으로도 화가 난다는 것을 뜻한다. 사람의 신체를 금전적 대가를 받고 매매하거나, 아동을 학대한다는 것은 상상만으로도 화가 난다는 경우가 이에 해당한다. 그렇기 때문에 보호된 가치의 훼손은 감정적 차원으로까지 확대되기 쉽다.

딜레마와 정책가의 행동

그렇다면 딜레마 상황에서 정책가는 어떻게 행동[30]할까? 단순하게 보면, 정책가가 선택할 수 있는 대응은 다음 세 가지 중 하나다. 첫째, 대안 중 하나를 결단하는 것, 둘째, 선택을 보류하거나 지연하는 것, 셋째, 정책 결정 권한을 다른 기관이나 제도로 전가하는 것이다. 그리고 딜레마 자체를 다른 방식으로 정의하거나 해석함으로써 '딜레마가 아닌 것처럼' 보이게 하는 프레임 전환 전략[31]도 있다. 딜레마 상황에서 어떻게 행동할 것인가는 선택 당시의 상황과 맥락, 정치적 여건 등을 종합적으로 고려해야 한다. 어떤 행동은 옳고 어떤 행동은 바람직하지 않다고 단정할 수도, 그리고 단정해서도 안 될 것이다.

우선, 하나의 대안을 선택한다는 것은 최종적으로 결단하는 것을 의미한다. 여러 의견을 수렴하고 다양한 상황을 고려한 끝에 최선이라고 판단하는 대안을 선택하는 것이다. 대통령, 장관, 기관장 등 조직의 최고 리더로서의 의사결정을 뜻한다. 결정에 따른 비난이나 책임이 따르더라도, 그것을 감수하며 리더로서의 역할을 수행하는 것이다. 한 설문조사 결과[32])에 따르면, 정책가는 딜레마 상황에서 결정을 미루거나 회피하기보다는 대안을 선택하려는 경향이 있다. 결정을 지연하기보다는, 약속한 시한을 지키는 것을 더 중시된다.

두 번째 대응 방식은 선택을 보류하거나 지연하는 것이다. 이는 결정을 하지 않은 채 제한된 기간이 지나가기를 기다리는 전형적 방식이다. 전문가 의견을 들어야 한다, 현장 의견 수렴을 거쳐야 한다, 사회적 합의가 필요하다, 연구용역을 수행할 필요가 있다, 선거 이후에 결정하겠다는 등의 다양한 사유를 동원하여 정책 결정을 미루는 것이다. 그렇다고 이것을 무책임하다고 폄하해서는 안 된다. 결정을 보류하는 것 자체도 상황에 따라서는 중요한 결정이며 결단이 될 수 있다. 사회적 혼란과 비용을 고려하여, 정책 환경이 변할 때까지 기다리는 것도 때에 따라서는 최선이다.

세 번째는 본인이 결정하지 않는 채, 다른 사람이 결정하도록 정책 결정 권한을 이전하는 것이다. 정책가의 권한과 책임을 위원회, 회의체, 하급 기관 또는 상급 기관, 특별조사단 등으로 옮기는 방법이다. 딜레마는 어떤 선택도 좋은 평가를 받기 어렵고, 동시에 책임은 면하기 어려운 상황이다. 이때 정책가는 자신의 권한과 책임을 제3의 다른 정책 결정 주체에게 넘기는 방식으로 대응하려 한다. 예를 들어, 2017년 탈원전 정책과 관련하여 정부는 신고리 원전 5·6호기 공사 재개 여부를 공론화위원회에 넘겼고, 시민배심원단의 결정을 토대로 그 권고안을 수용했다. 이에 대해 당시 야당은 "법적 근거도 없는 공론화위원회를 만들어 책임을 전가하는 비겁한 방식"이라고 비판했다. 위원회 방식 외에도, 정부 밖 제도를 활용하는 방법도 있다. 재판을 통한 해결, 국회 논의, 주민투표 등을 활용하는 것이 이러한 예가 된다.[33)] 위원회나 제3의 기관을 통한 의사결정 역시 바람직하지 않다고 단정해서는 안 된다. 비록 비난을 받을 수도 있지만, 이러한 방식은 다양한 의견을 수렴하고, 숙의 과정을 통해 독단적 결정을 방지하는 긍정적 기능도 수행한다. 적절히 활용된다면 정책의 수용성과 정당성을 높이는 민주적 의사결정 방식이 될 수 있다.

마지막으로, 딜레마 자체를 재해석하는 방법도 있다. 이는 '이러지도 저러지도 못하는 상황'에 대한 인식과 해석을 바꾸는 것을 의미한다. 흔히 비유되는 예처럼, 컵에 반쯤 차 있는 물을 보고 '반이나 남았다'고 볼 것인지, '반밖에 안 남았다'고 볼 것인지에 따라 정책 인식과 선택 대안이 달라진다. 딜레마 상황은 가치관, 신념, 인식 등에 영향을 받아 발생할 수 있다. 이때 문제를 바라보는 시각을 바꿔서 접근하고 새로운 정책 대안을 제시하는 것이다. 물론 한 번 설정된 프레임을 재구성하는 것은 쉬운 일은 아니지만 말이다.

비록 완벽하지는 않지만

이제 딜레마에 대한 내용을 정리해 보자. 딜레마는 피한다고 피할 수 있는 것이 아니다. 사회가 다원화되고 이해관계가 복잡해질수록, 어떤 정책도 모두에게 만족을 줄 수는 없다. 정책가는 언제나 선택의 갈림길에서 누군가의 손해와 반발을 감수해야 한다. 그 선택이 옳았는지에 대한 평가는 늘 시간이 지난 뒤에야 이뤄진다. 중요한 것은 딜레마를 없애는 것이 아니라, 그 속에서도 더 나은 결정을 하기 위한 조건을 어떻게 만들 것인가에 있다.

앞서 본 바와 같이, 딜레마 상황에서 정책가가 취할 수 있는 대응은 대체로 네 가지다. 하나의 대안을 결단하는 방식, 결정을 보류하거나 지연하는 방식, 본인의 정책 결정 권한을 제3자에게 전가하는 방식, 그리고 딜레마 자체의 프레임을 전환하는 방식이다. 각각의 방식에는 장단점이 있으며, 어느 하나의 방법이 항상 옳다고 단정하기는 어렵다. 중요한 것은 정책가가 상황의 성격과 정치적·사회적 맥락을 신중히 고려하여 책임 있는 태도로 판단하는 일이다. 그러면서 딜레마를 최소화하기 위해 정책가가 유의[34]해야 할 점이 있다. 첫째, 정책가는 개인적 이익 추구나 주관적 판단으로 행정 시스템 전체가 곤란한 상황에 빠지지 않도록 해야 한다. 정책 결정이 한 사람의 성향이나 정치적 유불리에 따라 흔들린다면, 그 결과는 행정 시스템 전반의 신뢰 약화로 이어질 수 있다. 둘째, 이익과 손익의 문제와 가치의 문제를 구분할 필요가 있다. 특히 첨예한 이해관계가 대립하는 상황에서는, 그것이 가치 간 충돌로 전이되지 않도록 방지하는 노력이 필요하다. '보호된 가치'를 단순한 이익 계산의 대상으로 삼을 경우, 갈등은 격화되고 타협은 어려워진다. 보호된 가치는 손익의 교환을 거부하는 특성을 보이므로, 신중하고 존중하는 태도가 요구된다. 셋째, 딜레마 상황을 극복하려는 방법은 공정하고 합리적인 절차를 마련하는 것이다. 절차적 합리성이 확보되면, 다양한 이해와 가치들이 제도 안에서 공존할 수 있게 되고, 극단적인 대안만이 남는 상황을 예방할 수 있다. 정당한 과정을 통해 형성된 결정은 비록 모두를 만족시키지는 못하더라도, 일정 부분 수용성과 정당성을 갖출 수 있다.

정책 딜레마는 애초에 완벽한 해답이 존재할 수 없는 구조 속에서 발생한다. 애로(Kenneth Arrow)의 불가능성 정리[35]는 이를 날카롭게 지적한다. 다양한 개인의 선호를 모아 하나의 사회적 선택으로 만들고자 할 때, 모든 조건을 동시에 만족시키는 완전한 결정 규칙은 존재하지 않는다는 것이다. 이는 민주주의가 표방하는 집단적 의사결정조차도 본질적인 한계를 지니고 있음을 보여준다. 정책도 마찬가지다. 아무리 논리적으로 설계하고 합리적으로 결정하더라도, 모든 이해관계자와 가치, 상황을 동시에 만족시키는 완벽한 정책은 있을 수 없다. 그래서 딜레마는 불완전한 체계를 살아가는 인간 사회에서 반드시 마주하게 되는 현실이다. 중요한 것은 완벽함이 아니라 절차의 정당성과 책임 있는 선택이다. 애로의 정리가 알려주듯, 모두를 만족시키는 유일한 해법은 없다. 그렇기 때문에, 정책가는 신중하게 분석하고, 용기 있게 결정해야 한다. 귀로 하는 설득인 경청 역시 중요하다. 불완전함 속에서도 최선을 다해 균형을 모색하고, 공공의 이익을 좇는 선택을 만들어내는 것, 그것이 딜레마 속에서의 정책가가 지닐 책무이다[36].

3장

정책 기조

#1. 정부 혁신은 어느 정부에서나 빠지지 않고 등장하는 주제다. 그러나 같은 '정부 혁신'이라도 정책 기조에 따라 그 방향과 접근 방식은 크게 달라진다. 2018년 문재인 정부와 2023년 윤석열 정부의 정부 혁신 계획을 비교[37)]해 보자.

문재인 정부의 2018년 계획은 '국민이 주인인 정부'를 실현하는 데 초점을 맞췄다. 이를 위해 '사회적 가치 중심의 정부 운영', '참여와 협력을 통한 정책 결정', '낡은 관행을 혁신하는 정부'라는 세 가지 전략이 제시되었다. 단순한 행정 효율성을 넘어, 공공의 역할을 강화해야 한다는 입장이 담겨 있었다. 인권, 안전, 복지, 환경 등 사회적 가치를 정책과 예산의 핵심 기준으로 삼고, 국민이 정책 결정 과정에 직접 참여할 수 있도록 다양한 제도를 마련했다.

반면, 2023년 윤석열 정부의 정부 혁신 계획은 '일 잘하고 신뢰받는 정부'를 목표로 삼았다. 문재인 정부가 '참여'와 '가치'를 강조했다면, 윤석열 정부는 '효율'과 '민첩'을 핵심 가치로 내세웠다. 이를 위해 '모두가 편한 서비스 정부', '데이터 기반의 애자일 정부', '소통·협력하는 선제적 정부'라는 전략을 제시했다. 정부 내부 시스템을 정비하고, 신속하고 유연한 대응 체계를 구축하는 데 중점을 두었다. 또한 기업이 자유롭게 경제 활동을 할 수 있도록 불필요한 행정 절차를 줄이며, '행정 부담 완화'를 핵심 과제로 설정했다.

두 정부의 가장 큰 차이는 '정부 역할'에 대한 인식이다. 문재인 정부는 정부가 적극적으로 사회 문제에 개입해야 한다고 본 반면, 윤석열 정부는 '문제를 해결하는 조력자'로 정부의 역할을 한정했다. 같은 '정부 혁신'이라는 목표 아래에서도 어떤 방향을 설정하느냐에 따라 내용은 완전히 달라진 것이다.

#2. 제21대 대통령이 2025년 6월 4일 취임했다. 이후 대통령직 인수위원회 역할을 담당하게 될 국정기획위원회가 6월 16일에 출범했다. 국정기획위원회는 새 정부의 국정기조를 설정하고, 국가 주요 정책의 중·장기 계획을 수립하는 역할[38]을 맡았다. 6월 22일 열린 국정기획위원장 기자 간담회에서는, 1주일 동안 부처 업무보고를 받으며 느낀 소회가 소개되었다. 위원장은 "새 정부 출범 후 약 2주가 지났지만, 아직도 여러 부처가 정

부의 의지에 충분히 부응하려는 노력이 부족하다고 생각한다" 라고 말했다. 또한 그는 "국정 철학에 대한 이해가 다소 부족했고, 대통령 공약을 정책에 반영하는 데 미흡한 점이 있었다"면서, "특정 부처의 경우, 자료 작성의 기본 형식조차 미흡한 경우가 있었고, 대통령 공약에 대한 이해도도 매우 낮았다."라고 지적했다. 그러면서, "우리는 과거에 무엇을 했느냐보다, 대선 과정에서 국민에게 약속한 공약과 후보 시절 유세에서 밝힌 정책 메시지, 페이스북 등을 통해 전달한 대통령의 의지를 충실히 이해하고, 함께 나아가는 데 주안점을 두고 있다."라고 강조했다.

정책 기조, 정책을 움직이는 기준선

정책은 수많은 선택의 연속이다. 어느 문제를 우선 해결할 것인지, 어떤 수단을 사용할 것인지, 누구에게 혜택이 돌아가야 하는지를 결정하는 과정이 바로 정책이다. 그런데 이러한 선택은 단순히 기술적 판단만으로 이루어지지 않는다. 동일한 문제를 두고도 정부마다 전혀 다른 해법을 제시하곤 한다. 정부가 바뀔 때마다 정책 현상을 바라보는 인식과 시각이 새롭게 재구성되기 때문이다. 어떤 정부는 복지 확대를 강조하고, 또 다른 정부는 재정 건전성을 중시한다. 누구는 기업에 대한 규제를 줄이자고 하고, 또 누구는 공공의 책임을 강화하자고 한다. 이처럼 정책 결정의 배경에는 현상을 바라보는 인식의 틀이 저변에 자리하고 있다.

이러한 인식의 틀 또는 사고의 방식은 국가관, 국정 이념, 국정 기조, 국정 철학, 사회 분위기 등 다양한 표현으로 나타난다. 용어마다 의미상의 차이는 있으나, 이 글에서는 이를 포괄해 '정책 기조'라는 개념으로 설명한다. 정책 기조란, 말하자면 정책을 움직이는 보이지 않는 기준선이다. 단순한 정책의 방향을 의미하는 것이 아니라, 정부가 세상을 어떻게 인식하고, 어떤 문제를 중대하게 여기며, 어떤 가치와 원칙을 우선시하는지를 보여주는 사고의 틀이다. 정책 기조는 때로는 구호나 표어처럼 문서에 등장하지만, 실제로는 문제 정의, 정책 목표 설정, 정책 수단 선택에 이르기까지 전 과정에 영향을 미친다. 정책 기조는 일종의 강한 자기장처럼 작용한다. 새로운 정부가 들어서면 그 정부의 새로운 인식과 철학은 기존 정책들을 다시 정렬시키며, 행정 기관의 판단과 행동에도 영향을 미친다. 나아가 정책 기조는 정책의 수용성과 정당성에도 깊게 관여한다. 정책 기조는 선언적 수준의 정치적 레토릭을 넘어서, 현실 정책을 형성하고 변화시키는 실제적 힘이 된다.

이번 글은 이러한 정책 기조에 관한 것이다. 정책 기조가 정책가의 선택과 행동에 어떻게 영향을 미치는지, 정책의 정당성과 설득력에 어떤 역할을 하는지를 논의할 것이다. 이를 설명하기 위해 신제도주의자들이 제안하는 '아이디어(ideas)' 개념을 차용하였다. 다만 여기서 말하는 정책 기조와 신제도주의자가 말하는 아이디어는 온전히 동일한 개념은 아님을 유의하기 바란다.[39]

정책가는 무엇에 기대어 판단하는가?

정책 기조란 정부가 세상을 바라보는 기본 인식 틀이며, 선택의 기준을 제시하는 일종의 방향 설정 장치이자 중심축이다.[40] 어떤 현상을 문제로 인식할 것인지, 어떤 해결 방안이 적절한지, 무엇에 우선순위를 둘지 등 정책 판단의 핵심 기준이 된다. 박정택은 이를 "정책의 방향, 내용, 성격, 과정을 규정하는 사고 정향, 이념, 철학, 사상 등 정책의 기본 준거 가치[41]"로 표현하며, 박치성과 백두산은 "정책결정자의 기본적인 정책 방향성(policy orientation)[42]"이라 설명한다.

정책 기조는 정부의 공식 문서, 연설, 담화 등 곳곳에 녹아 있다. 예를 들어 작은 정부, 복지국가, 공정 성장, 녹색성장, 혁신 경제, 포용 성장, 균형 발전 등의 표현은 단순한 구호가 아니다. 그 정부의 일관된 방향성과 철학을 담고 있다. 이러한 기조는 문제의 정의에서부터 정책 수단의 선택, 예산 배분, 집행에 이르기까지 행정 전반을 관통하는 기준으로 작용한다. 예를 들어 정책 보고서와 같은 실무 문서에서도 정책 기조의 영향이 분명히 드러난다. 일반적으로 정책보고서는 '검토 배경, 문제점, 개선 방향 및 목표, 정책 수단, 향후 일정' 등의 순서로 구성된다. 그 구성 요소의 저변을 지탱하는 보이지 않는 힘이 바로 정책 기조다. 검토 배경과 문제점을 설정하는 방식에서부터 정책 기조의 관점이 스며든다. 어떤 사회 현상을 '문제'로 규정할 것인지, 왜 그것이 개선되어야 하는지에 대한 판단 역시 정책 기조에 따라 달라진다. 과거에는 문제로 인식되지 않던 사안이, 새로운 정책 기조 아래에서는 해결이 필요한 사회적 과제로 떠오르기도 한다. 정책 수단의 선택에서도 정책 기조는 핵심 기준이 된다. 시장의 자율을 중시하는 정부는 정부 개입을 최소화하려는 경향을 보이며, 공공의 역할을 강조하는 정부는 규제 강화 수단을 적극 채택하는 경향이 있다. 이렇듯 정책 기조와 맞지 않는 보고서는 사실상 채택되기 어려우며, 정책 감각이 부족하다는 평가를 받을 가능성도 높다. 이는 정책 기조가 단순한 슬로건이 아니라, 정책 생산과 실행의 기준선으로 기능하고 있음을 보여준다.

정책 기조, 현실에서 왜 중요한가?

오늘날 우리는 흔히 뷰카(VUCA)*의 시대에 살고 있다[43]고 말

---

* '뷰카(VUCA)'란 변동성(Volatile)과 불확실성(Uncertainty), 복잡성(Complexity), 모호성(Ambiguity)의 머리글자를 조합한 신조어이다. 1990년대 냉전 종식 이후 불확실한 세

한다. 이는 변동성이 크고, 불확실성이 높으며, 복잡성과 모호성이 강한 정책 환경을 뜻한다. 이러한 환경에서는 현상의 원인을 명확히 규정하기 어렵고, 정책 결정의 결과를 예측하는 것도 쉽지 않다. 게다가 정책가는 인지능력의 한계와 더불어, 제한된 정보와 자원 안에서 선택을 내릴 수밖에 없다. 모든 가능성을 고려해 완벽한 결정을 내리는 것은 현실적으로 불가능하다.

이런 정책 환경에선 세상을 바라보는 렌즈가 필요하고, 복잡한 현실을 단순화시켜 주는 여과장치도 필요하다. 그것이 정책 기조다. 무엇을 선택해야 할지 알지 못하거나 자신감이 없는 상황에서, 정책 기조가 제시하는 방향에 따라 결정하게 되는 것이다. 정책 기조는 어떤 현상을 정책 문제로 인식할지, 그 원인을 어떻게 해석할지, 그리고 어떤 정책 대안을 선택할지에 대한 기준을 제공한다. 정책 기조는 정책가가 세상을 바라보는 '인지적 렌즈'이자, 복잡한 상황을 단순화하는 '해석의 여과장치'로 작동한다. 또한 정책 대안 간의 우선순위를 정하고, 특정 방향을 강조하거나 배제하는 선택의 틀로 기능한다. 예를 들어, 예기치 못한 경제 위기가 발생했을 때, 그 원인에 대한 해석과 대응 방식은 정책 기조에 따라 달라진다. 1997년 말 발생한 IMF 외환위기 당시, 정부는 신자유주의적 정책 기조를 바탕으로 강도 높은

계 정세를 뜻하는 군사용어로 처음 사용되었으며, 최근에는 4차 산업혁명 시대의 불확실한 미래를 뜻한다.

구조 조정과 시장 중심의 개혁을 단행했다. 위기의 원인은 기업 집단의 방만한 경영, 과도한 부채, 그리고 도덕적 해이로 진단되었으며, 이에 따라 기업 구조 조정과 민영화, 노동시장 유연화 정책이 빠르게 추진되었다. 금융기관의 통폐합, 외국인 투자 규제 완화, 정부 소유 자산 매각 등도 이 시기에 본격화되었다. 공공부문에서는 성과주의와 경쟁 원리가 도입되어, 공기업 경영 평가제, 연봉제, 공공기관 민영화 등 효율성 제고를 목표로 하는 개혁이 강조되었다.

반면, 2008년 글로벌 금융위기 당시 정부는 위기의 원인을 금융기관의 고위험 투기 행위로 해석했다. 이에 따라 금융시장 안정화와 서민 금융 보호에 초점을 맞춘 대응이 전개되었다. 정부는 금융기관에 대한 공적 자금 투입, 예금자 보호 강화 등 안정화를 위한 정책을 추진했다. 그리고 저소득층에 대한 금융 지원 확대가 병행되었고, '녹색성장' 같은 지속 가능한 경제정책도 함께 모색되었다. 두 위기 모두 글로벌 충격이라는 외부 요인에서 비롯되었지만, 정부의 정책 기조에 따라 문제의 정의, 대응 방향과 수단, 정책 담론 자체가 현저히 달라진 것이다.

정책 기조의 중요성과 역할을 다시 정리해 보자. 첫째, 정책 기조는 정책 방향을 설정하는 역할을 한다. 정책 기조는 정부가 추구하는 핵심 목표와 정책의 기본 방향을 결정짓는 기준이 된다. 예를 들어, 정부가 '공정한 시장 경쟁'을 정책 기조로 설정하면, 독과점 방지, 공정거래법 강화, 중소기업 보호와 같은 정책이 우선 추진될 가능성이 크다. 반면, '경제 성장과 기업 활성화'를 핵심 기조로 삼는다면, 규제 완화, 감세, 기업 중심의 산업 정책이 강조될 것이다.

둘째, 정책 기조는 정책 문제의 정의에 영향을 미친다. 정책 기조는 어떤 사회 현상을 정책 문제로 인식할지를 결정하는 '정책 필터'로서 작동한다. 같은 현상이라도 정책 기조에 따라 해결해야 할 문제로 정의될 수도 있고, 반대로 정상적인 현상으로 간주할 수도 있다. 예를 들어, 레이건 대통령(Ronald Reagan)은 1981년 취임사에서 "현재 위기의 해결책은 정부가 아니다. 정부 자체가 문제다.[44]"라고 선언하며, 정부의 역할을 축소하는 방향을 제시했다. 그는 정부를 문제 해결의 주체가 아니라, 사회 발전을 저해하는 장애물로 인식하며 '작은 정부'를 추진했고, 이에 따라 감세, 규제 완화, 복지 축소 등 시장 중심의 정책을 추진했다.

또 다른 예를 들어 보겠다. 철근이 누락된 아파트 사태의 원인으로는 시공사의 부실시공, 인플레이션에 따른 철근 가격 상승, 감리 시스템의 부재 등 다양한 해석이 가능하다. 그러나 정부가 이를 단순한 기술적 오류가 아닌 '건설 이권 카르텔'의 결과로 규정한다면, 문제 해결의 접근 방식은 달라지게 된다. 그 결과 단순한 시공 기준 강화가 아닌, 이권 구조 개혁이나 처벌 강화와 같은 정책 대안이 도출된다. 이처럼 문제를 어떻게 해석하느냐에 따라 정책의 방향과 수단은 크게 달라질 수 있다.

셋째, 정책 기조는 정책 선택의 선호를 제공한다. 정책 기조는 어떤 정책을 우선하여 추진할지, 어떤 수단을 선택할지를 결정하는 핵심 잣대가 된다. 같은 문제가 발생하더라도, 이를 해결하기 위한 정책 수단의 선택은 정부가 지닌 기본적 기조에 따라 달라진다. 예를 들어 복지 정책을 설계할 때, 보편적 복지를 택할지, 선별적 복지를 택할지도 정책 기조에 따라 달라진다. 신자유주의적 기조를 가진 정부는 선별적 복지를 선호하며, 민간 부문의 역할을 강조하는 경향이 있다. 반면, 다른 정책 기조를 지닌 정부는 사회적 연대와 보편적 복지 확대에 중점을 둘 수 있다.

정책 기조의 권력성과 적절한 행동

그렇다면 왜 정책가들은 정책 기조를 따를까? 정책 기조는 법적으로 강제되는 규범도 아니며, 정책가가 반드시 따라야 할 의무도 없다. 그런데도 정책가들은 일반적으로 정책 기조를 수용하고 그 틀 안에서 정책을 결정하려는 경향을 보인다. 왜일까? 그 이유는, 정책 기조가 단순한 선언이나 표어가 아니라, 그 자체로 권력성을 갖기 때문이다. 이 권력은 물리적 강제력이 아니라, 현상을 특정한 방식으로 해석하도록 만드는 힘, 곧 '해석의 권력'이다. 해석의 권력[45]이란, 어떤 사회 현상을 '정상' 또는 '문제'로 규정할 수 있는 능력이다. 다시 말해, 무엇이 문제이며, 왜 문제인지, 어떤 의미를 갖는지를 해석하고 구성하는 힘이다. 이는 전통적인 강제 중심의 권력 개념과 달리, 의미를 부여하고 담론을 형성함으로써 현실을 특정한 방식으로 구성하는 권력이다. 예를 들어, 청년실업의 원인을 '노동시장 경직성'으로 볼 것인지, '기회 불평등'으로 해석할 것인지는 전적으로 정책 기조가 제공하는 해석 틀에 따라 달라진다. 어떤 해석이 지배하느냐에 따라 문제 정의가 달라지고, 이에 따라 정책 해법도 달라지는 것이다.

이러한 해석의 권력은, 선거를 통해 정당성과 정치적 권한을 획득하게 되면 더욱 강력한 영향력을 발휘한다. 선거에서 승리한 정권은 자신들의 정책 기조를 바탕으로 기존 정책을 수정하고, 새로운 정책 대안을 구성할 수 있는 해석의 우위를 갖게 된다. 중요한 점은, 이런 해석의 권력이 단지 담론에 그치지 않고, 정책가의 판단과 행동에 실질적인 영향을 미친다는 점이다. 정책가 입장에서는 정책 기조를 따라야 할 법적 의무는 없지만, 정책 기조에 부합하는 방향으로 사고하고 판단하며 행동하려는 경향이 뚜렷하다. 이는 단순히 상급자의 지시 때문이 아니라, 그렇게 행동하는 것이 적절하다고 느껴지기 때문이다.

이것이 바로 '적절성의 논리'이다. 마치(James G. March)와 올센(Johan P. Olsen)⁴⁶⁾은 사람들이 항상 효율성과 효과성을 따지는 '결과의 논리'를 우선하여 행동하지는 않는다고 설명한다. 오히려 많은 경우, "내가 누구이고, 이 상황에서 어떻게 행동해야 하는가?"라는 질문을 던지며, 자신의 역할과 맥락에 따라 '적절한 행동'을 선택한다고 본다. 정책가 역시 마찬가지다. 정책 기조에 맞춰 선택하고 행동하는 것이 사회적으로나 조직 내에서 타당하고 정당한 것으로 여겨지기 때문에, 그에 맞는 방향으로 움직이게 된다. 그래서 정책 기조는 법적 강제력이 없더라도, 실질적 판단과 선택의 기준이 되는 힘을 갖게 된다. 이러한 적절성의 논리는 행정 현장과 사람들의 실제 행동에서도 쉽게 확인된다. "적절하게 처리하겠습니다"라는 말은 단지 법적 절차를 지킨다는 의미에 그치지 않는다. 그 안에는 사회적 기대, 조직 문화, 그리고 당시 정부의 정책 기조에 부합하는 방식으로 문제를 다루겠다는 의미가 담겨 있다. 현충일이나 국가 애도 기간에 고위 공직자가 골프를 치지 않는 것도 이러한 행동의 결과다.

이렇게 정책 기조는 사람들을 "눈치껏" 행동하게 만든다. 법이나 명령이 아니더라도, 정책가는 새로운 정부의 생각과 기대에 맞추어 스스로 적절하게 행동하려는 성향을 보인다. 정책 기조는 그렇게 보이지 않는 기준선으로서 정책가의 판단과 선택을 이끄는 권력으로 작동한다.

비정상의 정상화, 정상의 비정상화

지금까지의 논의를 다시 정리해 보자. 정책은 단순한 문제 해결의 기술이 아니다. 그것은 세상을 어떻게 바라볼 것인가에 대한 선택이며, 어떤 방향으로 나아갈 것인가에 대한 의지다. 이러한 정책적 판단과 선택의 이면에는 항상 정책 기조가 보이지 않는 유도선으로 존재한다. 정책 기조는 문제를 어떻게 인식하고 정의할 것인지, 어떤 가치를 우선시할 것인지, 그리고 어떤 수단이 적절한지를 결정하는 사고의 틀이다. 특히, 선거를 통해 정치적 정당성과 함께 해석의 권력을 부여받은 정책 기조는 정책 결정 과정에서 더욱 강한 영향력을 발휘한다.

정책 기조는 정상으로 여겨지던 것을 비정상의 문제로 만들기도 하고, 반대로 비정상으로 간주되던 것을 정상으로 복원하기도 한다. '비정상의 정상화' 혹은 '정상의 비정상화'가 반복되는 현상은, 결국 정책 기조가 가진 해석 권력의 힘을 보여주는 단적인 사례다.

정책 기조는 단순한 선언이 아니다. 그것은 구성된 인식의 힘이며, 해석의 권력이고, 정책가의 행동을 이끄는 판단 기준이다. 정책 기조는 정책가가 어떤 상황에서 무엇이 '적절한가'를 결정짓는 보이지 않는 나침반이다. 이런 정책 기조는 몇 가지 중요한 조건을 충족해야 한다.

첫째, 일관성과 유연성의 균형이다. 정책 기조는 정부 전반의 정책 방향을 지탱하는 기준이지만, 상황 변화에 무감한 고정관념이어서는 안 된다. 기본 가치는 분명하되, 현실 변화에 따라 해석과 적용은 유연하게 조정될 수 있어야 한다. 둘째, 국민적 공감과 정당성이다. 아무리 뛰어난 기조라도 국민 다수가 받아들이기 어렵다면, 그것은 이상일 뿐 정책 기조가 되기 어렵다. 좋은 정책 기조는 사회적 설득력을 바탕으로 공공의 동의를 얻어야 하며, 정당한 과정을 통해 제시되어야 한다. 셋째, 현실 문제에 대한 구조적 통찰이다. 정책 기조는 구호가 아니라, 복잡한 사회 문제를 단순화하고 이해할 수 있는 프레임이다. 따라서 현상을 정확히 진단하고, 문제의 본질을 꿰뚫는 통찰을 바탕으로 구성되어야 한다. 그래야만 정책 기조는 실제 정책 설계와 집행의 기준으로 작동할 수 있다.

하지만 정책 기조가 특정 이념에 매몰되거나 권력자의 의중을 정당화하는 도구로 변질될 때, 정책은 방향을 잃는다. 우리는 오늘날, 정책 기조가 정치 이념과 강하게 결속된 현실을 마주하고 있다. 이념적 색채가 짙은 기조는 다른 의견을 수용하지 않거나 타협을 거부하는 태도로 이어지며, 결과적으로 정책의 합리성과 실효성을 약화시킨다.

때로는 정책가들은 강한 압박 속에서 어쩔 수 없는 선택을 강요받는 상황에 내몰리기도 한다. 그렇기에 정책가는 자신이 따르는 기조가 누구의 시선에서, 어떤 맥락에서 구성된 것인지 늘 자문해야 한다. 기조를 따르되, 맹목적이어서는 안 된다. 수많은 갈림길에서 왜 그 길을 선택했는지를 설명할 수 있어야 한다[47].

4장

정책 수단

#1. 정부 일의 많은 부분은 사회 문제를 해결할 적절한 정책 수단을 찾는 것이다. 아래는 2024년 4월 2일, 기획재정부 장관은 물가관계장관회의에서 먹거리 물가 안정을 위해 농축산물 소비자 할인율 상향, 물량 공급 확대, 유통구조 개선을 추진하겠다고 밝혔다.

"국민들께서 느끼는 물가수준이 결코 낮지 않습니다. 물가가 조속히 안착되도록 총력 대응해 나가겠습니다. 먹거리 물가가 안정될 때까지 신규 농축산물 가격안정자금을 계속 투입하겠습니다. 4월에도 농축산물 정부 할인 지원율을 20%에서 30%로 상향하고, 정부 직수입 과일 물량을 상반기 5만 톤 이상으로 확대해 소형 슈퍼마켓에도 시중가보다 20% 저렴하게 공급하겠습니다. 사과 공급 부족이 재발하지 않도록 생산-유통-소비 등 모든 단계에서 경쟁력을 획기적으로 강화하겠습니다. 사과 계약재배 물량을 기존 4.9만 톤에서 6만 톤으로 확대하고, 사과를 2배 이상 생산하는 스마트 과수원 특화단지를 25년 5개소에서 30년 60개소로 확충하겠습니다. 농축수산물 유통구조개선 TF를 즉시 가동하여 근본적인 유통구조 혁신을 추진해 나가겠습니다."

#2. 2024년 5월 16일, 정부는 국무총리 주재로 국정현안관계장관회의를 열고 「해외 직구 급증에 따른 소비자 안전 강화 및 기업 경쟁력 제고 방안」을 발표했다. 중국 쇼핑 플랫폼인 알리익스프레스와 테무 등을 통한 해외 직구가 급증하면서, 인체에 해롭거나 위험한 제품의 반입도 함께 늘어나자, 정부는 해외 직구 제품에 대한 안전 관리를 강화하겠다고 밝힌 것이다. 13세 이하 어린이가 사용하는 유모차, 장난감 등 어린이용품 34개 품목과, 화재나 감전 위험이 있는 전기 온수매트 등 전기·생활용품 34개 품목은 KC 인증이 없으면 해외 직구를 원천 금지하기로 했다. 또한 가습기용 소독제·보존제 등 생활 화학제품 12개 품목도 신고나 승인을 받지 않은 제품은 해외 구매를 제한하기로 한 것이다.

하지만 이 같은 규제 정책이 발표되자, 해외 직구에 익숙한 MZ세대 소비자들 사이에서는 즉각적인 반발이 일었다. 특히 육아용품을 주로 구매하는 맘카페를 중심으로 반발이 시작되었으며, 이후 커피, 문구, 오디오, 전자기타 동호회 등 다양한 소비자 커뮤니티로 확산하였다. 이들은 정부가 소비자 안전 강화를 내세우며 '선택의 자유'를 침해하고, 고물가 시대에 저렴한 제품을 찾는 서민들의 현실을 고려하지 않았다고 비판했다. 앞으로 같은 제품을 더 비싸게 구매하게 된 것도 문제지만, 직구를 통해서만 구할 수 있던 제품을 못 사게 되는 건 더 큰 문제라는 의견도 제기되었다. 이에 5월 19일, 국무조정실 2차장은 기자 브리핑을 열고, "국민께 혼선을 끼쳐 대단히 죄송하다"라고 사과하고, 20일에는 대통령실 정책실장이 국민 불편을 충분히 고려하지 못한 점에 대해 유감을 표했다.

총론 찬성, 각론 반대

정책이란 "바람직한 사회 상태를 이룩하려는 정책 목표와, 이를 달성하기 위해 필요한 정책 수단에 대하여 권위 있는 정부 기관이 공식적으로 결정한 기본 방침[48]"이다. 즉 정책은 "바람직한 사회 상태를 달성하기 위하여 어떤 수단을 인위적으로 선택한 것[49]"으로 이해할 수 있다. 정책은 정책 목표와 그 목표를 실현하기 위한 수단의 결합체다. 정책은 목적 지향성과 수단 지향성을 동시에 갖는 개념인 것이다.

현실에서 보면, 정부가 제시하는 정책 목표와 방향에 대해서는 대체로 공감을 얻는 경향이 있다. 그러나 구체적인 수단을 두고는 다양한 이해관계가 얽히면서 의견 대립과 갈등이 발생하기도 한다. 예를 들어, 공공부문의 적극적인 개입을 지지하는 입장과 시장의 자율 조정 기능을 선호하는 입장에 따라 선택되는 정책 수단은 전혀 달라진다. 어떤 경우에는 공급자에 대한 규제가 강화되기도 하고, 반대로 소비자 중심으로 보조금이 확대되기도 한다. 정부의 성향과 이념에 따라 정책 수단 선택의 차이는 뚜렷하게 나타난다. 같은 정책 목표를 두고도 전혀 다른 수단이 선호되는 사례는 쉽게 찾아볼 수 있다. 지역경제를 활성화하려는 방안으로, 한편에서는 지역사랑상품권(지역화폐)에 대한 국가재정 지원 확대를 주장하고, 다른 한편에서는 전통시장 중심의 온누리상품권이 더 효과적이라고 주장하는 식이다.

　이처럼 정책 수단의 선택은 단순한 기술적 결정이 아니라, 정치적 관점과 이념이 깊이 반영되는 영역이다. 정책의 목표가 같더라도, 어떤 수단을 선택하느냐에 따라 정책의 효과뿐만 아니라 사회적 수용성과 정치적 반응도 달라진다. 그래서 정책 총론에는 찬성하지만, 각론에서는 반대하는 현상이 자주 나타나는 것이다. 이번 글은 바로 이러한 정책 수단의 선택에 관한 것이다. 이를 이해하는 것은 정책을 설계하고 실행하는 데 있어 전제 조건일 뿐만 아니라, 정책의 성공 여부를 좌우하는 핵심이다.

정책 수단은 어떻게 선택되는가?

정책 목표를 달성하기 위해 동원되는 정책 수단은 시대적 맥락, 정부의 성격, 사회적 분위기 등에 따라 달라진다. 정부가 행정 서비스를 직접 제공하는 방식[50]을 선호할 수도 있고, 민간 시장을 활용하는 간접 방식을 택할 수도 있다. 정책 수단이 어떻게 선택되는지에 대한 여러 설명[51]을 확인해 보자.

우선, 정책 수단이 합리적으로 선택된다는 관점이 있다. 이는 정책결정자가 주어진 목표를 가장 효과적이며 효율적으로 달성할 수 있는 수단을 분석과 비교를 통해 선택한다는 전통적 접근이다. 비용·편익 분석, 정책 효과 예측, 실행 가능성 평가 등을 통해 최적의 수단을 찾는 과정으로 이해된다. 그러나 현실에서 완전한 정보와 조건이 충족되는 경우는 드물기 때문에, 이 설명만으로는 정책 수단의 실제 선택 과정을 온전히 설명하기 어렵다.

다음으로, 정책 수단은 정치적 이념과 가치관에 따라 선택된다는 설명이 있다. 예를 들어, 보편적 복지를 강조하는 정부는 전 국민을 대상으로 한 지원을 선호하는 반면, 선별적 복지를 중시하는 정부는 취약계층에 한정하여 지원하는 방식을 택한다. 이처럼 정책 수단은 정치 중립적인 선택이 아니며, 누구에게 혜택이 돌아가고, 누구에게 불이익이 발생하는지를 결정하는 정치적 판단의 결과다. 또 다른 설명은 신제도주의의 경로의존 관점이다. 이는 오랜 시간에 걸쳐 형성된 행정조직의 관행, 절차, 규범, 고정관념 등이 정책 수단의 선택을 제약하거나 특정 방향으로 유도한다는 시각이다. 과거에 한 번 채택된 수단은 이후에도 반복되기 쉬우며, 새로운 방식을 도입하려 할 때는 저항과 마찰이 발생하기 마련이다. 이처럼 정책 수단은 과거의 선택이 현재를 규정짓는 흐름 속에서 형성된다.

정책 유행의 개념도 있다. 이는 정책 수단이 이념이나 제도와 무관하게, 사회적 유행처럼 정책학습이나 모방에 따라 확산하는 방식으로 선택된다는 설명이다. 일부 지방자치단체가 채택한 정책이 긍정적인 평가를 받으면, 인근 지자체가 유사한 정책을 경쟁적으로 채택하는 사례가 이에 해당한다. 예를 들어, 출산장려금이 효과적이라는 인식이 확산하면, 여러 지역에서 비슷한 정책이 도입되는 현상이 나타난다.

그리고 상황론적 접근[52]도 있다. 이는 정책결정자가 이념이나 제도, 유행과는 별개로, 당면한 문제의 특성과 환경을 고려하여 현실적인 수단을 선택한다는 설명이다. 감염병 대응이나 자연재해와 같이 긴급성이 요구되는 상황에서는, 과거의 방식이나 정치적 입장을 떠나 가장 실현 가능한 수단이 채택되기 쉽다. 이러한 접근은 정책 과정에서 목격되는 유연하고 실용적인 판단 양상을 설명해 준다.

정책 수단으로서의 무행위

정부가 활용할 수 있는 정책 수단은 매우 다양하고 복합적이다. 세금과 보조금 같은 재정적 수단부터, 법령 제정과 규제, 정보 제공, 행정 서비스 직접 제공에 이르기까지 폭넓은 선택지가 존재한다. 이러한 다양한 정책 수단의 유형과 특성을 구체적으로 살펴본다.

그에 앞서, 정책 수단의 개념을 조금 확장해 볼 필요가 있다. 정부가 아무런 조치를 하지 않는 '무행위'도 하나의 정책 수단으로 간주할 수 있을까? 이는 단순히 아무것도 하지 않는 것이 아니라, 의도적으로 개입을 하지 않음으로써 사회의 다른 주체, 즉 시장, 가족, 공동체가 문제를 스스로 해결하도록 유도하는 전략적 선택일 수 있다.

예를 들어, 정부가 시장에 개입하지 않고 수요와 공급에 따라 가격이 자유롭게 형성되도록 내버려두거나, 노인 부양과 같은 사회복지 영역을 국가가 아닌 가족 단위의 책임으로 한정하는 결정을 채택하는 경우가 그러하다. 이러한 비개입 전략은 정부 개입이 오히려 비효율을 초래할 수 있다는 '정부실패'의 우려에 기반할 수 있다. 즉, 개입 자체보다 '개입하지 않음'이 더 나은 결과를 가져올 수 있다는 판단 아래, 정책결정자가 무행위를 선택하는 것이다. 전영한[53]은 이러한 점에 주목하여, 정부의 무행위가 의도된 결정이라면 정책 수단의 일환으로 볼 수 있다는 입장을 제기한다. 즉, '하지 않음' 자체가 특정한 정책 목표 달성을 위한 수단이 될 수 있다는 것이다. 이는 전통적인 정책 수단 분류에서는 다소 소외되어 왔지만, 정부 역할의 범위와 책임을 보다 넓은 맥락에서 이해할 수 있도록 해 준다. 무행위는 '무책임'이나 '무능력'의 결과가 아니라, 특정한 가치 판단과 정책 목표에 따라 선택된 하나의 전략일 수 있으며, 정책 수단 논의에 포함될 여지가 충분하다.

채찍, 당근, 설교

이제부터는 정책 수단의 다양한 종류들을 알아보자. 이와 관련하여 가장 쉽게 접근할 수 있는 방식 중 하나는 공공 서비스의 제공 주체에 따른 구분이다. 누가 서비스를 제공하느냐에 따라, 정부가 직접 제공하는 방식, 공기업 등 공공기관을 통한 방식, 민간 시장을 활용하는 방식, 가족이나 지역사회가 담당하는 방식으로 나눌 수 있다.

정부가 직접 제공하는 방식은 외교, 국방, 경찰, 소방, 교육 등과 같이 국가가 핵심 공공 서비스를 직접 수행하는 경우를 말한다. 정부가 쌀과 같은 양곡을 수매하거나, 석유·물품을 조달청에서 직접 구매하는 것도 이에 해당한다. 과거 철도청이 철도서비스를 운영하고, 전매청이 담배를 제조했던 사례도 국가 직영 방식의 일환이었다. 한편 전기, 우편, 고속도로, 수자원 관리 등의 분야는 정부가 아닌 공기업이나 공공기관을 통해 제공된다. 상수도, 하수도와 같은 기반 서비스는 지방자치단체 소속의 지방공기업이 맡는 경우가 많다. 이처럼 공공 서비스를 국가가 직접 제공할지, 공공기관을 매개로 할지 여부는 중요한 정책 선택이 된다. 아울러 통신사업 운영, 탄소배출권 거래, 재해보험 등 민간 시장을 활용하여 공적인 서비스를 제공하는 경우도 있다. 바우처를 통해 민간의 여러 서비스를 구매할 수 있도록 선택권을 부여하는 방안도 있다.

이처럼 제공 주체에 따라 정책 수단을 분류하면, 국가기관, 지방자치단체, 공기업, 민간 등 공급자 중심의 구조를 이해하는 데에 도움이 된다. 그러나 정책 수단 자체의 특성을 고려해야 할 때는 이 분류 방식만으로는 한계가 있다.

정부가 가진 매우 다양한 정책 수단을 어떻게 체계적으로 분류할 것인가는 학자마다 접근 방식이 다르다. 우선 '극대화 접근'이 있다. 이는 고려할 수 있는 모든 정책 수단을 최대한 많이 나열하는 방식[54]이다. 그러나 가능한 수단을 백과사전식으로 모두 나열하는 방식은 분류체계가 체계적이지 못하며, 너무 많은 정책 수단 목록은 정책실무에 도움이 되지 않을 수 있다. 이에 반대되는 방식이 '극소화 접근'이다. 이는 정책 수단을 소수의 핵심 기준에 따라 범주화하려는 시도이다. 살라몬(Lester M. Salamon), 후드(Christopher Hood)[55] 등의 분류가 있지만, 보다 직관적이고 현실적인 정책 수단의 유형으로는 베덩(Evert Vedung)[56]의 분류를 주목할 만하다. 그는 조직이 사용하는 권력을 강제적 권력, 보상적 권력, 규범적 권력으로 구분하고, 이를 상징적으로 '채찍(stick)', '당근(carrot)', '설교(sermon)'라는 비유적 표현으로 제시하였다. '채찍'은 정부가 특정 행동을 강제로 유도하기 위해 법적 의무를 부과하고, 이를 따르지 않을 경우 불이익이나 처벌을 가하는 방식이다. '당근'은 혜택이나 보상을 제공하여 자발적인 참여나 행동을 유도하는 인센티브 기반의 수단이다. '설교'는 정보 제공, 교육, 캠페인 등을 통해 국민의 인식과 태도에 영향을 주고, 궁극적으로 행동 변화를 끌어내는 방식이다. 정책 수단의 강제성 수준을 기준으로 보면, 채찍이 가장 강하고, 당근이 그다음, 설교가 가장 낮은 순으로 분류된다. 각 유형에 해당하는 대표적인 정책 수단 사례를 차례로 살펴보자.

먼저 '채찍'은 국가의 강제력에 기반한 정책 수단이다. 이는 정부가 지니는 법적 권위에 근거해 국민에게 특정한 행동을 의무화하거나 권리를 제한하는 방식으로, 통제력을 행사하는 수단이다. 인가, 허가, 특허 등 규제가 대표적이며, 과태료, 벌금, 형벌 등 불이익 처분도 이에 포함된다. 때에 따라서는 국가가 강제력을 직접 행사하는 방식도 존재한다.

우선 규제는 '국가나 지방자치단체가 특정한 행정 목적을 실현하기 위하여 국민의 권리를 제한하거나 의무를 부과하는 것으로서 법령 등이나 조례·규칙에 규정되는 사항[57])'을 말한다. 즉, 정부가 기준과 절차를 설정하고, 국민이 이에 순응하도록 요구하는 방식이다. 이것은 허가, 인가, 승인, 지정, 특허, 등록, 신고와 같은 다양한 행정행위로 나타난다. 규제는 보조금이나 세금 감면과 같은 유인책에 비해 적은 비용으로 정책 목표를 달성할 수 있으며, 정부의 즉각적이고 명확한 개입이 필요한 상황에서는 매력적인 수단[58])이 되기도 한다. 또한 보다 나은 재화나 서비스의 생산을 장려하는 것보다, 문제가 되는 행위를 직접 금지하는 방식이 실행상 간단하고 명확하다는 장점도 있다. 그러나 규제는 민간의 자율성과 창의성을 위축시킬 수 있고, 경제적 비효율을 초래할 수 있다는 한계가 있다. 특히 한번 도입된 규제가 시대 변화에 적절히 대응하지 못할 경우, 불필요한 절차와 제한이 민간 활동을 제약하게 된다. 이러한 문제점 때문에, 규제는 반드시 법률에 근거하여야 하며, 그 내용은 국민이 쉽게 이해할 수 있도록 구체적이고 명확하게 표현되어야 한다.[59]) 또한 국가나 지방자치단체는 국민의 자유와 창의를 존중해야 하며, 규제를 설정할 때도 그 본질적 권리를 침해하지 않도록 유의해야 한다. 규제의 대상과 수단은 그 목적 달성을 위해 최소한의 범위에서 객관성·투명성 및 공정성이 확보되어야 한다.[60])

규제 외에도, 강제력에 기반한 정책 수단에는 조세 부과, 행정처분, 행정명령 등이 있다. 조세, 즉 세금은 국가 또는 지방자치단체가 경제적·사회적 목적을 달성하기 위해 개인이나 단체에 강제로 부과하고 징수하는 전통적인 정책 수단이다. 조세는 경제의 안정과 성장, 분배의 형평성을 도모하는 동시에, 정부 재정을 확보하는 데 중요한 역할을 한다. 그리고 행정명령은 구체적인 사실관계에 대해 행정청이 법 집행의 일환으로 행하는 명령으로, 공권력을 행사하거나 거부하는 행정작용을 의미한다. 예를 들어, 중소벤처기업부 장관은 '소상공인 보호 및 지원에 관한 법률'에 따라 소상공인연합회의 업무나 회계가 위법하다고 판단될 경우, 업무 시정 및 조치를 명령[61]할 수 있다. 또한, 감염병 환자의 진단, 치료, 관리 등을 위해 보건복지부 장관이 발동하는 행정명령[62]은 의사 등 의료인에게 협조 의무를 부과할 수 있다. 2024년 2월, 대학병원 전공의들의 집단 이탈 사태와 관련하여, 보건복지부 장관은 수련병원과 전공의를 대상으로 진료유지명령, 업무개시명령, 사직서 수리 금지 명령 등 일련의 행정명령을 발동한 바 있다. 그밖에 행정상 강제를 수반하는 정책 수단으로는 행정대집행, 이행강제금, 직접강제, 강제징수, 즉시강제[63]가 있다. 이러한 수단들은 의무 불이행에 대해 행정청이 직접적 또는 간접적으로 강제력을 행사하는 방식이다.

여기서부터는 '당근'의 정책 수단에 대해 살펴보자. 당근은 특정 활동을 장려하거나 유도하기 위해 인센티브를 제공하는 정책 수단이다. 금전적 인센티브를 제공하는 방법에는 보조금, 자금 대출, 지불보증, 조세지출 등이 있다. 물론, 규제와 유인책이 함께 결합하는 경우도 있다. 예를 들어, 건축물에 대한 인허가 과정에서 녹색건축물 인증을 받은 경우 용적률을 높여주는 인센티브를 제공하는 방식이다.

보조금은 국가 또는 지방자치단체가 법인·단체 또는 개인 등이 수행하는 사무나 사업을 조성하거나 지원하기 위하여 지급하는 금전 또는 급부를 말한다. 농업보조금, 지방으로 이전한 기업에 대한 보조금, 산업 진흥을 위한 보조금, 문화시설 이용에 대한 보조금, 반도체 보조금 등 다양한 형태로 활용된다. 그리고 자금 대출은 말 그대로 정부가 대학생, 중소기업 등 특정 대상에게 필요한 자금을 직접 대출하는 방식이다. 이 경우, 대출 이자를 시중은행보다 낮게 책정하거나 무이자로 제공하여 자금 조달 비용을 줄여준다. 예를 들어 신생아 출산 가구의 주거 안정을 위해 정부가 주택구입 자금을 저리로 대출하는 신생아 특례대출이 있다. 아울러 지불보증은 기업이나 개인이 시중 금융기관으로부터 대출을 받을 때, 정부나 공적 기관이 금융기관에 대한 상환 책임을 보증해 주는 제도이다. 이를 통해 대출자의 신용도를 보완하고, 자금 확보를 용이하게 만든다. 한국무역보험공사가 수출 기업에 대해 수출보증을 제공함으로써, 기업이 은행에 대해 부담하게 되는 상환 채무를 완화해 주는 경우이다.

이에 더해 조세지출은 정부가 보조금을 직접 지출하는 대신, 세액 공제, 감면, 면세 등의 방식으로 특정 경제 활동이나 사회적 목적을 간접적으로 지원하는 수단이다. 이는 예산을 통한 직접 지출 대신, 세수를 줄이는 방식으로 자원을 배분하는 것이다. 대표적인 예로는 연구개발(R&D) 투자에 대한 세액 공제, 자녀 양육에 대한 소득공제, 특정 물품에 대한 면세 혜택 등이 있다.

금전적 인센티브는 정책 수혜자가 원하는 것을 지원한다는 점에서 활용하기 쉽고, 개별 정책 대상자를 관리하기도 상대적으로 용이하다[64]. 또한 혜택은 특정 집단에 집중되지만, 그에 따른 재정적 부담은 국민 전체로 분산되기 때문에 정치적으로 받아들여지기가 쉽다. 그러나 금전적 인센티브는 충분한 재원이 확보되어야만 가능하다는 한계가 있다. 이는 동일한 재원을 필요로 하는 다양한 프로그램들과 경쟁해야 한다는 점에서 정책 추진의 제약이 될 수 있다. 또한 보조금 지급 이후 사후 관리와 성과 검증이 필요하며, 정책 효과가 즉시 나타나지 않고 일정한 시차가 발생하기도 한다.

금전적 보상 외에도 사용할 수 있는 당근으로는 비금전적 인센티브가 있다. 이는 물질적 보상 없이도 개인의 명예욕, 자긍심, 소속감, 사명감 등을 자극함으로써 정책 목표에 부합하는 행동을 유도하는 방식이다. 훈·포장, 상장, 감사패, 기념품, 배지 등 상징물을 제공하여 개인의 자긍심을 고양할 뿐 아니라, 공동체 전체의 연대감과 정체성 형성에도 긍정적인 효과를 준다. 예를 들어, 6·25전쟁 참전용사에게 지급되는 의복형 기념품인 '영웅의 제복'은 단순한 물품이 아니라 국가를 위한 희생에 대한 사회적 존중을 표현하는 상징이다. 또한 특정일을 기념하거나 특정인을 축하하는 행사, 격려 인사, 언론 보도를 통한 우수사례 공개 등도 비금전적 보상의 일환으로 기능할 수 있다. 예컨대 '자원봉사자의 날'을 제정하고 우수 봉사자를 공개 표창하거나, 환경정화 활동 참여자를 시상하는 것은 자발적 시민 참여를 지속적으로 유도하는 방식이다.

이러한 비금전적 인센티브는 비용 부담은 적지만, 정서적 유대와 사회적 명예를 기반으로 행동을 유도한다는 점에서 효과적인 정책 수단이 될 수 있다. 특히 교육, 보건, 복지, 보훈, 환경, 자원봉사와 같이 도덕적 동기나 공익적 가치가 중요한 분야에서는 상징적 보상이 참여 유인으로 작동할 수 있다.

강제력에 기반한 채찍과 인센티브 중심의 당근 외에도, 정보 전달과 설득을 통한 '설교' 역시 중요한 정책 수단이다. 정부가 알고 있는 상황을 국민에게 전달하는 정보 제공, 또는 정부가 바라는 행동을 권고하는 행정지도 등이 설교 유형에 속하는 대표적 정책 수단이다. 정보 제공이란 정부가 정책 내용이나 공익 관련 정보를 국민에게 직접 전달하거나, 공공 목적을 위해 다른 행위자들이 정보를 제공하도록 유도하는 수단을 말한다. 예를 들어, 식품 첨가물 표시 의무, 전국 주유소의 휘발유 가격 공개, 소고기 등급, 자동차 연비, 가전제품 전력 소비량, 금연 경고 등의 표기가 이에 해당한다. 정보 제공은 정보를 접한 개인의 판단에 따라 정책 효과가 달라지기 때문에, 규제정책이나 유인 수단과 달리 연성적·간접적·비강제적 성격[65]을 지닌다. 또한 다른 정책 수단과 쉽게 결합해 사용할 수 있다는 유연성도 갖는다. 정보 제공은 규제나 인센티브 정책을 시행하기 전에, 대국민 홍보나 정책 인지도 제고 수단으로도 자주 활용된다. 정부가 진행하는 정책홍보 활동 전반은 대표적인 정보 제공 수단이라 할 수 있다.

정보 제공의 방식과 효과는 다양하다. 먼저 대상 집단이 광범위하고 특정 대상에게 구체적인 정책 수단을 적용하기 어려운 경우에 효과적인 대안이 된다. 예를 들어 산불 예방처럼, 산행하는 사람을 사전에 특정하기 어렵고 지리적으로도 넓게 분포된 경우에는 캠페인 행태의 정보 제공이 현실적이다. 태풍, 지진, 호우 등의 재난 상황에서 대피 요령을 TV 방송으로 전달하는 것도 이러한 사례다. 또한 정보 부재나 정보 비대칭으로 인해 발생할 수 있는 비합리적 선택을 예방하기 위해 불특정 다수를 대상으로 정보를 제공하는 경우도 있다. 예를 들면, 교통사고 발생 구간 알림, 금융기관 간 이자율 비교, 판매가격 표시제, 농산물 원산지 표시, 축산물 이력표기 등이 이에 해당한다.

라벨링(labelling)도 정보 제공의 한 방식이다. 라벨링은 특정 제품이나 서비스의 특성을 개별 소비자가 쉽게 확인할 수 있도록 외부 포장에 정보를 표기하는 방식이다. 식품 안전을 위한 영양성분·성분표시·유통기한을 제공하는 식품 라벨링, 복용량·효과·부작용 등을 안내하는 의약품 라벨링, 제품 안전성을 위한 전기제품 안전 라벨링, 탄소소비·에너지절약·재활용 분리 배출 등 환경친화성을 나타내는 정보를 표시하도록 하는 환경 라벨링 등이 대표적인 예이다. 또한, 법률로 직접 규율하거나 금전적 유인을 제공하기 어려우며, 사회적 공감대 형성이 필요한 영역에서는 정보 제공 방식이 효과적인 대안이 되기도 한다. 예를 들어, 담배의 위해성 경고문[66], 공중화장실 청결을 위한 공중보건 캠페인 등이 이에 해당한다.

한편, 지방자치단체나 공공기관, 시민단체 등의 자율 규율을 유도하기 위해 정보를 공시하게 하는 방식도 있다. 예를 들어, 지자체의 공무원 수, 예산 규모, 채무 정보, 청렴도 평가 결과 등을 홈페이지에 공개하도록 하는 것이다. 또한 특정 정책 고객을 대상으로, 일자리 정보, 창업 지원, 실업 상담, 교육 프로그램, 컨설팅 등 구체적 사안에 대해 맞춤형 정보를 제공함으로써 개인의 자발적인 의사결정을 돕기도 한다.

정보 제공과 더불어, 정부의 권위를 바탕으로 정책 대상자를 설득하는 수단도 있다. 공무원이 정책대상집단을 직접 만나거나, 정책 현장 간담회를 통해 현장의 목소리를 듣고 정책을 설명할 수 있다. 정부가 정책에 대해 가지고 있는 생각, 상대방에게 기대하는 행동 변화의 모습 등을 설명하고, 이해와 협조를 구하는 것이다. 방법으로는 회의, 면담, 토론회, 간담회, 현장 점검, 전화 통화, 언론매체를 통한 간접적 의사전달 등 다양하게 이루어진다.

이 중 하나가 『행정절차법』에서 규정하고 있는 '행정지도[67]'이다. 행정지도는 행정기관이 정책목적을 실현하기 위해 개인이나 단체에 일정한 행위를 하거나 또는 하지 않도록 지도, 권고, 조언, 장려 등을 하는 것을 말한다.[68] 기업 등 상대방의 임의적 협력과 동의를 기대하면서 행정기관이 의도하는 일정한 행위를 하도록 유도하는 재량적 활동이다. 행정지도는 강제력이 없다는 점에서 법규성이 있는 명령이나 행정처분과는 구별된다. 그렇기 때문에 행정지도는 그 목적 달성에 필요한 최소한도에 그쳐야 하며, 상대방의 의사에 반하여 부당하게 강요해서는 안 된다. 그리고 행정지도의 상대방이 행정지도에 따르지 아니하였다는 것을 이유로 불이익한 조치를 하여서는 안 된다.

행정지도는 상대적으로 유연하고 실행이 쉬우며, 상대방의 협조를 끌어내는 데 효과적이라는 점에서 환경 보호, 안전, 공중위생 등 다양한 분야에서 폭넓게 활용된다. 예를 들어, 공장에 대해 오염물질 배출량을 줄이도록 최신 환경 기술 적용을 권고

하거나, 소방서가 공사 현장의 화재 취약 요인을 사전에 제거하도록 요청하는 경우가 있다. 또한 제품 안전에 결함이 발견되면 제조사에 자발적인 리콜을 권고하거나, 금융당국이 은행의 바람직한 영업행태를 가이드라인 형태로 제시하는 경우도 행정지도의 한 형태다. 식품 제조업체에 대해 물가 안정을 위해 가격 인상을 자제해 달라고 요청하는 것도 이에 해당한다. 그러한 측면에서 보면, 행정지도는 설득형 수단의 일종이지만 기능적으로 규제적, 조정적, 조성적 성격[69]으로 띠기도 한다.

  이상과 같이, '채찍', '당근', '설교'라는 세 가지 포괄적 정책 수단 유형을 중심으로 다양한 사례를 살펴보았다. 한편 정책 수단은 정책 대상에게 직접 작용하는 외부적 수단에만 국한되지 않는다. 정부 내부에서 이루어지는 조직 개편, 인사, 예산 배분, 정보시스템 개선과 같은 행정적 활동도 정책의 방향과 실행에 중대한 영향을 미친다는 점에서 하나의 정책 수단으로 간주될 수 있다. 예를 들어, 장·차관의 교체나 정부 조직 개편은 정책 과정과 정책담론의 흐름을 바꾸고, 정부의 정당성과 정책 역량을 확보하기 위한 수단으로 활용될 수 있다. 이러한 수단은 정책 목표 달성을 위한 기반을 다진다는 점에서 절차적 정책 수단[70]으로 분류할 수 있다. 예컨대, 저출생 문제 해결을 위해 '인구전략기획부'를 신설하려는 것은 조직 차원의 구조 개편을 통해 정책 실행력을 높이려는 시도로, 그 자체가 하나의 정책 수단이 된다.

하나의 해답은 없다. 최적의 정책 조합 찾기

지금까지의 논의를 정리해 보자. 정책 수단의 선택은 단순한 기술적 판단이 아니다. 그것은 정치적 가치, 제도적 조건, 그리고 문제 상황의 특수성에 따라 달라지는 전략적 결정이다. 강제력을 어느 정도 사용할 것인지, 인센티브·정보 제공·설득 중 어떤 수단에 중점을 둘 것인지, 그리고 어떻게 집행할 것인지는 모두 정책 설계의 핵심 요소에 해당한다. 하지만 단 하나의 완벽한 정책 수단은 존재하지 않는다. 현실에서는 다양한 수단이 복합적으로 결합되어 사용되며, 이들의 조합 방식에 따라 정책 효과는 극대화되기도 하고, 반대로 상호 간섭으로 인해 약화하기도 한다. 따라서 중요한 것은 정책 목표에 부합하는 최적의 정책 수단 조합(policy mix)을 설계하는 일이다. 이는 단순히 수단을 나열하는 것이 아니라, 서로 다른 수단이 상호 보완적으로 작동하도록 정교하게 배치하는 전략적 작업이다. 정책 수단 간 조합 방식에는 서로 부족한 부분을 보완하는 방식, 유사한 방향의 수단을 중첩해 효과를 증폭시키는 방식, 또는 긴장 관계에 있는 수단들을 절충적으로 조합하는 방식 등이 있다. 예를 들어, 금연 정책에서는 금연 구역 설정 같은 규제에 더해 금연 보조금과 교육 캠페인을 함께 활용하면 효과를 높일 수 있다.

이러한 정책 조합의 설계는 문제 정의로부터 출발한다. 우리가 무엇을 문제로 정의하느냐에 따라 선택할 수 있는 수단의 폭과 조합 방식은 크게 달라진다. 정확하고 냉철한 문제 인식 없이 적절한 대안 탐색과 수단 선택은 이루어질 수 없다. 정책보고서가 일반적으로 '검토 배경, 현황과 문제점, 정책 방향, 정책 수단, 집행 계획'의 구조를 따르는 것도 이러한 이유에서다. 정책 수단은 이 구조 속에서 문제 인식과 목표 설정, 실행 전략을 연결해 주는 핵심 고리의 역할을 한다. 이러한 점을 바탕으로 정책 수단과 관련하여 정책결정자가 고려할 몇 가지 사안을 이야기해 본다.

첫째, 정책 수단은 단일한 선택지가 아니라 조합 가능한 도구들의 묶음이라는 점을 항상 염두에 두어야 한다. 효과적인 정책 설계를 위해서는 다양한 수단을 상호보완적으로 연결하고, 정책 환경 변화에 유연하게 대응할 수 있는 전략적 설계 역량이 요구된다. 둘째, 정책 수단을 선택하기 전에 가장 우선되어야 할 것은 문제를 올바르게 정의하는 일이다. 문제 인식이 모호하거나 왜곡되면, 수단 선택과 배치 또한 방향을 잃고 흔들릴 수밖에 없다. 정확한 문제 정의는 최적의 정책 조합으로 가는 출발점이다. 셋째, 수단의 선택은 그 효과뿐 아니라 실행 가능성과 수용 가능성도 함께 고려해야 한다. 아무리 이론적으로 적합한 수단이라도, 정치적·사회적 맥락에서 실현 가능하지 않다면 의미가 없다. 넷째, 정책 수단의 조합은 고정된 것이 아니라 시간과 상황에 따라 유동적으로 재조정되어야 한다. 정책 환경이 바뀌면 기존 수단의 효과도 달라질 수 있다. 정기적인 정책 점검과 피드백 체계를 통해 수단의 적절성을 지속적으로 평가하고 개선해야 한다.

결국 정책의 성패는 어떤 수단을 선택하느냐보다, 그 수단들을 어떻게 조합하고 실행하느냐에 달려 있다. 좋은 음식 재료가 있다고 해서 자동으로 훌륭한 요리가 만들어지는 것은 아니다. 정책도 마찬가지다. 좋은 정책 설계는 수단을 어떻게 조합하고 조율하느냐에 달려 있다.[71]

제4부

변화

1장

변화

\#. 정책을 만들어야 하는 공무원들은 늘 새로운 정책을 내놓아야 한다는 압박 속에 있다. "재탕, 삼탕, 짜깁기", "그 나물에 그 밥"이라는 말을 듣지 않기 위해 애쓴다. 백화점식으로 정책을 나열했다거나, 알맹이가 없다는 비판에도 맞서야 한다. "표지만 바꾼 정책"이라는 비판도 피해야 한다. 그러나 정책을 향한 언론의 날카로운 지적은 어제오늘 일이 아니다. 1959년 1월 13일, 이승만 정부는 「경제부흥 정책대강(政策大綱)」을 국무회의 안건으로 올렸다. 정책대강은 정부가 추진할 경제정책의 방향을 제시한 것이었다. 그러나 다음 날 신문 사설[1]에서는 참신함이 부족하고, 뚜렷한 의지도 보이지 않는다고 비판했다.

"이번에 발표된 정책대강의 내용을 자세히 들여다 볼 양이면 별로 참신한 것이 없을 뿐 아니라 또 이렇다 할 뚜렷한 국가의 의사가 표현되어 있지 않다. 백화점 진열장 모양으로 좋다는 것은 쓸어 모아가지고 진열한 것 같은 인상이다. 이런 여러 가지 국가시책에 일관된 뚜렷한 의욕이 보이지 않으며 그저 당면 미봉의 퇴적 이외에 아무것도 아니다. 그래서 지금 대한민국이 경제부흥을 이룩하기 위하여 지향해야 할 방향을 국민 앞에 제시하지 못하고 있음이 유감이다."

이 사설이 쓰인 지 70년이 흘렀지만, 지금 읽어도 낯설지 않다. 정책 내용을 얼마나 바꿔야 사람들은 새로운 정책이라고 받아들일까? 정부가 말하는 변화는 정말 가능할까? 변화만을 추구한다면 정책의 연속성은 어떻게 유지될까?

변화란 전과 후가 다르다는 것!

'개선', '개편', '혁신', '전환' 등 변화와 관련된 단어들은 일상에서 자주 등장한다. 변화는 자연 현상이든, 사회 현상이든, 개인의 삶이든 모든 영역에서 나타나는 보편적 현상이다. "같은 강물에 두 번 들어갈 수 없다"라는 헤라클레이토스의 말처럼, 세상의 모든 것은 시간의 흐름에 따라 끊임없이 변한다. 기본적으로 변화란 이전과 이후가 분명히 다르다는 것을 의미한다. 그리고 이러한 모든 변화에는 두 가지 공통된 요소가 있다.

첫째, 변화는 항상 시간의 흐름 속에서 발생한다. 어떤 현상이 변화했다고 말하려면, 적어도 그 현상이 시간적으로 '이전'과 '이후'로 나뉘어야 한다. 변화는 정적인 상태가 아니라, 시간을 전제로 한 동적인 과정이다. 둘째, 변화에는 전과 후를 구분할 수 있는 실질적인 차이가 있어야 한다. 단지 시간이 흘렀다는 사실만으로는 변화라 할 수 없다. 행태, 구조, 관계, 성과 등에서 무언가 달라졌을 때, 우리는 그것을 변화라 부른다.

이를 정책의 관점에서 보면, 변화란 정부 조직이 기존에 실행하던 정책의 목표, 내용, 대상, 수단 등을 수정하거나, 이를 완전히 새로운 정책으로 대체하는 것을 의미한다. 정책 변화는 내부 요인과 외부 요인이 복합적으로 작용해 발생한다. 내부 요인으로는 기존 정책의 한계, 정책 담당자들의 학습, 정치 리더십의 변화, 행정조직의 변동 등이 있다. 정책이 기대한 효과를 내지 못하거나 새로운 문제를 해결하지 못할 경우, 변화의 필요성이 제기된다. 또한, 정책 지도자의 성향과 비전, 행정조직의 구조 변화도 정책 변화에 영향을 미친다. 외부 요인으로는 경제 상황의 변화, 사회적 요구의 증가, 국제 환경 변화, 기술 발전, 위기 상황 등이 있다. 경기 침체나 고용 악화는 정책 조정을 요구하고, 시민들의 요구와 언론의 영향력은 변화 압력을 높인다. 국제 관계의 변화나 기술 발전은 기존 정책의 유효성을 떨어뜨려 새로운 정책 도입을 촉진한다. 또한, 무력 충돌, 자연재해, 팬데믹과 같은 급작스러운 외부 충격은 정책 변화의 속도를 급격히 높이는 요인이 되기도 한다.

이러한 정책 변화를 자세히 살펴보기 전에, 먼저 생물학적 관점에서 변화의 개념을 이해해 보자. 생물의 진화 과정은 시간에 따라 일어나는 동적인 변화라는 점에서, 정책 변화와 유사한 면이 있다. 또한 정책학의 여러 이론은 생물학의 논리를 은유적으로 차용하면서 발전했고, 변화의 우연성과 역사적 맥락성 역시 생물학 이론과 닮았다.

진화에서 배우는 변화의 두 가지 시선

생물학에서 말하는 '진화'는 생식적으로 격리된 새로운 종(種)이 생겨나 기존 종과 교배하지 못 하게 되거나, 기존 종이 사라지고 완전히 새로운 종이 등장하는 현상을 뜻한다. 이러한 진화가 어떻게 이루어지는지에 대해서는 오랫동안 논의가 이어져 왔다. 그 출발점은 다윈(Charles Robert Darwin)의 1859년 『종의 기원』이다. 다윈은 자연선택에 의해 작은 변이가 누적되면서 점진적으로 새로운 종이 형성된다고 보았다. 자연은 결코 비약[2] 하지 않으며, 환경에 적응하는 작은 변화들이 쌓여 종이 변형되고 분화되며 다양해진다는 것이다. 1930년대에는 유전학, 계통분류학, 고생물학이 다윈의 자연선택설을 뒷받침하는 이론적 기반을 제공했다. 1950년대에는 DNA 구조가 밝혀지면서 분자생물학이 발전했고, 유전자 풀(gene pool) 내 특정 유전자의 빈도가 변함에 따라 종의 특성이 달라진다는 사실도 확인되었다. 이는 자연선택이 눈에 보이는 외형이나 개체 수준에서뿐 아니라, 유전자 수준에서도 작동한다는 점을 입증한 것이다. 나아가 진화는 단순한 개체 간 생존 경쟁이 아니라, 더 많은 유전자를 후손에게 전달하려는 '이기적 유전자[3]' 사이의 경쟁이라는 도킨스(Richard Dawkins)의 관점도 제시되었다. 그는 유전자가 생명의 주체이자 자연선택의 직접적인 단위라고 주장하며, 진화의 핵심을 유전자 차원에서 설명했다. 도킨스는 복잡한 생물 형태가 갑자기 등장한다는 주장을 '게으른 설명[4]'이라며 비판하고, 모든 생물학적 복잡성은 누적된 작은 변화로도 충분히 설명 가능하다고 보았다.

그러나 점진적 진화와 다른 견해도 있다. 고생물학자인 굴드(Stephen Jay Gould)와 엘드리지(Niles Eldredge)는 화석 기록을 분석[5]하면서, 진화가 서서히 진행되었다는 확실한 증거를 찾기 어렵다는 점에 주목했다. 만약 생물이 점진적으로 변화한다면, 과거와 현재 종 사이의 중간 단계에 해당하는 화석이 다수 발견되어야 한다. 하지만 실제로는 대부분의 종이 오랜 시간 동안 거의 변화 없이 유지되다가, 짧은 기간에 급격한 변화를 겪으며 새로운 종으로 대체되었다는 것이다. 이들은 생물종이 서서히 변화하는 것이 아니라, 긴 정체기를 거친 뒤 특정 시점에 급속히 변해 새로운 종으로 등장하고, 이후 다시 장기간 안정적으로 유지되는 방식으로 진화가 이루어진다고 주장했다. 이러한 진화 양상을 단절균형(punctuated equilibrium)[6]이라 부른다. 굴드와 엘드리지는 다윈의 점진적 진화 이론이 기존 체계의 질서 있는 변화를 중시하는 보수적 정치 이념[7]을 반영한다고 본다. 반면, 자신들의 이론은 변화란 오랜 정체 끝에 갑작스럽고 급진적으로 나타나며, 이러한 변화 모습이 자연뿐 아니라 사회 변화의 실제 모습에도 더 부합한다고 보았다.

제도는 정책 변화를 가로막는다?

생물학적 진화에 대한 논의는 1970년대 이후 등장한 신제도주의(New Institutionalism)에 영향을 미쳤다. 특히 역사적 제도주의자들은 이 개념을 차용해 변화 과정을 설명했다. 먼저 신제도주의의 핵심 내용을 정리한 뒤, 제도의 변화 양상을 계속 살펴보자.

우리는 흔히 '제도'라고 하면 법이나 규칙을 떠올리지만, 신제도주의에서 말하는 제도는 그보다 훨씬 더 넓은 개념이다.[8] 여기에서 말하는 제도는 사회 구성원의 행동을 조정하고 규제하는 공식적·비공식적 규범과 규칙의 총체로 이해된다. 즉 제도는 사회를 지탱하는 보이지 않는 구조라고 할 수 있다. 이는 법과 규칙뿐만 아니라, 사회적 관습, 문화적 가치, 사람들이 공유하는 생각과 기대, 가치관 등이 모두 포함된다. 제도가 중요한 이유는, 그것이 사회 전반의 구조를 형성하고, 그 안에 있는 개인들의 선호와 이익을 자연스럽게 제한[9]하기 때문이다. 신제도주의자에게 있어서 정책은 과거로부터 이어져 내려온 제도 속에 존재하며, 제도적 틀 안에서만 만들어지고 실행될 수 있다. 정책은 "거시적 제약의 그림자 아래에서 이루어지는 미시적 적응 과정[10]"일 뿐이라는 말은 이러한 제약조건으로서의 제도를 설명한 것이다.

제도는 다양한 수준에서 존재한다.[11] 가장 상위 수준의 제도는 민주주의 정치체제나 자본주의 경제 제도처럼, 한 사회의 근본적인 질서와 방향을 규정하는 구조적 틀이다. 이러한 거대 제도는 정치·경제·사회 전반에 걸쳐 영향을 미치며, 그 틀을 벗어나는 정책은 사실상 불가능하다. 즉, 아무리 정책 내용이 합리적으로 보여도, 민주주의 체제를 부정하거나 사회주의 이념에 기반한 정책은 수용되기 어렵다.

중간 수준의 제도에는 선거제도, 정당체계, 관료제, 노사관계, 금융질서, 교육체계 등 국가별 운영 방식을 구성하는 요소들이 포함된다. 이러한 제도들은 각국의 정치·경제 구조의 차이를 만들어내며, 왜 나라마다 선거제도나 관료제 등이 다르게 작동하는지를 설명해 준다. 예컨대, 직업훈련 숙련 체계가 미국, 독일, 일본 등이 다른 방식으로 작동하는 이유는 이러한 수준의 제도 차이 때문이다.

다음으로 낮은 수준의 제도는 개별 공공조직 내부에서 작동하는 규칙과 관행이다. 이들은 조직 구성원들의 일상적 행위, 의사결정 방식, 상호작용 양식에 실질적인 영향을 미친다. 예를 들어, 어떤 공공조직은 의사결정 과정에서 위계질서를 중시하고 상급자의 지시에 따라 움직이는 문화가 강한 반면, 다른 조직은 직급과 무관하게 다양한 의견을 수렴하고 협의를 중시하는 문화를 가질 수 있다. 이러한 차이는 조직마다 운영 방식이 어떻게 다르게 형성되는지를 보여주는 사례라고 할 수 있다.

그렇다면 제도 역시 변할까? 기본적으로 제도는 쉽게 바뀌지 않는다. 제도는 단순한 규칙이 아니라, 국가와 사회를 지탱하는 기본적인 사고방식과 행동 양식의 틀이다. 한번 자리 잡은 제도는 오랜 시간 유지되는 경향이 있으며, 작은 변화에는 쉽게 흔들리지 않는다. 그러나 전쟁, 쿠데타, 사회혁명, 팬데믹, 경제 공황과 같은 강력한 외부 충격이 발생하면, 기존 제도가 더 이상 유지되기 어려워지고 새로운 제도로 급격히 전환되는 경우가 있다. 이런 급격한 변화 과정을 설명하는 개념이 바로 진화생물학에서 차용한 '단절균형(punctuated equilibrium)'이다. 이 개념은 초기 제도주의, 특히 국가를 중심으로 한 제도 연구에 영향을 주었다. 크래즈너(Stephen D. Krasner)[12]는 국가를 독립적인 제도적 구조로 보고, 일정 기간 외부의 변화 압력에도 불구하고 제도가 안정적으로 유지된다고 설명한다. 하지만 국가가 감당할 수 없는 거대한 변화 압력에 직면하는 '결정적 순간'이 오면, 기존 제도는 붕괴하며 새로운 제도로 대체된다. 이러한 변화는 점진적이기보다 단절적이고 급격하게 일어난다.

크래즈너가 제도 변화의 '결정적 순간'을 강조했다면, 다른 학자들은 단절 이후 새로운 제도가 어떻게 유지되고 반복되는지를 주목했다. 마호니(James Mahoney)[13]는 단절균형이 제도가 형성되는 순간과 이후의 재생산 과정을 구분하지 못한다고 비판하며, 제도가 한번 선택되면 그 선택이 계속 반복되는 경향을 '경로의존'으로 설명한다. 경로의존에 따르면, 제도는 한 번 특정 방향으로 정해지면 그 이후 변화가 점점 더 어려워진다. 이는 경제학에서 말하는 수확체증 개념[14]과 유사하며, 정치학과 사회학에서는 이를 자기강화 또는 피드백 효과[15]라고 설명한다. 예를 들어, 한 나라가 한때 특정한 체제를 선택하면, 그 제도를 유지·운영하는 방식이 점차 정착되고, 관련 기관과 전문가가 생기면서 그 체제를 바꾸기 어려워진다. 결국 제도는 한 번 형성되면 강한 점착성을 가지며, 기존 경로에서 벗어나려면 강력한 외부 충격이 필요하다.

한편, 점진적이고 연속적인 내생적 변이의 축적을 통해서도 제도가 변화할 수 있다는 논의가 1990년대부터 제기되었다. 제도 변화는 기존 틀이 완전히 무너지고 새롭게 형성되는 방식이 아니라, 기존 제도의 일부가 서서히 조정되며 변화가 나타나기도 한다는 것이다. 예를 들어, 독일, 영국, 미국, 일본의 직업훈련제도를 분석한 텔렌(Kathleen Thelen)[16]은, 몇 차례의 체제변동과 세계대전 패배 같은 큰 혼란 속에서도 숙련체제의 핵심 구조는 유지되었으며, 오히려 상대적으로 안정된 시기에 직업훈련제도가 변화했다는 점에 주목했다. 그는 급격하고 불연속적인 변화는 매우 드물며, 작은 적응과 변이가 누적되어 점진적으로 변화하는 것이 더 현실적이라고 보았다. 즉, 새로운 제도로 갑자기 대체되는 것이 아니라, 기존 제도가 정치·사회적 상황에 맞춰 점진적으로 변형되며 다양하게 분화하는 것이 일반적인 모습이라는 것이다.

이러한 점진적 변화는 제도를 단일한 실체가 아니라, 다양한 구성 요소가 복합적으로 결합된 구조[17]로 이해하기 때문에 가능하다. 기존 제도의 일부 요소가 재결합되면서 내부 갈등이 발생하거나, 새로운 요소가 추가되면서 기존 구조가 바뀌는 방식으로 제도 변화[18]가 일어날 수도 있다. 이러한 관점은 단절균형보다는 점진적인 조정과 재구성을 통해 제도가 변화한다는 점을 강조한다. 또한, 기존 제도의 균열과 내부 모순이 어떻게 변화의 내적 동력으로 작동하는지를 설명하는 기제를 제공한다.

점진 vs 급격: 어떤 방식이 더 나을까?

앞서 진화생물학에서의 변화 개념과 이를 차용한 신제도주의 이론을 살펴보았다. 이제는 우리가 일상적으로 말하는 정책 변화에 초점을 맞춰 보자. 일반적으로 제도 변화가 30년 이상 지속되는 장기적인 흐름을 다룬다면, 정책 변화는 10년 이내의 상대적으로 단기적인 변화를 의미한다. 따라서 정책과 제도를 바라보는 관점은 서로 다를 수 있음을 염두에 두어야 한다. 정책 변화도 그 깊이와 방식에 따라 여러 형태로 나타난다. 홀(Peter Hall)은 정책 변화가 단순한 조정 수준에서부터, 정책의 틀 자체가 바뀌는 형태까지 다양하다고 보았다. 그는 이를 1차, 2차, 3차 변화라는 세 가지 유형[19]으로 구분했다.

'1차 변화'는 정책의 기본 목표나 방향은 그대로 두고, 세부적인 실행 방식만 조정하는 것이다. 이는 기존 정책 안에서 이루어지는 작은 조정으로, 환경 변화에 대응해 점진적으로 정책을 수정하는 방식이다. 예를 들어, 정부가 노인복지 수급자의 소득 자격요건을 일부 완화하거나, 신혼부부에 대한 주택 특별공급 비율을 조정하는 경우다.

'2차 변화'는 정책의 목표는 그대로 유지하되, 그 목표를 달성하기 위한 수단이나 실행 방식이 바뀌는 경우를 말한다. 이는 정책의 방향성과 가치관은 그대로 두고, 보다 효과적인 방법을 찾기 위해 실행 수단을 조정하는 변화다. 예를 들어, 교통 체증을 줄이겠다는 목표는 그대로 유지하면서, 기존에는 버스전용차로 확대 정책을 추진했다면, 이후에는 대중교통 요금 할인 제도를 도입해 자가용 이용을 줄이려는 방식으로 바뀌는 경우이다.

'3차 변화'는 정책 목표와 실행 방식뿐만 아니라, 정책을 바라보는 사회의 가치관과 근본적인 인식 틀까지 바뀌는 변화를 의미한다. 이는 흔히 패러다임 변화라고 불리며, 경제 위기, 기술혁신, 사회운동과 같은 외부 요인에 의해 촉진되는 경우가 많다. 홀이 제시하는 대표적인 사례로는, 1970년대까지 정부의 시장 개입을 중시하던 케인스주의 경제정책이, 1980년대 이후 신자유주의 경제정책으로 전환되면서, 국가의 역할과 시장에 대한 기본 인식이 달라진 경우를 들 수 있다.

이처럼 정책 변화는 단순한 조정 수준에서부터 근본적인 인식 틀의 전환에 이르기까지 폭넓게 나타나며, 그 깊이와 성격에 따라 사회에 미치는 영향도 달라진다. 이제 정책 변화가 점진적으로 이루어지는지, 혹은 급격하게 단절되는 방식으로 나타나는지에 대한 논의를 이어가 보자. 정책 변화가 점진적으로 이루어진다고 보는 대표적인 관점은 린드블롬(Charles E. Lindblom)의 점증주의(incrementalism)이다.[20] 그는 정책 결정이 근본적인 혁신보다는, 제한된 합리성 안에서 기존 정책을 조금씩 조정하는 방식으로 진행된다고 본다. 이는 정책결정자가 활용할 수 있는 정보가 한정되어 있고, 정책 변화가 다양한 이해관계자 간의 타협 속에서 이루어지기 때문이다. 따라서 정책은 과거 정책의 연장선 위에서 점차적으로 수정되는 방식으로 변화하며, 급격한 전환은 현실적으로 어렵다는 것이다. 점증주의는 급한 변화보다는 안정적인 조정을 통해 정책실패의 위험을 줄이고, 이해관계자 간 합의를 통해 정책을 안정적으로 운영할 수 있다는 장점이 있다. 그러나 변화 속도가 느리고, 기존의 틀을 벗어나기 어려워 근본적인 개혁이 요구되는 상황에서는 한계가 있다.

이러한 점증주의적 접근은 특히 예산정책[21]에서 뚜렷하게 나타난다. 즉, 정부는 예산을 매년 처음부터 다시 설정하는 것이 아니라, 기존 예산을 바탕으로 일부만 조정하는 방식으로 결정한다. 이러한 예산 점증주의는 예산 과정의 예측 가능성을 높이고, 급격한 재정 변동을 막는 데 기여한다. 그러나 특정 부문의 예산이 지속적으로 늘어나거나 줄어드는 구조가 고착될 수 있으며, 경제 상황이나 정책 목표가 크게 바뀌었을 때 신속하게 대응하기 어렵다는 한계도 존재한다. 실제 예산 변화의 폭이 어느 정도일 때 점증적이라고 할 수 있을까? 연구자들[22]은 예산 변동률이 10% 이내면 점증적 변화로 본 경우가 있고, ±25% 이내를 제시한 경우도 있다. 이러한 범위를 넘어서는 변화는 단절적이거나 급진적인 변화로 해석될 수 있다.

반면, 정책은 오랜 기간 안정적으로 유지되다가 어느 순간 급격히 변화하는 단절균형으로 설명하는 견해도 있다.[23] 즉, 정책은 대체로 기존 경로를 따라 점진적으로 변화하지만, 외부 환경의 변화나 정치적 압력, 사회적 요구가 일정 임계점을 넘으면 급격한 전환이 발생할 수 있다는 것이다. 이는 생물 진화에서의 단절균형 개념과 유사하다. 단절균형은 기존 정책이 경로의존성을 지니며 쉽게 바뀌지 않지만, 위기 상황과 같은 계기를 통해 정책 패러다임 자체가 전환되는 순간이 존재함을 강조한다. 이 설명은 점증주의로는 설명하기 어려운 급격한 정책 변화의 메커니즘을 이해하는 데 유용한 시각을 제공하지만, 변화가 발생하는 시점과 원인을 예측하기 어렵다는 한계를 가진다.

이러한 정책 변화 방식, 즉 점증주의와 단절균형은 실제 사례에서도 확인할 수 있다. 2023년 정부의 연구개발 R&D 예산 삭감 사례가 있다. 기존의 예산 점증주의 논리에 따르면, 연구개발 예산은 매년 소폭 조정되며 점진적으로 변화하는 것이 일반적이다. 하지만 2023년, 정부는 재정 건전성 확보와 과학 이권 카르텔을 이유로 연구개발 예산의 약 14.8%인 4조 6천억 원을 삭감하며 단절적인 조정을 단행했다. 이로 인해 연구자와 학계의 반발이 컸으며, 기초연구 위축과 미래 성장 동력 저해에 대한 우려도 제기되었다. 또 다른 사례는 2024년 정부의 의대 정원 확대 결정이다. 의사 수 확대 문제는 오랜 기간 논의되어 왔지만, 의료계의 반대와 정책결정자의 정치적 부담으로 인해 변화가 지연되었다. 그러나 2024년, 정부는 정원을 3,058명에서 한꺼번에 2,000명 추가하는 결정을 내리며 단절적 변화를 선택했다. 이는 의료 인력 부족과 지역 의료 격차 해소를 위한 조치였지만, 의료계의 강한 반발을 불러오며 사회적 갈등을 초래했다.

사례에서 보듯이, 정책 변화는 점진적일 수도 있고 단절적일 수도 있다. 점증주의는 정책의 안정성과 예측 가능성을 높여주지만, 구조적 변화가 필요한 상황에서는 경직성을 초래할 수 있다. 반대로 단절균형은 급격한 정책 전환을 가능하게 하지만, 정책의 일관성을 해치고 사회적 갈등을 유발할 우려가 크다. 따라서 정책 변화는 단순히 점진적이냐, 단절적이냐는 이분법으로 설명하기보다는, 정책의 영역과 맥락에 따라 다양한 방식으로 나타날 수 있다는 점을 이해하는 것이 중요하다.

보고서는 얼마나 바뀌어야 새롭게 보일까?

점증주의에 대한 실증 분석은 주로 예산 변화를 중심으로 이루어졌다. 예산은 숫자로 표현되기 때문에 분석이 비교적 수월했던 것이다. 그러나 정책가의 업무에서 큰 비중을 차지하는 것은 각종 보고서의 작성이다. 보고서는 숫자가 아닌 단어로 구성된 비정형 자료이기 때문에, 그 변화를 정량적으로 측정하기가 쉽지 않다. 그렇다면 보고서는 해마다 얼마나 달라질까? 어느 정도 바뀌어야 새롭다고 느껴질까? 보고서는 점진적으로 변할까, 아니면 단절적으로 바뀔까?

이와 관련해 흥미로운 연구[24]를 한 적이 있다. 기획재정부가 발표하는 경제정책방향 보고서가 매년 얼마나 바뀌는지를 텍스트 분석을 통해 살펴보았다. 분석 결과, 매년 평균적으로 경제정책방향 보고서의 34.3%를 차지하는 단어가 전년도에는 등장하지 않았던 신규 단어로 나타났다. 즉 전체 단어의 약 1/3은 새롭게 등장한 것이고, 나머지 2/3는 기존 단어가 반복 사용된 셈이다. 신규 단어 비율은 정치적 맥락과 밀접하게 연결되어 있었으며, 특히 대통령 임기와 관련해 뚜렷한 변화를 보였다. 임기 초반에는 전임 정부에서 사용하지 않던 표현이 대거 포함되며 신규 단어 비율이 높아졌고, 후반기로 갈수록 같은 표현이 반복되며 비율이 점차 낮아지는 경향을 보였다.

예를 들어, 노무현 정부 초기인 2004년 보고서에서의 신규 단어 비율은 33.8%였지만, 임기 마지막 해인 2008년 보고서에서는 25.2%로 감소했다. 반면, 이명박 정부가 출범한 2009년에는 신규 단어 비율이 55.7%로 급등했다가, 이후에는 30% 수준으로 안정화되었다. 2009년의 비율 급등은 정부 교체와 2008년 하반기 글로벌 금융위기라는 외부 충격이 동시에 작용한 결과였다. 또한, 2008년 2월 말 정부 조직 개편으로 재정경제부와 기획예산처가 통합되어 기획재정부로 개편된 점도 영향을 준 것으로 보인다. 박근혜 정부에서도 유사한 흐름이 관찰되었다. 임기 초인 2013년에는 신규 단어 비율이 41.3%로 높았지만, 이후 점차 감소하며 안정적인 추세를 나타냈다.

이러한 연구 결과를 바탕으로, 보고서 변화에 대한 몇 가지 시사점을 제시하고 싶다. 먼저, 당연하지만 보고서는 매년 변화한다는 것이다. 매번 새로운 단어가 포함되며, 특히 전체 단어의 약 1/3이 신규 단어로 대체된다. 이는 보고서를 새롭게 구성하려는 전략적 의도와 노력을 보여주는 결과로 해석된다.

정책의 연속성을 유지하면서도 변화와 차별성을 강조하기 위해, 새로운 단어를 기획적으로 삽입하고 기존 표현을 재배열하면서 보고서를 윤색한다. 특히 정부 초반기에는 이러한 노력이 두드러진다.

둘째, 보고서의 변화는 이중적인 성격[25]을 지닌다. 해마다 1/3의 단어가 신규 단어로 대체된다면, 몇 년이 지나면 보고서는 완전히 다른 내용이 되어야 한다. 하지만 실제로는 그런 변화는 발생하지 않는다. 신규 단어들이 순환하듯 교체되는 동안, 나머지 2/3의 단어는 반복 사용되며 보고서의 연속성과 안정성을 유지한다. 많은 신규 단어는 일회적으로 사용되고 사라지며, 다음 해에는 다른 단어들이 그 자리를 대신한다. 반면, 반복되는 단어들은 해당 보고서의 정체성과 기조를 유지하는 핵심 언어로 기능한다. 이처럼 보고서는 변화와 지속 사이의 균형 속에서 정책의 일관성과 안정성을 동시에 담아내고 있다.

셋째, 경제정책방향 보고서는 단순히 경제 상황을 반영하는 것이 아니라, 정치적 맥락에 따라 조정되는 성격을 갖는다. 분석에 따르면, 경제성장률과 신규 단어 비율 사이에는 뚜렷한 상관관계가 없었으며, 오히려 대통령 임기 주기에 따라 보고서의 변화 정도가 달라지는 경향이 나타났다. 새 정부 출범 초기에는 과거 정부와의 차별화를 위해 신규 단어 비율이 높아지지만, 임기가 진행될수록 같은 단어가 반복되며 점차 안정적인 패턴을 보인다. 이는 경제정책방향 보고서가 경제정책을 전달하는 기술적 문서에 그치지 않고, 정치적 차별성을 강조하는 수단으로 기능함을 보여준다.

넷째, 외부 환경에 급격한 변화가 없더라도 보고서는 지속적으로 바뀐다. 경제 위기와 같은 외부 충격이 변화의 계기가 될 수는 있지만, 보고서의 내용이 항상 외부 요인에 의해서만 달라지는 것은 아니다. 오히려 정책가 스스로 변화를 만들어내는 내부적 동인으로서의 역할을 한다. 이는 자신들이 생산한 과거 보고서와 스스로 경쟁하는, 이른바 '자기 경쟁'의 일환으로 볼 수 있다. 정책가는 변화의 수동적 대상이 아니라, 능동적 변화 주체로서의 역할도 한다는 것이다.

변화를 관리해야 성공할 수 있다

변화는 저절로 일어나지 않는다. 의도적인 노력과 실천이 있어야 하며, 그 결과가 조직에 뿌리내릴 때 비로소 진정한 변화라 할 수 있다. 변화는 체계적이며 지속적인 관리의 대상인 것이다. 2004년 말, 대통령비서실에 근무하던 당시, 노무현 대통령은 『체인지 몬스터[26]』라는 책을 추천하며, 혁신에도 변화 관리가 필요하다는 점을 강조했다. 변화는 언제나 두려움을 수반한다. 실제 변화가 시작되면 혼란, 저항, 불신 같은 감정이 먼저 나타난다. 이 책에서 말하는 '몬스터'가 바로 그것이다. 변화를 성공시키려면, 각 단계에서 등장하는 이 감정들을 인식하고 적절히 대응해야 한다. 당시 정부 부처에서는 정부 혁신에 대한 피로감이 쌓여 있었고, 공무원들의 불만도 컸다. 대통령이 이 책을 추천한 것도 아마 그런 배경 때문이었을 것이다. 이 글에서는 '체인지 몬스터'를 비롯한 여러 서적에서 강조한 변화 관리[27]의 기술을 간략히 정리해 본다.

변화에도 단계가 존재한다. 변화의 과정에는 위기와 저항이 따르며, 때로는 포기의 순간도 찾아온다. 변화는 단순한 사건이 아니라, 시간을 두고 점진적으로 진행되는 긴 여정이다. 일반적으로 변화는 '변화의 필요성과 위기의 인식→변화 전담 조직 구성→비전의 공유→성공 사례 창출→조직 내부 활성화→변화의 지속과 정착'이라는 단계로 이루어진다. 따라서 성공적인 변화를 위해서는 구호가 아닌 각 단계에 적합한 전략과 실행 방안이 필요하다.

우선, 변화의 시작은 '필요성의 인식'에서 출발한다. 이때 중요한 것은 위기감을 느끼는 것이다. 예를 들어 사람들은 종종 술을 줄여야 한다거나 담배를 끊어야 한다는 걸 알면서도 실천하지 않는다. 조직도 마찬가지다. 혁신이 이루어지려면 조직 구성원 모두가 변화의 필요성을 공감해야 한다. 변화의 필요성을 공유하는 강력한 방식은 위기의식의 자각이다. "지금 이대로 가면 망한다"라는 현실을 직면하는 순간, 변화의 불씨가 점화된다.

그다음 단계는 변화를 전담할 조직을 구성하는 것이다. 변화를 이끌 전담팀을 꾸리고, 변화의 목표와 방향을 명확히 계획해야 한다. 이 팀은 기존 관행에 익숙하지 않고, 변화에 대해 긍정적 인식이 있는 사람들로 구성하는 것이 좋다.

위기의식이 조성되고 전담팀이 구성되었다면, 이제 '어떻게 변할 것인가'에 대한 비전을 공유해야 한다. 단지 '변해야 한다'는 인식만으로는 부족하다. 어떤 방향으로, 어떤 방식으로 변할 것인지에 대해 구성원이 함께 이해해야 한다. 구성원 각자의 생각이 다르면, 조직은 제각각 흩어지고 만다. "열 번 말하지 않는 것은 한 번 말한 것과 다름없다"라는 말처럼, 비전은 끊임없이 공유되어야 한다. 비전을 공유하는 조직이 강한 조직이다.

혁신은 긴 여정이다. 비전을 향해 출발했지만, 구성원은 쉽게 지치고, 기존 방식으로 되돌아가려는 유혹에 빠질 수 있다. 이럴 때는 작은 성공 사례를 만들어 성취감을 제공하고, 자신감을 회복시켜야 한다. 또한 비전 달성을 위한 실행 권한을 구성원에게 위임해야 하며, 그들이 비전을 향해 계속 나아갈 수 있도록 계속 격려해야 한다. 변화가 정착되기 전, 작은 성공에 안주하지 않도록 주의해야 한다. 과거로 회귀하지 않도록, 변화의 '변곡점'을 빠른 속도로 통과해야 한다.

마지막으로, 변화를 제도화하고 체질화하는 작업이 필요하다. 과거의 방식으로 돌아갈 수 없다는 인식을 명확히 하고, 새로운 행동이 습관이 될 때까지 반복적으로 체계화해야 한다. 변화도 관리해야 성공할 수 있는 것이다.

새로움과 익숙함의 사이에서

이제 이번 내용을 정리하겠다. 정책 변화에서 가장 경계해야 할 것은 "변화의 함정", 즉 보여주기식 변화다. 정책가가 "올해는 뭘 바꿨나?"라는 질문에 시달리게 되면, 진짜 문제 해결보다 변화 자체가 목표가 되기 쉽다. 이런 변화는 방향 없이 시행착오만 반복하게 만들고, 정책의 신뢰도를 떨어뜨린다.

변화를 두려워할 필요는 없다. 다윈과 굴드가 손잡은 진화의 개념처럼, 평상시에는 꾸준한 개선을, 위기 상황에서는 과감한 단절을 선택하는 유연함이 정책의 생명력을 좌우한다. 정책가들은 종종 점진적 변화를 선호한다. 이는 실패의 리스크를 줄이고, 이해관계자의 반발을 최소화할 수 있기 때문이다. 하지만 정책가의 진짜 실력은 단절적 변화를 요구하는 순간, 과감한 선택을 할 수 있는가에서 드러난다. 변화가 필요한 순간을 정확히 인식하고, 그에 맞는 정책 전환을 할 수 있어야 한다.

정책은 끊임없는 변화의 대상이다. 정책가는 정책 변화의 필요성을 정확히 인식하고, 상황에 맞게 변화의 강도를 조절할 수 있는 능력에 있어야 한다. 보여주기식 변화의 함정에 빠지지 않고, 미래를 내다보는 정책 설계를 통해 지속 가능한 변화를 만들어가는 것, 이것이 정책가가 가져야 할 변화에 대한 자세이다.[28]

2장

경로

#1. 우리가 사용하는 전자계산기와 전화기의 숫자 배열은 왜 다를까? 계산기에는 숫자 7-8-9가 위에 있지만, 전화기에서는 아래쪽에 배열되어 있다. 계산기의 배열은 기계식 계산기에서 비롯되었다. 19세기에 등장한 기계식 계산기는 타자기의 숫자 배열을 따랐고, 숫자를 위에서 아래로 입력하도록 설계되었다. 자주 사용하는 1~9를 위에 배치하고, 덜 쓰이는 0은 아래에 놓았다. 이 배열 방식은 1960년대 전자계산기로 이어지며 표준이 되었다. 반면 전화기는 다이얼식에서 버튼식으로 바뀌면서, 새로운 숫자 배열이 필요했다. 1950년대 미국 벨 연구소는 실험을 통해 숫자 1-2-3을 위에 두는 방식이 더 직관적이라는 결론을 내렸다. 당시 우편번호 입력기 등에서도 같은 배열이 사용되고 있었기 때문에, 이를 따르게 되었다. 왜 지금까지 각기 다른 방식이 유지되고 있을까? 사람들은 한 번 익숙해진 것을 쉽게 바

꾸려 하지 않는다. 더 효율적인 방식이 있더라도, 익숙한 방식을 계속 사용하는 것이 편하기 때문이다. 제조업체 역시 기존 생산 방식을 그대로 유지하는 것이 경제적으로 더 유리하다고 본다. 이처럼 초기 결정이 굳어지면, 이후에는 새로운 방식으로 대체하는 것이 매우 어렵게 된다.[29]

#2. 전국 어디를 가든 식당에서는 비슷한 크기의 스테인리스 공깃밥 그릇을 사용한다. 이 규격은 1976년 서울시가 시행한 쌀 소비 절감 정책에서 시작되었다.[30] 서울시는 공깃밥 그릇의 크기를 지름 10.5cm, 높이 6.0cm 이내로 제한하고, 밥도 최대 80%만 담도록 했다. 이후 1980년 12월, 보건사회부가 이를 전국적으로 확산하는 행정지침[31]을 내렸고, 이 정책은 전국으로 퍼졌다. 왜 하필 이 크기였을까? 특별한 근거가 있었던 것은 아니다. 기존 그릇보다 작게 만들어야 했고, 그저 적당한 크기로 정한 것이 그대로 표준이 되었다. 현재 이런 규제는 없지만, 대부분의 식당에서는 여전히 같은 크기의 스테인리스 공깃밥 그릇을 사용하고 있다. 제조업체는 그 크기에 맞춰 생산을 계속했고, 공깃밥 전용 온장고와 밥솥 같은 관련 장비도 이에 맞게 정착되었다. 이제 와서 크기나 재질을 바꾸려면 막대한 비용이 든다. 사라진 규제의 흔적이 여전히 우리 밥의 양을 결정하고 있다.

어제와 같은 오늘, 과거는 어떻게 현재를 지배하는가?

박찬욱 감독의 영화「헤어질 결심」은 2022년 칸 영화제에서 감독상을 받았다. 형사 해준은 살인 사건을 수사하던 중 용의자 서래에게 마음이 흔들린다. 그러나 사랑은 진실을 가릴 뿐이라는 사실을 깨닫고, 그녀와 헤어질 결심을 한다. 사랑을 지키기 위해 선택한 이별은 그들의 마지막이 된다. 정책도 영화 제목처럼 과거와 완전히 결별하고 새롭게 출발할 수 있을까? 새로운 정부가 출범하거나 사회적 관심이 집중되는 큰 사건이 발생하면, 기존 정책이 급격히 변화할 것처럼 보인다. 하지만 헤어질 결심 수준의 정책 변화가 실제로 나타나는 경우는 드물다. 현실에서는 오히려 기존의 틀을 유지하는 경우가 흔하다.

정책은 왜 쉽게 변하지 않을까? 왜 과거의 관행과 절차에서 벗어나기 어려운 걸까? 신제도주의자 노스(Douglass C. North)는 말한다. "역사는 중요하다. 그것은 단순히 과거로부터 배울 수 있기 때문만이 아니라, 현재와 미래가 사회적 제도를 통해 과거와 연결되기 때문이다. 오늘과 내일의 선택은 과거에 의해 구성된다."[32] 즉 현재의 정책은 과거의 유산 위에서 형성된다. 과거와 결별하는 것이 아니라, 오히려 어제의 경로를 오늘도 따라가는 것이다. 한번 선택된 정책 방향은 시간이 지날수록 공고해지고, 쉽게 바뀌지 않는다. 이를 '경로의존(path dependence)'

이라 한다.

경로의존 개념은 처음에 경제학과 기술 발전 분야에서 주목받기 시작했다. 경제학자 아서(Brian W. Arthur)는 이를 경제학의 수확체증(increasing returns)[33] 개념으로 설명했다. 수확체증이란 생산 요소를 추가로 투입할 때, 산출이 단순히 비례하여 늘어나는 것을 넘어, 점점 더 빠른 속도로 증가하는 현상을 뜻한다. 초기에는 투자 비용이나 자원 투입이 많이 들지만, 일정 수준을 넘어서면 생산이 가속화되고 효율이 급격히 향상된다. 특히 기술 기반 산업에서는 초기 개발 비용이 많이 들지만 생산 규모가 커질수록 평균 비용이 감소하고 수익은 기하급수적으로 증가하는 경향이 나타난다.

이러한 현상은 특정 기술이나 서비스를 사용하는 사람이 많아질수록 그 가치와 효용이 커지는 네트워크 효과(network effects)와도 밀접하게 관련된다. 특정 기술이 먼저 자리를 잡으면, 시간이 지날수록 더 많은 사람들이 이를 선택하게 되고, 그 결과 이를 대체하거나 전환하기 어려운 구조가 형성된다. 마이크로소프트의 윈도우 운영체제, 카카오톡과 같은 메신저 플랫폼, 비자나 마스터카드와 같은 국제 결제망 등이 대표적 사례다. 이들 시스템은 초기에 사용자 기반을 빠르게 확보하면서, 이후 압도적인 시장 점유율과 견고한 사용자 생태계를 갖추게 되었다.

경로의존에서 자주 소개되는 사례가 QWERTY 키보드[34] 배열이다. 기계식 타자기가 처음 등장했을 때, 글쇠가 너무 빠르게 눌리면 엉키는 문제가 발생했다. 이를 해결하기 위해 자주 사용되는 글자들을 일부러 멀리 배치한 배열이 고안되었고, 이것이 오늘날 우리가 사용하는 QWERTY 배열의 출발점이 되었다. 이후 컴퓨터가 등장하고 더 효율적인 키보드 배열도 개발되었지만, QWERTY 배열은 여전히 널리 사용되고 있다. 이러한 현상이 지속된 이유는, 사람들이 기존 방식에 익숙해지면 새로운 방식을 배우는 데 심리적·학습적 부담을 느끼기 때문이다. 또한, 키보드 제조업체들 역시 기존의 QWERTY 배열을 유지하는 것이 경제적으로 더 유리했다. 이미 대량 생산 체계가 갖춰진 상태에서 새로운 배열을 도입하는 것은 추가적인 비용을 초래할 수밖에 없었다. 기업 입장에서는 불확실한 변화를 감수하기보다는, 기존 시스템을 유지하는 것이 더 합리적인 선택이었다. QWERTY 배열이 유지된 또 다른 이유는 소프트웨어와 교육 시스템에도 깊이 뿌리내렸기 때문이다. 운영체제와 각종 프로그램이 QWERTY 배열을 기준으로 개발되었고, 컴퓨터 교육 과정에서도 이 배열이 표준으로 가르쳐졌다. 만약 새로운 배열을 도입하려면, 단순히 키보드만 바꾸는 것이 아니라 관련 소프트웨어의 수정과 교육 체계 개편까지도 필요했다. 이처럼 기술, 산업, 제도, 학습 효과 등이 복합적으로 작용하면서, QWERTY 키보드는 오늘날까지도 사실상 표준으로 자리 잡고 있다.

권력과 이익의 자기강화

경로의존은 기술 분야뿐만 아니라 정책 과정에서도 나타난다. 앞서 본 것처럼 기술 분야에서는 이를 수확체증이라는 경제학적 개념으로 설명하지만, 정책 분야에서는 긍정적 환류(positive feedback)와 권력과 이익의 자기강화[35]로 이해한다.

경로의존이 가능하게 하는 긍정적 환류의 요인으로는 고정비용, 학습효과, 제도의 복잡성, 적응적 기대를 들 수 있다.[36] 첫째, 제도나 정책을 도입하는 데 투입된 자원이 많을수록, 이를 변경하는 데 드는 고정비용이나 매몰비용이 커지게 된다. 이 경우 변화로 인한 편익이 고정비용을 훨씬 초과하지 않는 한, 기존 제도와 정책을 유지하는 것이 합리적인 선택이 된다. 예산 사업이 한번 시작되면 중단되기 어려운 이유도 여기에 있다. 둘째, 사람들이 어떤 제도에 익숙해질수록 학습효과가 누적되며, 이는 제도의 정착을 촉진한다. 이렇게 익숙해진 제도는 오히려 바꾸기 어려운 대상이 되기도 한다. 이미 몸에 밴 방식은 편리하고 익숙하기 때문에, 새롭고 낯선 것으로 바꾸려 할 때 거부감이나 불편함이 생기기 쉽다. 학습효과는 제도를 잘 작동하게 해주는 긍정적인 역할도 하지만, 변화를 어렵게 만드는 원인이 되기도 한다. 셋째, 시간이 갈수록 다수 제도와 정책이 서로 의존하고 복잡하게 얽히게 된다. 제도가 상호 연계되고 복잡한 구조로 발전할수록, 이를 바꾸기 위해서는 훨씬 더 큰 정책 동력과 실행력이 필요하게 된다. 그 결과 기존 경로 내에서 미세한 조정만이 가능할 뿐, 구조적 변화는 점점 어려워진다. 넷째, 사람들은 현재의 제도가 앞으로도 계속 유지될 것이라고 기대하고, 이에 맞춰 자신의 투자나 행동을 조정한다. 이런 '적응적 기대'는 사람들이 굳이 바꾸기보다는, 기존 제도에 맞추는 것이 더 낫다고 여기게 만든다. 조금 불편하더라도, 사람들은 그것을 바꾸기보다는 그 안에서 해결책을 찾으려는 경향을 보인다. 이러한 기대는 제도가 더 오래 유지되는 방향으로 작용한다. 이처럼 고정비용, 학습효과, 복잡성, 적응적 기대는 기존 경로가 계속 유지되도록 만드는 긍정적 환류 구조를 형성한다. 이러한 구조는 제도와 정책의 안정성과 지속성을 고착화시키고, 변화의 가능성을 약화시킨다.

경로의존은 정치적 차원에서는 권력과 이익의 자기강화 메커니즘으로 설명된다. 초기에 특정한 방향이 설정되면, 이에 따라 형성된 제도적 조건과 이해관계의 구조는 시간이 흐를수록 더욱 고착된다. 시간이 지날수록 해당 정책을 지지하고 이익을 얻는 집단이 늘어나면서, 정책을 유지하려는 힘이 점점 강하게 작용한다. 그리고 정책이 지속되는 동안, 일부 집단은 자원과 영향력을 계속하여 축적하게 되고, 이는 다시 기존 정책의 지속성을 뒷받침하는 기반이 된다. 이처럼 혜택을 얻는 집단은 정책의 변경을 막기 위해 적극적으로 행동하며, 결과적으로 권력과 자원이 균등하게 배분되기보다는 특정 집단에 비대칭적으로 집중되는 구조로 굳어진다. 결국 경로의존은 단순한 행정적 관성의 문제가 아니라, 권력과 이해관계가 맞물려 작동하는 구조적 현상이다. 정책을 유지하려는 방향으로 권력이 분배되고, 이 분배가 시간이 지날수록 고착화되면서, 정책은 기존의 경로에서 벗어나기 점점 더 어려워진다. 다른 대안의 선택 가능성을 차단하고, 오랫동안 특정 경로 안에서 정체되는 이른바 락인(lock-in)[37] 상태에 빠지게 된다.

우리나라의 산아제한 정책은 이러한 자기강화의 메커니즘이 작용한 사례 중 하나다. 정부는 1960년대부터 1990년대까지, 인구 증가가 경제 성장에 부정적인 영향을 미친다는 인식 아래 강력한 산아제한 정책을 추진했다. 피임 교육, 가족계획 홍보, 캠페인 전개, 불임 시술 지원 등 다양한 정책이 도입되었다. 1983년 합계출산율은 인구 대체 수준인 2.1명 이하로 떨어졌지만, 정부는 1996년까지 산아제한 정책을 계속 유지했다. 이후 출산율 감소가 경제·사회적 문제로 대두되면서, 정부는 출산 장려 정책으로 방향을 전환하려 했다. 그러나 이는 예상보다 훨씬 어려운 일이었다. 오랫동안 지속된 산아제한 정책이 국민의 인식에 깊이 뿌리내렸고, 자녀를 적게 낳는 것이 사회적 규범으로 자리 잡았기 때문이다. 또한, 장기간 지속된 정책으로 인해 관련 기관과 정책 집행 구조 역시 공고해졌다. 가족계획 사업을 담당하던 정부 부서와 관련 전문가들은 새로운 정책 변화를 쉽게 받아들이지 못했다. 이미 구축된 행정 시스템을 조정하는 데 따른 재정적·행정적 부담도 상당했다. 이러한 요인들이 복합적으로 맞물리면서, 출산 장려 정책은 기대만큼의 효과를 단기에 거두지 못했다.

경로는 어떻게 형성되고 굳어지나?

경로는 어떻게 형성될까? 경로의 형성에는 초기 조건이 결정적 역할을 한다. 정책이 처음 만들어질 때의 사회적, 경제적 배경이 정책의 방향을 크게 좌우한다. 특정한 시대적 환경과 문제 인식이 정책의 출발점을 결정짓는 것이다. 하지만 모든 정책이 처음부터 철저히 계획되는 것은 아니다. 예상하지 못한 우연한 사건이나 당시 정책결정자의 선택이 정책 방향을 바꾸기도 한다. 그렇게 결정된 초기 경로는 시간이 지나면서 점점 강화되고, 경로의존에 따라 다른 대안을 선택하기는 점점 어려워진다.

한국과 인도의 교육정책 사례를 보자. 1945년 국권을 회복한 한국과 1947년 독립한 인도는 비슷한 시기에 새로운 국가 건설을 시작했지만, 교육정책에서는 서로 다른 길을 걸었다. 한국은 초등교육에 집중[38]했고, 인도는 대학 교육을 우선시했다. 한국은 1950년대 초, 6·25 전쟁이라는 엄청난 시련을 겪었다. 전 국토가 폐허가 되었고, 국민의 상당은 기본적인 문해 능력조차 갖추지 못했다. 정부는 국가 재건을 위해 모든 국민이 글을 읽고 쓸 수 있어야 한다고 판단했다. 이에 따라 초등교육, 특히 국민학교 의무교육 확대에 정책의 초점을 맞추었다. 또한 향후 경제 개발을 대비해 기초 기술 인력을 양성할 필요가 있었다. 고급 전문 인재보다, 읽기·쓰기·계산이 가능한 대중적 노동력을 대규모로 키우는 것이 시급했다. 여기에 열악한 국가 재정 상황까지 고려되었다. 제한된 자원으로 최대한 많은 국민을 교육하려면, 고등교육보다는 초등교육에 집중할 수밖에 없었다. 이러한 선택은 내부적 요인뿐 아니라 외부적 요인, 특히 미국의 영향과도 연결된다. 당시 미국은 민주주의 확산과 시장경제 구축을 목표로 대규모 원조를 제공했으며, 대중적 기본 교육을 자유민주주의 확산의 핵심 수단으로 여겼다.

반면, 인도[39]는 전혀 다른 선택을 했다. 독립 이후 인도는 식민지 시절부터 형성된 고등교육 중심의 교육구조를 그대로 이어받았다. 초등교육보다는 소수의 기술자, 과학자, 행정 관리와 같은 고급 전문 인력을 양성하는 데 국가적 역량을 집중했다. 초대 총리였던 네루는 중공업과 첨단 과학기술을 통한 국가 성장에 강한 신념을 가졌고, 이에 따라 세계적 수준의 이공계 대학들을 설립하고 집중적으로 투자했다. 고등교육은 엘리트 계층의 사회적 지위와 경제적 특권을 재생산하는 중요한 수단으로 작용했다. 결국 인도는 세계적 과학자와 엔지니어를 배출하는 데는 성공했지만, 농촌 지역은 문맹과 빈곤에 오랫동안 시달리게 되었다.

이처럼 한국과 인도의 교육정책은 각각 초등교육, 대학교육이라는 서로 다른 경로를 선택했고, 초기의 결정은 이후 장기적인 정책 방향을 크게 규정했다. 한번 선택된 경로는 사회 구조와 이해관계자들의 기대, 투자된 자원의 누적을 통해 강화되었고, 시간이 지날수록 그 길을 벗어나기가 어려워졌다.

그렇다면 경로의존에서 영원히 벗어날 수 없는 것일까? 경로의존이 항상 지속되는 것만은 아니다. 강력한 외부 충격이나 예상치 못한 사건이 발생하면, 기존 경로가 흔들리고 급격한 변침이 일어날 수 있다. 경제 위기, 전쟁, 팬데믹, 대규모 재해와 같은 중대한 사건은 기존 정책의 지속을 어렵게 만들며, 새로운 선택을 요구하게 된다. 이러한 순간이 바로 경로의 결정적 분기점(critical juncture)[40]이다.

결정적 분기점에서는 기존 경로의 제약이 약화되고, 정책결정자에게 새로운 선택지가 열린다. 이 시기에는 경로를 둘러싼 이해관계자들의 권력관계에도 균열이 생기며, 정책의 방향이 재조정될 가능성이 커진다. 어떤 선택을 하느냐에 따라 이후의 경로가 크게 달라질 수 있다. 이때의 결정은 일시적 변화에 그치지 않고, 이후 지속될 정책의 기반을 형성하는 계기가 된다. 예를 들어, 1997년 외환위기는 한국 경제에 큰 충격을 주었다. 외환보유고가 급감하면서 정부는 IMF의 긴급 구제금융을 받을 수밖에 없었고, 기존의 경제 운영 방식은 더 이상 유지될 수 없었다. 위기를 벗어나기 위해 정부는 신자유주의 개혁 프로그램을 수용하였고, 이는 우리나라 경제정책의 중요한 전환점[41]이 되었다. 그 결과 금융 규제 개혁, 기업 지배구조 개선, 노동시장 유연화 등 대대적인 경제 개혁 과제가 빠르게 추진되었다.

한편, 외부 충격 없이도 점진적으로 변화하면서 기존 경로에서 벗어날 수 있다는 의견[42]도 있다. 기존 정책을 완전히 폐기하고 새로운 것으로 전환하기보다는, 기존 체제를 유지한 채 새로운 정책 요소를 서서히 도입하는 방식이 더 현실적이라는 것이다. 이러한 변화는 급격한 단절보다는 기존 정책의 틀을 유지하면서 점진적인 개혁을 시도하는 형태로 나타난다. 구체적으로는, 기존 정책에 보완적인 요소를 추가하거나, 정책의 목표와 수단을 점진적으로 바꾸는 방식으로 장기적인 방향 전환이 이루어진다. 이 방식은 변화에 대한 저항을 줄이면서도, 일정 수준의 조정을 가능하게 하는 현실적인 전략이 될 수 있다. 급격한 변화는 정치적 저항이나 사회적 갈등을 유발할 가능성이 크지만, 점진적인 조정은 변화에 대한 적응의 여지를 제공하고 수용성을 높일 수 있다. 경로 조정은 기존 경로의존성을 완전히 해체하지는 않지만, 제도의 지속성과 변화 가능성 사이의 균형을 모색할 수 있는 중요한 기제로 작동한다.

과거를 딛고 미래로 가자

이제 경로에 대한 논의를 정리해 보자. 경로의존을 논의한다는 것은 '현재 우리는 어디에 있는가?', '과거 어디에서 왔는가?'라는 질문에 답하려는 시도이기도 하다. 경로의존 관점에서 보자면, 현재는 과거의 유산이며, 현재와 미래의 선택 역시 과거의 영향을 받는다. 하지만 과거를 돌아보는 일은 단순히 그 시절을 반복하거나 그대로 유지하자는 뜻이 아니다. 오히려 과거가 만든 제약을 넘어서기 위한 새로운 사고와 상상의 가능성을 탐색하는 노력[43]이다. 이는 과거를 통해 우리가 향하고 있는 방향을 이해할 수 있기 때문이다.

정책은 시간의 층위를 따라 형성되고, 익숙함과 안정성이라는 이름으로 정당화된다. 그렇기에 과거로부터 벗어나는 것은 저항, 마찰, 그리고 불편함을 불러온다. 특히 인구 구조 변화, 기후 위기 대응, 사회적 이동성 확대, 산업구조 개편과 같은 이른바 구조개혁 과제들은 단순한 조정이 아니라, 기존 질서의 뿌리를 흔드는 일이기에 더욱 어렵다. 정책 변화의 길목에는 늘 강한 제약이 기다리고 있다. 기득권의 조직적 반발, 제도에 얽힌 이해관계자의 복잡한 계산, 기존 정책 간의 연결성과 충돌 가능성, 그리고 행정조직과 사회 전반에 누적된 관성이 정책 변화를 가로막는다. 그 관성은 단순한 게으름이 아니라, 한번 선택된 길이 계속해서 반복되도록 만드는 강력한 자기강화의 메커니즘이다.

경로는 쉽게 바뀌지 않는다. 그러나 그것이 영원히 고정된다는 뜻은 아니다. 경로의존은 변화의 장애물이지만, 동시에 우리가 그 메커니즘을 이해해야 하는 이유이기도 하다. 경로의존을 알면, 변화가 왜 그렇게 어려운지를 설명할 수 있고, 어떻게 그 벽을 넘을지 실마리를 찾을 수 있다. 하지만 과거를 이해한다고 해서 거기에 머물러야 하는 것도 아니다. 오히려 미래로 나아가기 위해서는 지금 우리가 어디에 서 있는지를 명확히 인식해야 한다. 과거의 선택이 지금의 정책을 어떻게 만들었는지를 되짚어 볼 때, 우리는 비로소 변화의 출발점을 그릴 수 있다.

변화는 기다린다고 오는 것이 아니다. 경로의존을 이해한다는 것은 단지 과거를 되짚는 일도 아니다. 지금 우리가 마주한 장애물을 직시하고, 그것을 넘기 위한 전략을 짜는 일이다. 과거의 틀을 인식하고, 현재의 제약을 냉정하게 바라보며, 미래를 향한 전략적 선택을 해야만 경로는 바뀐다. 그리고 그 선택이 축적될 때, 마침내 우리는 과거를 딛고 미래로 나아갈 수 있다.[44]

3장

정책실패

#1. 2024년 2월, 정부는 응급·중증·분만·소아 등 필수 진료 분야와 지방 의료를 살리기 위한 종합대책으로 '필수의료 정책 패키지'와 의대 정원 2,000명 증원을 발표했다. 정부가 정책을 발표할 당시만 해도, 초고령화로 인한 의료 수요에 대비하고 이른바 '응급실 뺑뺑이' 문제를 해결해야 한다는 공감대가 형성되면서 정부 정책을 지지하는 여론이 높았다. 그러나 의료계가 강하게 반발하면서 의정 간 갈등은 급속히 악화됐다. 의대생들은 집단 휴학과 수업 거부에 들어갔고, 전공의들은 집단 사직서를 제출하며 수련병원과 의료 현장을 이탈했다. 일부 의대 교수들도 집단 휴진을 선언했다. 의료 공백이 길어지자, 정부는 비상진료체계를 가동하며 대응했지만, 국민 불편은 갈수록 커졌다.

2025학년도 3월 새 학기가 시작되었지만, 의대 학생들은 복귀하지 않았다. 정부는 충분한 수업 복귀를 조건으로 의대 정원 증원 철회를 발표했지만, 전국 40개 의대의 평균 수업 복귀율은 26%에 그쳤다. 그리고 2025년 4월 17일, 교육부 장관은 2026학년도 의대 정원을 증원 이전 수준인 총 3,058명으로 확정한다고 발표했다. 하지만 의대생 65%가 수업 거부 등을 계속 고수하면서 결국 2025학년도에 8,305명이 유급되었다. 의료개혁의 핵심이었던 의대 정원 증원이 좌초되면서, 개혁의 동력 자체가 크게 약화되었다.

#2. '일회용컵 보증금제'는 카페 등에서 일회용컵을 사용할 때 소비자에게 보증금 300원을 부과하고, 컵을 반납하면 보증금을 환급해 주는 제도다. 적용 대상은 가맹점이 100개 이상인 커피·제과제빵·패스트푸드 프랜차이즈 사업자다. 애초 환경부는 이 제도를 2022년 6월 전국적으로 시행하려 했지만, 카페 가맹점주들의 반발로 시행 시기를 연기했다. 그러면서 제주도와 세종시를 선도 지역으로 지정하고, 2022년 말부터 우선 시행하기로 했다. 그러나 준비 부족과 미흡한 홍보로 인해 점주들의 불만이 상당했다. 점주들이 가장 우려한 부분은 영업 손실이었다. 시행 대상 업체는 대부분 중저가 프랜차이즈 카페로, 저렴한 가격이 경쟁력의 핵심이다. 그런데 일회용컵 보증금 300원이 음료 가격에 더해지면, 가격 경쟁력이 약화할 수밖에 없다는 지적이 나왔다. 또한 고객이 몰리는 시간대에 일회용컵 반납 요청이 집중

되면, 음료 제공 시간이 길어지고 서비스 질이 떨어진다는 우려도 제기되었다. 결국 환경부는 '일회용컵 보증금제'를 전국으로 확대할 계획이 없다고 공식 발표하고, 시행 여부를 지방자치단체 자율에 맡기겠다는 입장을 밝혔다.

오류와 오차, 시행착오와 실수

정책은 문제 해결을 위해 존재한다. 사회 문제를 인식하고, 이를 해결하기 위한 변화의 노력이 곧 정책이다. 하지만 어떤 정책도 완벽할 수는 없다. 성공을 거둔 정책도 있지만, 실패한 정책 역시 적지 않다. 같은 정책 안에서도 성공과 실패가 동시에 나타나는 경우도 있다. 이렇게 보면 정책에서 발생하는 오류와 오차, 시행착오와 실패는 피할 수 없는 내재된 한계라고 할 수 있다. 정책은 기획부터 집행, 평가에 이르기까지 모든 과정에서 불확실성과 복잡성, 모호성으로부터 자유롭지 못하다. 정책을 만드는 사람은 인지적 한계에 부딪히고, 자원도 늘 충분하지 않다. 기존의 관행과 충돌하거나, 기득권 세력의 저항으로 인해 정책이 왜곡되거나 중단되기도 한다. 또한, 정책 환경이 시간이 지나면서 변화할 경우, 정책의 정합성이 떨어지는 시차[45] 문제가 생기기도 한다. 결국 정책가는 언제나 다양한 제약조건 속에서, 실패 가능성을 염두에 두고 이를 줄이기 위한 노력을 끊임없이 할 수밖에 없다.

그렇다면 정책실패란 무엇일까? 정책실패는 단순히 정책이 성과를 내지 못한 경우만을 뜻하지 않는다. 정책실패[46]란 정책이 애초에 의도한 목표를 달성하지 못했거나, 또는 목표를 어느 정도 달성했더라도 그 과정에서 과도한 비용이 들거나, 예상하지 못한 사회적·경제적·정치적 부작용을 초래한 경우까지를 포함한다. 정책실패는 '기대 수준'이 작용하는 평가적 인식의 문제이기도 하다. 같은 정책이라도 누군가에게는 성공처럼 보일 수 있고, 또 다른 누군가에게는 실패로 여겨질 수 있기 때문이다. 즉, 정책이 국민 눈높이와 기대에 미치지 못했을 때 실패로 인식된다.

이러한 정책에 대한 기대 수준은 목표 달성도와 같은 단순히 수치나 지표만으로는 충분하지 않다. 정책을 추진하는 정부의 역량과 태도, 정책을 둘러싼 환경과 여건, 그리고 국민 여론과 수용성까지 종합적으로 고려해야 한다. 이러한 측면에서 볼 때, 정책실패는 정책사업 자체에 대한 평가 결과로 나타나는 '사업실패'와 정치적 평가에 따라 나타나는 '정치적 실패'를 모두 포함하는 개념[47]으로 이해해야 한다. 사업 실패는 정책이 무엇을 성취했는지를 중심으로 한 평가로, 계획했던 목표를 달성했는지, 비용 대비 효과는 어땠는지, 효율성과 형평성은 확보되었는지를 따지는 성과 중심의 판단이다. 반면 정치적 실패는 그 정책이 사회적으로 어떻게 인식되었는지를 중심으로 평가된다. 여론 악화, 정책 대상자의 불만, 부정적인 평판, 언론의 비난, 국회의 비판, 선거에 대한 부정적 영향, 정부 신뢰 하락, 대통령 지지도 감소 등 정치적으로 불리한 결과가 나타났다면, 그것은 정치적 실패라 할 수 있다. 이러한 정치적 평가는 정책의 내용보다는 그 시기의 정치 환경과 사회 분위기에 크게 영향을 받는다[48].

정책의 사업적 성공과 긍정적인 정치적 평판이 동시에 이루어지는 것이 바람직하겠지만, 현실에서는 이 두 평가가 서로 엇갈리는 경우도 적지 않다. 사업적 평가는 긍정적이지만 정치적으로 비판을 받거나, 또는 그 반대의 사례도 종종 발생한다. 예컨대 재난지원금과 같은 일회성 현금지원 정책은 단기적으로는 정치적 성과를 거두기도 하지만, 실질적인 경기 회복 효과에 대해서는 의견이 엇갈린다. 특히 교육개혁, 노동개혁, 의료개혁처럼 기존의 관행과 기득권을 조정해야 하는 구조개혁의 경우, 성과 측면에서는 성공적인 결과를 거두었더라도, 정치적으로는 강한 저항과 비난에 직면하는 일이 있다.

정책실패는 맥락적이며 상대적이다

분명한 것은, 사업 실패이든 정치적 실패이든 정책실패에 대한 판단은 맥락에 의존하는 상대적 인식이라는 것이다. 정책실패는 관점과 기준, 그리고 상황에 따라 그 의미가 달라지는 복합적 개념[49]이다. 성공이라고 평가할 수 있는 것이 때에 따라서는 실패로 인식되기도 하고, 비록 실패이지만 정황에 따라서는 "정부가 최선을 다했다"라는 평가를 받기도 한다. 예를 들어, 한국항공우주연구원이 국내 독자 기술로 개발한 한국형 발사체 누리호는 2021년 10월 21일 1차 발사되었다. 누리호는 1단 분리, 페어링 분리, 2단 분리 등 비행 절차를 성공적으로 마쳤지만, 목표 궤도에 안착하지는 못했다. 누리호 1차 발사는 사실상 실패였음에도 불구하고, 오히려 우리나라가 우주 강국 진입에 한 걸음 더 다가서는 계기가 되었다는 평가[50]를 받았다.

현실에서 인공위성 발사와 같이 사업의 성공과 실패가 명백한 경우도 있지만, 대개는 실패 규모와 실패의 사회적 노출 정도, 정치·사회적 평가, 정부의 실책 정도의 세 가지 조건[51]에 따라 정책실패의 경중이 판단된다. 우선, 실패 규모가 일부 지역에 국한되지 않고 전국적으로 영향력을 미치거나, 피해 집단이 많고 피해 정도가 클 경우, 정책실패의 파급 효과는 커지게 된다. 그리고 정책실패가 뉴스 등을 통해 전국 단위로 이슈화되고 국민의 이목을 끌게 되면서, 실패에 대한 가시도가 높아지게 된다. 이에 따라 정치권의 문제 제기와 정치적 쟁점화의 가능성도 커지게 된다. 정책실패의 또 다른 측면은 정부가 사전에 예측하고 적절하게 대응하였는가에 관한 것이다. 정부가 부정적 결과를 사전에 피할 수 있었는지, 그리고 정부의 대응에 실수가 없었는지에 대한 판단이 작용한다. 정책실패의 위중도가 매우 크고, 여기에 정치적 비난과 정부의 실책이 결합되면, 정부는 정치적·정책적 위기에 직면하게 된다.

실패를 유발하는 정책 함정

정책은 사회 문제를 해결하기 위한 정부의 공식적인 대응이다. 하지만 모든 정책이 문제 해결에 성공하는 것은 아니다. 때로는 정책 의도와는 전혀 다른 결과를 낳거나, 사회적 갈등과 자원의 낭비로 이어지기도 한다. 이는 단순히 정책 집행의 문제라기보다는, 정책 과정 전반에 걸쳐 다양한 함정이 작동하기 때문이다. 이러한 함정은 우리가 흔히 접하는 정책보고서에서도 확인할 수 있다. 정책보고서는 대체로 '현황, 추진 경과, 문제점, 정책 목표, 정책 수단, 향후 계획' 등을 포함한다. 사회 문제에 대한 명확한 분석, 기존 정책에 대한 비판적 성찰, 정책 수립 과정에서의 폭넓은 의견 수렴, 분명한 정책 목표, 실현 가능한 정책 수단, 구체적인 실행 일정과 책임부서 등의 요소가 포함된다. 그러나 실제 정책보고서에는 다양한 오류와 현실과의 타협이 담기기 쉽다. 무엇을 사회 문제로 인식할 것인가는 당시의 사회 분위기, 언론의 문제 제기, 대통령의 관심 등 외부 요인에 따라 크게 영향을 받는다. 또한 분석 역량의 한계, 책임 추궁에 대한 부담, 통계 자료의 부족, 상급자 설득의 어려움, 이해관계자의 반발 등으로 인해 '현황'과 '문제점'을 온전히 기술하지 못하는 경우도 많다. 정책 수단을 선택할 때도 국정 철학이나 정책 기조에서 벗어난 대안을 채택하기 어렵고, 다른 부처의 반대를 무릅써야 하는 상황도 발생한다. 추진 일정은 사후 평가를 고려해 여유 있게 설정되기도 하고, 때로는 막연히 '장기 과제'로만 표시되기도 한다. 정책보고서뿐만 아니라, 실제 정책 현장에서는 실패를 유발하는 다양한 함정들이 존재한다. 다음은 대표적인 실패 유발의 함정들이다.

1. 문제 정의의 실패: 정책은 '무엇이 문제인가'를 정의하는 것에서 출발한다. 하지만 문제 인식이 잘못되면, 이후의 모든 단계도 잘못된 방향으로 흘러갈 수밖에 없다. 현상을 지나치게 단순화하거나, 정치적 필요에 따라 왜곡된 문제 정의가 이루어지는 경우도 있다. 이럴 경우 정책은 현실을 제대로 반영하지 못하고, 엉뚱한 방향으로 자원이 투입된다. 정확한 문제 정의를 위해서는 현황에 대한 냉정하고 냉철한 판단이 필요하다. 여론의 소음이나 정무적 계산에 휘둘리지 않고, 신뢰할 수 있는 데이터를 확보해 정밀하게 분석해야 한다. 현장의 목소리를 정확히 듣고, 실태를 면밀히 파악하는 것이 기본이다. 책상 위 보고서가 아니라, 현실에서 벌어지고 있는 실제 문제를 직시할 수 있어야

정책은 성공의 첫걸음을 내디딜 수 있다.

2. 목표의 모호성 또는 과잉 설정: 문제를 정의한 다음에는, 어떤 상태를 정책 목표로 삼을 것인지 결정해야 한다. 그런데 이 목표가 추상적이거나 과도하게 설정되면, 실제 실행은 매우 어려워진다. 목표가 불분명하면 정책 집행자의 재량이 과도하게 확대되거나, 정책 성과의 측정이 어려워진다. 또한 단절적이고 급진적인 목표 설정은 정책실패를 유발하는 주요 원인 중 하나다. 논란이 되었던 의대 정원 2,000명 증원처럼, 급격한 수치 목표가 예고 없이 제시되면, 기존 이해관계자들의 반발을 초래하고 실행 동력을 스스로 무너뜨리는 결과를 낳는다. 정책 목표는 명확해야 하며, 동시에 단계적이고 실행 가능한 수준이어야 한다. 현실을 무시한 '구호형 목표'는 정책 전체를 위험에 빠뜨릴 수 있다.

3. 정책 수단의 불일치 또는 과도한 단순화: 문제 해결에 적합한 수단을 선택하는 것은 정책 성패를 좌우하는 핵심 요소다. 정책 수단은 기술적 효율성과 함께, 정치적 수용 가능성도 고려해야 한다. 하지만 실제로는 정치적 고려나 기존 관행에 따라, 문제에 걸맞지 않은 수단이 선택되는 경우가 적지 않다. 단순 반복적 방식의 해결책은 정치적 타협에는 유리할 수 있으나, 구조적 문제

해결에는 한계가 있다. 또한 복잡한 사회 문제를 지나치게 단순한 방식으로 접근할 경우, 정책에 대한 불신을 초래할 수 있다.

4. 정책 결정의 조급함과 참여 부족: 정책 결정에서 '속도'는 중요한 요소지만, 지나치게 빠른 결정은 정책의 완성도를 떨어뜨릴 수 있다. 정책결정자가 시간에 쫓기면 성급한 조치로 이어지기 쉽고, 그 결과 실행 단계에서 반복적인 수정이나 현장의 저항을 유발할 수 있다. 특히 언론의 집중 조명을 받는 상황에서는 속도가 과도하게 강조되며, 충분한 숙의 과정은 축소되기 마련이다. 이는 정책 결정의 정당성과 전문성을 훼손할 뿐 아니라, 이후에 정치적 책임의 소재를 모호하게 만들기도 한다. 시간은 단순한 행정 절차의 문제가 아니라, 정책 품질을 결정짓는 핵심 자원이다. 속도와 품질은 늘 긴장 관계에 놓여 있으며, 이를 균형 있게 조율하는 것이 정책가의 중요한 역할이다. 또한 '전문가'의 권위에 과도하게 의존하거나, 연구용역 결과에만 기대어 정책을 만드는 경우도 있다. 이럴 경우 정책은 통계적으로는 설득력 있어 보일 수 있지만, 실제 제도나 서비스가 어떻게 작동하는지에 대한 이해가 결여될 위험이 있다. 따라서 정책 초기 단계에서부터 참여의 구조를 반영하고, 실질적인 협의를 위한 시간과 자원을 확보해야 한다. 정책 실행력을 높이는 가장 효과적인 방법은 함께 정책을 만드는 것이다.

5. 정책 실행의 무력화와 사일로 구조: 아무리 정교하게 설계된 정책이라도, 실행 단계에서 무력화된다면 그 정책은 실패한 것이나 다름없다. 특히 행정조직 내의 사일로(silo) 구조는 부처 간 연계와 협업을 어렵게 만든다. 사일로 구조는 주로 두 가지 방식으로 정책 실행을 약화시킨다. 첫째는 정책의 파편화다. 동일한 정책 대상에게 여러 부처가 각기 다른 기준과 서비스를 제공하면, 정책 효과는 분산되고 중복되며 행정비용만 증가한다. 둘째는 책임 회피와 연계 실패다. 부처 간 협력이 필요한 정책일수록 "내 소관이 아니다"라는 태도로 책임을 회피하는 경향이 강해진다. 갈등 조정 없이 각 부처가 자기 입장만 고수하면, 정책 실행 시점은 끝없이 늦춰진다. 복합적 문제일수록 협업은 필수지만, 예산 배분, 성과 귀속, 기관 간 정치적 경쟁 등 복합적인 요인이 작용하면서 부처 간 연계는 형식적인 선언에 그치는 경우가 많다.

정책불응, 실패의 또 다른 얼굴

지금까지 논의한 것은 정책실패를 예방하기 위해 정책가가 점검하고 유의해야 할 사항들에 관한 것이었다. 이에 반해, 정책대상집단의 입장에서 나타나는 정책실패 양상도 존재한다. 이는 정책대상집단이 정책을 따르지 않는 정책불응[52]의 상황을 의미한다. 정책대상집단은 정책에 협조하기도 하지만, 행동에 변화가 없는 불응의 모습을 보이기도 한다. 정책대상집단의 불응은 정책에 대한 무지에서 비롯되거나, 기존 행동에 대한 타성과 관행에서 기인할 수 있다. 또한 개인의 손익 계산에 따른 합리적 선택일 수도 있다. 정책 자체가 불완전하거나 불명확한 경우도 있으며, 정책을 집행하는 기관이 소극적으로 대응하는 경우도 있을 수 있다. 이러한 불응의 원인[53]을 설명해 본다.

1. **불명확한 의사전달**: 이는 정책 당국이 정책을 충분히 설명하지 못하거나, 정책고객이 정책을 오해하거나 전혀 알지 못할 때 발생한다. 예를 들어, 우회전 시 일시 정지 의무와 같은 교통법규가 국민에게 제대로 알려지지 않았던 사례가 있다. 특히 새로운 정책이나 규제가 시행될 때, 정책 내용이 충분히 전달되지 않으면 불응은 쉽게 나타난다. 따라서 정책 내용을 명확히 정리하고 효과적으로 전달하는 것이 중요하다. 또한 정책이 요구하는 행태 변화가 클수록, 정책 시행 시기를 여유 있게 설정하여 설명 기회를 확보하는 것이 바람직하다.

2. **정책 수행에 필요한 자원 부족**: 순응을 위해서는 재정, 인력, 시간, 기술, 조직, 정보 등 다양한 자원이 요구되지만, 이들이 충분히 확보되지 못할 경우 불응이 발생한다. 예를 들어, 식량, 에

너지, 주택 등 국민 생활과 직결된 자원의 공급이 부족하면 불법 행위를 유발할 수 있다. 보건의료 위기 상황에서 의료 자원이 부족할 경우 정부의 보건지침을 따르려는 유인이 약화된다. 따라서 성공적인 정책 추진에는 충분한 예산 확보, 인력 충원, 자원의 효율적 운영이 전제되어야 한다.

3. **정책에 대한 회의(懷疑)**: 이는 정책의 수용도가 낮을 때 발생하는 불응으로, 정책 목표에 대한 회의와 정책 수단에 대한 회의로 나누어 볼 수 있다. 먼저, 정책 목표에 동의하지 않거나, 동의하더라도 그 목표의 우선순위를 매우 낮게 평가하는 경우이다. 이것은 개인의 가치관이나 원칙과 관련된 문제로, 단기간에 정책 대상집단의 변화를 끌어내기 어려운 유형이다. 예를 들어, 기후 변화 대응을 위해 댐 건설을 추진할 때, 일부는 댐 건설이 환경을 오히려 파괴하고, 결과적으로 기후 변화 대응에 역행한다며 반대할 수 있다. 새로운 정책이 전통적 가치관이나 사회 규범과 거리를 둘수록, 정책에 대한 회의는 더욱 깊어질 수 있다. 이러면 시간을 들여 정책 목표에 대한 감정적 반응을 이해하고, 공감대를 형성하려는 노력이 필요하다. 이해관계자의 참여를 유도하고, 협의 과정을 강화하는 것도 중요한 전략이다. 만약 불응이 지속될 경우에는 정책 목표를 재검토하고, 더 많은 사람들이 동의할 수 있는 방향으로 수정하는 유연성이 요구된다. 때로는 정

책을 과감히 포기할 수 있는 결단도 필요하다. 정책 수단에 대한 회의는, 정책 목표에는 동의하지만, 그 목표를 달성하기 위해 선택한 정책 수단이 적절하지 않다고 판단하는 경우에 발생한다. 이러한 불응은 정책 수단과 결과 간의 인과관계를 입증할 수 있는 과학적 근거를 제시하거나, 전문가의 설득을 통해 완화할 수 있다. 공청회나 설명회를 통해 다양한 이해관계자와 소통하거나, 정책에 순응하는 개인이나 단체에 인센티브를 부여하는 방법도 고려해 볼 수 있다. 또한, 언론 보도와 사회 캠페인을 통해 정책의 중요 성과, 정책 준수가 사회적으로 바람직한 행동임을 강조하는 접근도 유효하다.

4. 정책불응에 따른 손익 계산: 정책목적과 정책 수단에 동의하는 경우에도, 정책에 순응함으로써 감당해야 하는 비용과 부담이 클 경우 불응이 나타날 수 있다. 이는 비용과 편익을 따지는 손익 계산에 따른 불응으로, 순응으로부터 얻는 이익과, 불응 시 발생하는 비용을 비교해 행동을 결정하는 합리적 선택의 결과로 볼 수 있다. 예를 들어, 환경 보호 규제를 준수하기 위해 공장 설비를 개선하거나 친환경 기술을 도입해야 할 경우, 이는 추가적인 비용을 수반하게 된다. 이러한 부담을 회피하기 위해, 일부 기업은 규제를 위반하고 벌금을 감수하는 선택을 하기도 한다. 이러한 손익 계산에 기반한 불응에 대응하려면, 인센티브 제공

과 처벌의 위협을 병행하는 방식이 효과적이다. 순응에 대해 충분한 보상을 제공하는 유인 체계를 마련하는 동시에, 불응에 대해서는 엄격한 제재와 처벌을 가해 비용을 크게 느끼도록 해야 한다. 이른바 '당근과 채찍' 전략은 이러한 경제적 계산에 따른 불응에 효과적인 대책이다.

5. 권위에 대한 불신: 이는 정책 자체보다는, 정책을 결정하고 집행하는 주체인 정부, 특정 집행기관, 공무원을 신뢰하지 못할 때 발생하는 불응이다. 정책 결정 과정이 불투명하거나, 정부가 중요한 정보를 은폐하고 있다고 인식될 때, 이러한 불신이 나타난다. 부패나 비리 사건이 발생하거나, 비효율적이거나 실패한 정책이 반복될 경우, 사람들은 해당 기관의 역량과 도덕성에 의문을 품게 된다. 또한, 정치적 갈등이나 사회적 불평등이 심화하는 상황에서 공정성이 결여되면, 법 집행기관에 대한 신뢰 역시 낮아지게 된다. 집행기관의 정통성이 약화되면, 사람들은 정책에 자발적으로 순응하려 하지 않는다. 권위에 대한 불신이 깊어질수록, 정책의 효과적 실행은 어려워지고, 사회적 갈등은 증폭될 수 있다. 이를 해결하려면, 정책 결정과 집행 과정의 투명성과 공정성을 높이고, 사회적 불평등을 완화하는 포용적 정책을 추진해야 한다. 또한 부패와 비리에 단호히 대응하는 등 정부에 대한 신뢰를 회복하기 위한 노력이 지속되어야 한다.

정책은 실패를 토양 삼아 자란다

완벽한 정책은 세상에 존재하지 않는다. 오스트리아 출신 수학자 괴델(Kurt Gödel)의 '불완전성 정리'처럼, 충분히 복잡한 체계 안에서는 모든 이해관계와 목표를 동시에 충족시키는 완벽한 해결책을 찾는 것이 불가능하다. 경제학자 애로(Kenneth Arrow)의 '불가능성 정리' 역시, 모든 개인의 선호를 동시에 만족시키는 사회적 의사결정 규칙은 존재하지 않는다고 증명했다. 정책도 그렇다. 정책은 불완전하고, 항상 실패의 가능성이 내재한다.

그러나 더 큰 문제는, 단순한 실패 자체가 아니라, 실패가 반복된다는 점에 있다. 하나의 정책이 실패했음에도 불구하고 유사한 실수가 되풀이되는 이유는, 실패에 대한 학습이 제대로 이루어지지 않기 때문이다. 실패가 드러나는 순간, 누군가 책임을 져야 하기 때문에 조직은 방어적인 태도를 보이게 된다. 공공조직은 종종 실패를 드러내기보다는 감추고 축소하는 방식으로 반응한다. 이런 책임 회피의 문화는 실패로부터 배울 기회를 차단한다. 여기에 정치적 유인과 단기 성과주의가 결합하면 상황은 악화된다. 정치인들은 다음 선거를 의식해 정책의 장기적 효과보다는 당장의 가시적 성과를 추구하게 되고, 이는 정책의 실질적 완성도를 떨어뜨리며 실패를 재생산하게 만든다. 더 나아가,

평가의 왜곡도 문제다. 정책의 성과를 정확히 측정하고 반영하기보다는, 정치적 고려나 보고용 실적 중심으로 운영되는 경우가 있어, 실패의 원인을 제대로 진단할 수 없게 만든다.

무엇보다 중요한 것은, 실패를 학습하는 행정이다. 실패를 금기시하거나 감추는 조직이 아니라, 실패를 기록하고 공유하며 다음을 준비하는 행정이 되어야 한다. 실패는 부끄러운 일이 아니라, 더 나은 정책을 위한 발판이다. 실패를 두려워하지 않고 성찰하며 개선하려는 태도야말로, 진정한 행정의 책무이다. 실패를 드러내고 해석하며 배우는 과정 없이는, 진짜 혁신은 시작되지 않는다. 실패는 자산이며, 성공이란 결국 실패의 변형된 모습이다. 실패를 통해 배우는 조직, 실패를 분석하는 정부, 실패를 축적하는 행정이 있을 때, 우리는 더 나은 미래로 나아갈 수 있다. 여기에 학습을 기다려 주고, 때로는 실패에 용기를 더해 주는 정치도 필요하다.[54]

4장

소요 시간

#. 경부고속도로에 위치한 추풍령 휴게소는 1970년 7월 7일에 개장한, 우리나라 최초의 고속도로 휴게소이다. 이 휴게소는 경상북도 김천시와 충청북도 영동군의 경계 지점에 있으며, 부산 기점으로부터 214km 지점에 위치해 있다. 고속도로 개통 당시 총연장이 428km였던 경부고속도로의 중간 지점에 해당한다. 추풍령 구간은 지형이 험하고 고도가 높아 공사 난이도가 특히 높았던 곳 중 하나였다. 이런 이유로 추풍령 휴게소에는 경부고속도로 준공 기념탑과 기념비가 세워져 있다. 기념비에는 다음과 같은 문구가 새겨져 있다.

"서울-부산 간 고속도로는 1968년 2월 1일 착공, 1970년 7월 7일에 준공하여 2년 5개월 만에 개통하였다. 우리 역사에 유례없는 대토목 공사이며, 조국 근대화의 초석이 되고, 국민정신을 고취하는 데 크게 기여하였다."

2년 5개월 만에 고속도로를 완공한 것은 그 시대의 절박함과 특수한 상황이 있었기에 가능했던 일이다. 이후 추진된 호남고속철도는 11년, 새만금 지구 방조제는 17년, 인천국제공항 건설은 9년이 걸린 것과 비교하면, 당시 경부고속도로 건설은 기적에 가까운 속도였다.

이러한 속도는 신도시 건설 사례에서도 확인할 수 있다. 1989년 4월에 계획이 발표된 분당 신도시는 1991년 9월 말에 시범단지 첫 입주가 이루어졌다. 입주까지 29개월이 소요되었다. 같은 시기에 추진된 산본 신도시는 43개월, 평촌 신도시는 42개월, 일산 신도시는 40개월이 소요되었다. 반면, 2000년대 이후의 동탄 신도시는 79개월, 판교 신도시는 87개월, 광교 신도시는 80개월이 걸렸다.

흐르는 강물처럼, 모든 정책에는 시간이 흐른다

새로운 정책을 만드는 데에는 과연 얼마나 시간이 걸릴까? 정책이 구상된 뒤 실제로 시행되기까지, 국민은 얼마의 시간을 기다려야 할까? 때로는 성급한 지도자나 정치인이 빠른 실행을 서두른다고 해서, 정책이 곧바로 만들어질 수 있을까? 이번 글에서는 '정책 시간'이라는 개념을 중심으로, 실제로 정책에 얼마나 시간이 소요되는지를 짚어본다.

정책을 검토하거나 직원들로부터 보고를 받을 때, 가장 먼저 고민하는 것은 두 가지다. 첫째는 그 일을 할 것인가, 또는 하지 말 것인가의 결정이다. 둘째는, 한다면 언제 할 것인가를 판단한다. 직원들의 계획대로 추진할지, 조금 서두를지, 혹은 시기를 늦추는 것이 나을지를 판단한다. 국회 일정이나 다른 중요한 행사와의 연계 여부도 함께 고려한다. 이처럼 시간에 대한 고민은 정책 과정의 거의 모든 순간에 깊이 개입되어 있다. 정책은 단번에 만들어지지 않는다. 하나의 정책이 탄생하기 위해서는 문제를 인식하고, 대안을 찾고, 이를 구체화하고 집행하는 복잡한 절차를 거쳐야 한다. 이 모든 과정에는 필연적으로 시간이 소요된다. 시간은 단지 정책의 배경이 아니라, 정책 그 자체를 구성하는 핵심 요소다. 시간은 외부 조건이 아니라, 정책결정자가 전략적으로 고려해야 할 변수다. 정책이 언제 시작되고, 어떤 속도로 추진되며, 얼마나 지속되느냐에 따라 결과가 달라질 수 있다. 또한 어떤 일을 먼저 하고, 무엇을 나중에 하는가도 정책의 성패에 결정적인 영향을 미친다. 어떤 정책은 너무 이르게 시행되어 국민적 공감대를 얻지 못하고 실패할 수 있고, 반대로 너무 늦게 시행되면 적절한 시기를 놓칠 수 있다. 정책에서도 '때'는 매우 중요하다.

그렇다면 정책에서 말하는 '시간'이란 무엇을 의미할까? 실제로 시간은 다양한 의미로 사용된다. 어떤 때는 정책을 만드는 데 걸리는 시간 즉 소요 시간을 의미하고, 어떤 때는 시기를 놓쳤다는 의미로 말하기도 한다. 때로는 시간을 바라보는 안목을 뜻하기도 하며, 정책이 순환적으로 반복되는 시간 구조를 의미하기도 한다. 이를 각각 살펴보자.

첫째는 정책을 만드는 데 걸리는 시간, 즉 소요 시간이다. 이는 하나의 정책 아이디어가 처음 제기된 시점부터 실제로 구체화되어 실행되기까지 걸리는 현실적인 시간을 뜻한다. 일반적으로 달력상의 시계 시간(clock time)으로 측정된다. 소요 시간은 정책의 복잡성, 시급성, 이해관계의 정도, 정부 구조 등에 따라 달라진다. 예를 들어, 코로나19와 같은 긴급 상황에서는 정책 결정과 집행이 빠르게 이루어지지만, 연금개혁이나 교육개혁처럼 사회적 갈등이 내재된 사안은 수년이 걸리기도 한다. 여소야대, 여대야소와 같은 정치 구도, 이해관계자들의 반대 강도에 따라서도 소요 시간은 달라질 수 있다.

둘째는 정책 시차(policy lag)[55] 개념이다. 이는 문제가 발생한 시점과 정부가 실제로 대응하는 시점 사이의 시간 간극을 의미한다. 정책이 적기에 이루어졌는가에 관한 문제다. 정책 시차는 하나의 단순한 지연이 아니라, '인지-결정-집행'이라는 정책 전개 과정 전체에서 발생한다. 정책 시차는 가능하면 짧을수록 좋지만, 현실에서는 다양한 이유로 불가피하게 발생한다. 먼저

'인지 시차'는 정부나 공공기관이 문제를 인식하고, 그것을 정책 문제로 받아들이기까지의 시간이다. 문제는 이미 발생했지만, 정책가의 인식이 이를 따라가지 못해 시차가 생기는 것이다. 언론 보도, 시민사회의 압력, 여론 형성 등에 따라 인지 시차의 길이는 달라질 수 있다. 그리고 '결정 시차'는 문제를 인식한 후, 해결 방안을 마련하고 정책을 결정하기까지 걸리는 시간이다. 대안 검토, 부처 간 조율, 이해관계자 설득 등이 이 시차에 영향을 준다. 이어서 '집행 시차'는 결정된 정책이 실제 현장에서 시행되기까지 걸리는 시간이다. 예산 확보, 법령 정비, 조직 구성, 인력 배치 등 실행 준비 과정이 여기에 포함된다.

셋째는 시간안목(temporal perspective)이다. 이는 정책가가 시간에 대해 어떤 관점을 갖고 정책을 설계하느냐에 대한 문제로, 상대적인 시간 인식이라고 할 수 있다. 그런 의미에서 정치적 시간과 정책적 시간은 서로 다르게 흐를 수 있다. 현실 정치에서는 임기나 선거 주기와 같은 단기적 동기가 강하게 작용한다. 당장의 여론, 지지율, 언론 반응에 민감하게 반응하고, 빠른 성과를 낼 수 있는 정책에 우선순위를 두기 쉽다. 반면 많은 정책은 장기적 관점에서 지속적으로 추진되어야 효과를 볼 수 있다. 기후 변화 대응, 저출생, 교육개혁 등은 단기 성과를 기대하기 어렵고, 오히려 초기에는 정치적 부담이 클 수도 있다. 문제는 정치적 시간과 정책적 시간이 서로 어긋나기 쉽다는 데 있다.

정치적 시간은 '지금 당장' 효과가 드러나기를 요구하지만, 정책적 시간은 '천천히, 그리고 구조적'으로 진행되어야 효과가 제대로 나타나는 속성을 지닌다. 이로 인해 단기적 성과가 보이지 않는 정책은 외면받기 쉽고, 반대로 장기적으로 추진이 필요한 정책은 동력을 유지하기 어렵다.

넷째는 정책 주기(policy cycle)와 관련된 시간 구조다. 정책은 일반적으로 '문제 제기→의제 설정→정책 형성→정책 결정→정책 집행→정책 평가'의 과정을 거친다. 이 정책 주기는 선형적인 흐름처럼 보이지만, 실제는 순환적이고 반복되는 경향이 있다. 중요한 점은 단계마다 요구되는 시간이 다르다는 것이다. 문제 제기와 의제 설정은 비교적 빠르게 이루어질 수 있지만, 정책 형성과 결정 단계는 다양한 논의와 검토를 거쳐야 하므로 시간이 오래 걸리기 마련이다. 또한 평가 단계는 종종 간과되기 쉬우나, 다음 정책 주기의 출발점이 되기 때문에 충분하게 고려되어야 한다. 정책 주기를 시간의 흐름 속에서 바라보면, 정책은 한 순간의 결정이 아니라, 서로 연결된 여러 단계가 유기적으로 작동하는 과정임을 알 수 있다.

정책을 만드는 데 걸리는 시간, 평균 3년

정책을 만드는 데에는 얼마나 시간이 필요할까? 대통령비서실에 근무하던 2006년 12월 말, 노무현 대통령으로부터 한 가지 지시를 받았다. 정책 검토가 시작된 이후 실제로 시행되기까지 얼마나 시간이 걸리는지를 측정해 보라는 것이었다. 아마도 임기가 1년 여밖에 남지 않은 상황에서, 남은 시간 동안 개혁 정책들이 얼마나 실현 가능한지를 점검해 보려는 의도였을 것이다. 대통령의 지시에 따라 참여정부에서 추진한 주요 개혁 과제 134건과 입법 과제 65건에 대해, 실제 처리에 걸린 시간을 분석했다.

분석한 결과[56]에 따르면, 정책의 필요성이 제기된 후 국무회의 등을 거쳐 최종적으로 발표되기까지 평균 21.8개월이 걸렸다. 이는 약 1년 8개월, 즉 654일에 해당하는 시간이었다. 여기에 법률 개정이 필요한 정책의 경우, 국회 심의를 마치는데 평균 7.0개월, 이후 시행까지 추가로 5.9개월이 소요되었다. 결국 주요 정책은 처음 논의된 시점부터 실제 시행까지 평균 35개월, 즉 3년이 걸렸다.

그 과정을 자세히 살펴보면, 첫 번째 단계는 정책의 필요성이 제기된 후 이를 구체적인 정책 방안으로 정리하는 과정이다. 이 과정에는 평균 14.5개월이 소요되었다. 주관 부서를 지정하고, 현황을 분석하며, 정책 대안을 마련하고, 이해관계자들의 의견을 수렴하는 데 시간이 걸렸다. 특히 노사관계처럼 사회적 갈등이 크거나 여러 부처의 협력이 필요한 사안일수록 더 많은 시간이 소요되었다.

다음 단계는 법률안을 마련하는 과정이다. 정책이 법 개정을 필요로 하는 경우, 입법 예고, 법제처 심사, 국무회의 통과, 국회 제출까지의 절차를 거쳐야 한다. 이 과정에는 평균 7.3개월이 걸렸다. 부처 간 의견 차이가 크거나 합의가 지연되면 이 기간은 더 길어질 수 있다.

그다음은 국회 심의 과정이다. 정부 입법안이 국회 본회의를 통과하는 데 평균 7.0개월이 걸렸다. 이는 주요 정책을 기준으로 한 수치이며, 단순 개선 사항을 담은 입법안은 평균 4.4개월이 소요되었다.

주목할 점은, 정부 입법안이 국회를 통과하는 데 걸리는 시간이 점차 길어지고 있다는 것이다. 김영삼 정부에서는 평균 2.2개월, 김대중 정부에서는 3.0개월, 노무현 정부에서는 4.4개월로 계속 증가하는 추세를 보였다. 이후 정부에서도 입법 처리 속도는 더 늦어졌을 것으로 예상된다. 특히 여소야대의 분점정부 상황에서는 입법 속도가 더 느려지는 경향이 있다.

한편 국회를 통과한 법률이 실제로 시행되기까지는 평균 5.9개월이 걸렸다. 다만, 정책의 성격에 따라 시행 시기는 달라졌다. 새로운 제도를 도입하는 경우에는 보통 1년 정도의 준비 기간을 두었지만, 조세 정책이나 행정 서비스와 관련된 법률은 비교적 즉시 시행되기도 했다.

정책 시간에 영향을 미치는 다양한 요인들

이러한 분석을 바탕으로, 당시 행정자치부 주관으로 추가 연구가 진행되었다. 이시원 등으로 구성된 연구진은 총 219개 정책 사례에 든 시간을 분석[57]하였다. 분석 결과, 정책 검토의 계기가 발생한 시점부터 최종안이 확정되기까지 평균 371일, 즉 약 1년이 소요된 것으로 나타났다. 대통령비서실 분석과 차이가 발생한 이유는, 대통령비서실 분석은 주로 개혁 과제를 대상으로 했지만, 후자는 일반 행정과제를 포함하고 있어 업무 난이도의 차이가 반영된 것이다.

세부적으로 살펴보면, 기존 정책을 수정하는 데에는 평균 328일, 신규 정책을 수립하는 데에는 평균 428일이 걸렸다. 기존 정책은 이미 일정 수준의 구체화가 이루어져 있어 수정에 필요한 시간이 비교적 짧은 반면, 신규 정책은 처음부터 모든 절차를 밟아야 하므로 더 많은 시간이 소요된다.

정책안을 마련하는 과정에서 어떤 절차를 거쳤는지에 따라서도 시간 차이가 뚜렷하게 나타났다. 예를 들어, 연구용역을 수행한 경우에는 평균 467일, 연구용역 없이 추진한 경우는 210일로, 두 배 이상의 차이가 있었다. 이는 정책 수립 과정에서 데이터 수집과 분석이 중요한 영향을 미친다는 점을 보여준다. 또한, 자문회의를 거친 경우 평균 375일, 자문회의가 없는 경우는

258일이 소요되었다. 자문회의가 있을 경우, 각 분야 전문가의 의견을 반영하면서 논의가 진행되기 때문에 시간이 더 걸리는 것으로 보인다. 영향평가가 필요한 정책은 평균 411일, 필요 없는 경우는 273일이 소요되었다. 이는 정책이 사회적·경제적 영향을 미칠 경우, 이를 충분히 분석하고 예측하는 데 시간이 요구된다는 점을 보여준다. 그리고 예산이 수반되는 정책은 평균 430일이 소요되었으며, 예산이 없는 정책은 334일이었다. 또한, 비법제화 정책은 평균 306일, 법제화 정책은 488일이 걸렸다. 법제화 정책은 법률 제정 및 국회 심의 절차를 거쳐야 하므로 시간이 더 소요된다.

부처별로 보면, 경제·산업 부처는 평균 396일, 교육·사회 부처는 461일, 정부 운영 관련 부처는 330일, 국가안전관리 부처는 303일이 걸렸다. 그러나 이 차이는 통계적으로 유의미하지는 않았다. 부처 간 추진 속도의 차이보다, 정책의 복잡성과 성격이 소요 시간에 더 큰 영향을 미친다는 점이 확인되었다. 인사관리 요인에 따른 차이도 나타났다. 기관장이 재직 중인 경우에는 평균 277일이 걸렸지만, 기관장이 교체된 경우에는 평균 539일이 소요되었다. 기관장의 교체는 정책의 방향이나 우선순위에 영향을 미치며, 새로운 리더십 아래에서 정책을 재조정하는 과정이 필요하기 때문이다.

정책 시간에 대한 기관별 온도 차이

앞선 연구들이 정책 사례별로 실제 소요된 시간을 측정한 것이라면, 임도빈은 '정책 시간안목'이라는 개념을 도입하여, 정책을 기획할 때 어느 정도의 시간이 필요하다고 인식하는지 설문조사[58]를 실시하였다. 이 연구는 정책이 추진되는 데 걸리는 시간뿐만 아니라, 정책을 성공적으로 완수하기 위해 '필요하다고 생각하는 시간'이 어느 정도인지를 파악했다는 점에서 의의가 있다.

조사 결과, 중앙부처 공무원들이 인식하는 정책에 필요한 당위시간은 평균 25.3개월인 반면, 실제로 업무 수행에 적용되는 실제 시간은 평균 13.9개월로 나타났다. 이 차이는 부처 간, 그리고 업무 유형에 따라 다양한 양상으로 드러났다. 통일부, 국방부, 외교부 등 안보와 외교 분야를 담당하는 부처는 당위시간이 30개월 이상으로 길게 나타났고, 이는 업무의 성격상 장기적 안정이 필요하다는 점을 반영한다. 반면, 기획재정부, 행정안전부, 지식경제부 등 경제·행정 기능 중심의 부처는 20개월 미만으로, 상대적으로 짧은 당위시간을 가지고 있었다. 실제시간에서도 유사한 경향이 확인되었다. 기획재정부, 행정안전부, 고용노동부, 공정거래위원회 등은 10개월 미만의 기간으로 업무가 가능하다고 응답하였다.

〈표1〉 2012년 기준 부처별 정책 시간안목 예시[59]

부처	당위시간(개월)	실제시간(개월)
통일부	38.1	14.8
보건복지부	33.4	14.9
국방부	32.4	15.3
환경부	32.3	17.4
외교부	31.4	12.0
문화체육관광부	27.7	15.1
농림수산식품부	26.5	18.2
고용노동부	25.7	9.3
교육부	24.8	13.5
국토해양부	24.2	13.5
법무부	22.7	14.8
금융위원회	20.3	11.1
기획재정부	20.0	9.3
국가보훈처	19.2	13.3
국무총리실	19.2	13.3
여성가족부	19.0	10.6
행정안전부	18.4	8.9
지식경제부	15.8	12.4
공정거래위원회	15.2	8.8

업무 유형에 따른 정책 시간안목 차이를 살펴보자. 일반적으로 기획·정책 업무는 전략적 조정과 중장기 목표 수립을 포함

하기 때문에 더 긴 시간안목이 필요할 것으로 예상되지만, 실제 분석 결과에서는 기획·정책 업무(평균 24.8개월)와 운영지원 업무(평균 26.9개월)의 당위시간 간 차이가 크지 않았고, 실제시간 역시 각각 13.8개월, 15.5개월로 유의미한 차이를 보이지 않았다.

정책 추진에서 당위시간과 실제시간 간의 차이, 즉 시간의 괴리도 중요한 분석 지점이다. 통일부, 외교통상부, 보건복지부 등은 두 시간안목 간의 차이가 20개월 이상으로 매우 컸던 반면, 지식경제부, 검찰청 등은 5개월 미만으로 비교적 차이가 작았다. 이러한 차이는 정책의 복잡성, 조직 내·외부 협력 구조, 정치적 환경 등 다양한 요소에 의해 영향을 받는 복합적인 시간 구조의 반영이다. 어떤 조직은 정책의 특성상 충분한 준비와 절차가 필요하지만, 실제로는 제도적 제약이나 정치적 압력으로 인해 필요한 시간을 확보하지 못하는 경우도 있다.

정책이 현실이 되기까지

정책을 만드는 데 걸리는 시간은 그 정책의 성격과 복잡성, 그리고 사회적·정치적 환경에 따라 크게 달라진다. 정책은 종종 긴급하게 추진되기도 하지만, 대부분은 긴 시간 동안 조율과 검토를 거쳐 현실화된다. 하나의 정책이 입안되고 법제화되며 실행에 이르기까지는 수많은 요소가 영향을 미친다.

먼저, 정책의 복잡성과 범위가 중요한 요인이다. 일시적인 규제 완화나 세금 감면과 같은 단기 정책은 비교적 빠르게 추진될 수 있다. 이런 정책은 정부의 판단과 의지가 직접 반영되며, 절차도 비교적 단순한 경우가 많다. 반면, 교육개혁, 연금 개편, 노동개혁처럼 사회 전반에 영향을 미치는 장기적이고 구조적인 정책은 복잡한 검토와 폭넓은 조율이 필요하다. 문제 정의부터 해결 방안 설계, 실행계획 수립까지 여러 단계가 필요하며, 예상치 못한 부작용까지 고려해야 한다. 이처럼 정책의 복잡성과 포괄 범위가 넓을수록, 필요한 시간도 함께 늘어난다.

둘째, 정치적 환경은 정책 추진 속도를 좌우하는 결정적 요소다. 정부가 정치적으로 안정되어 있고 국회와의 협력 관계가 원활하다면, 정책의 입안과 실행은 상대적으로 빠르게 진행될 수 있다. 하지만 여야 간 갈등이 심하거나, 정부 내부에서 입장 차이가 클 경우, 정책 추진은 지연될 수밖에 없다. 여소야대인지, 여대야소인지에 따라 입법 과정에서의 지연 정도도 달라진다.

셋째, 정부 외부 이해관계자들과의 협의 과정도 정책의 소요 시간을 결정짓는 중요한 변수다. 노동법 개정, 부동산 정책, 탄소배출 규제와 같은 사안은 수혜자와 부담자가 명확히 구분되는 구조를 가지고 있다. 이 과정에서 시민단체, 기업, 전문가 집단, 언론 등 다양한 외부 이해관계자들이 입장을 표명하게 되며, 때로는 강한 반대 여론이나 저항이 나타나기도 한다. 이시원의 연구[60]에 따르면, 정책 추진 속도는 지지 세력의 확보보다 반대 집단의 존재와 저항 강도에 더 큰 영향을 받는 것으로 나타났다. 갈등이 클수록, 그리고 반대 목소리가 크고 지속될수록 정책은 더디게 진행된다.

넷째, 정책 추진을 위한 행정 절차와 법적 요건도 시간이 소요되는 큰 원인이다. 대부분의 정책은 법령 제정이나 개정이 수반되며, 이 과정에서 공청회, 입법 예고, 규제심사, 국무회의 등 다양한 절차를 거쳐야 한다. 사전적으로 각종 영향평가를 받아야 하는 경우도 있다. 입법이 필요한 정책은 국회의 심의 일정, 상임위와 법사위 논의, 본회의 통과까지 상당한 기간이 걸릴 수 있다. 특히 사회적 파급력이 크거나 재정 지출이 수반되는 정책은 더 높은 수준의 심사와 타당성 검토가 요구된다. 이러한 절차는 정책의 정당성과 투명성을 확보하는 데 필수적이지만, 동시에 추진 속도를 늦추는 요인이기도 하다.

다섯째, 정책이 실행 가능하도록 뒷받침되는 자원의 확보 또한 중요하다. 예산이 배정되지 않거나, 인력이 준비되지 않으면 정책은 실행으로 옮겨지기 어렵다. 때로는 정책 아이디어가 있더라도, 예산, 인력, 조직과 같은 정부 내부 조율 과정을 거치느라 지연[61]되는 경우도 있다. 정책은 단지 '무엇을 할 것인가'를 결정하는 것뿐만 아니라, '그 일을 누가, 어떤 자원으로 할 것인가'를 함께 고민해야 하는 과정인 것이다. 그리고 자원이라는 측면에서 사회적 관심의 지속 여부도 무시할 수 없다. 처음에는 언론과 대중의 주목을 받으며 활발히 논의되던 정책도 시간이 지나면서 다른 이슈에 밀리거나, 정치적 우선순위에서 뒤로 밀릴 수 있다. 사회적 관심이 줄어들면 정책 추진의 동력도 자연스럽게 약화된다. 반대로, 꾸준한 관심과 논의가 이어지는 정책은 입안자들에게 우선과제로 남아 있으며, 추진 가능성도 높아진다.

미리 준비하는 정부를 위하여

이제 시간에 대한 내용을 다시 정리해 보자. 정책을 만들어 내는 데에는 시간이 필연적으로 소요된다. 그러나 불필요한 시간 낭비는 줄여야 한다. 정책에 대한 부처 간 이견을 조정하는 정부 내 조정 기제가 원활히 작동해야 하며, 단지 연구용역을 이유로 정책 생산이 지체되어서도 안 된다. 또한 정부의 의사결정 속도가 외부 환경 변화에 뒤처져 사회 발전을 저해해서는 안 된다.

토플러(Alvin Toffler)는 그의 책 『부의 미래[62]』에서 사회 각 분야의 변화 속도가 맞지 않는 '비동시성(Desynchronization)' 현상이 지속적인 발전을 가로막는다고 지적했다. 그는 기업이 100의 속도로 움직인다면, 정부 조직은 25, 학교는 10, 정치 조직은 3의 속도로 변화한다고 강조했다. 즉, 기업과 사회는 빠르게 움직이지만, 정부와 정치는 이를 따라가지 못해 발전이 지체될 수 있다는 것이다. 단순한 점진주의, 근시안적 입법, 관료주의만으로는 시대 변화에 제때 대응할 수 없다. 지체된 정책[63]은 사회 발전을 가로막는 장애물이 된다. 정부가 사회 문제에 대응하여 정책을 마련하는 과정에서는 필연적으로 시차가 발생한다. 외부 요구에 정부가 수동적으로 대응할 경우, 변화 속도를 따라잡기 어렵다. 또한 정책결정 참여자 간의 정보 습득 속도 차이나 선호 차이로 인해, 문제의 원인을 파악하고 해결책을 찾는 데에도 시간 차이가 생긴다. 여기에 기존 정책을 고수하려는 기득권도 변화의 속도를 늦춘다.

이러한 정책 시차를 줄이기 위해서는 미래 문제를 예측하고 정책 의제로 앞서서 설정하는 능동적 대응이 필요하다. 사회 문제를 해결하기 위한 정책을 마련하는 데 평균 35개월이 걸린다는 점을 고려하면, 장기적 안목에서의 사전 준비가 필수적이다. 이는 단지 행정 효율성의 문제가 아니라, 정책가의 책임과도 직결되는 문제다. 언론과 정치도 예외가 아니다. 정책과 아젠다를 공론의 장에서 성숙하게 논의하고, 사회적 합의를 끌어내는 역할을 충실히 수행해야 한다. 특히 언론과 정치권은 초과 권력 행사를 경계하고, 객관적 사실에 기반한 합리적 토론과 책임 있는 대안 제시에 집중해야 한다. 이것이야말로 책임 있는 사회로 나아가는 길이다.

결국 정부가 일을 잘한다는 것은 시대의 변화를 제때 따라가는 것이다. 품질 높은 정책을 적시에 제공하는 것이 정부 신뢰의 핵심이다. 하지만 정책에는 언제나 일정한 시간이 들기 마련이다. 그렇기 때문에 선제적 대응과 사전 준비가 필수적이다. 미리 준비하는 정부야말로, 시대를 이끄는 책임 있는 정부다[64].

제5부

정부

1장

조직행동

\#. 2024년 12월 27일 오후, 국회는 대통령 권한대행인 한덕수 국무총리에 대한 탄핵소추안을 의결했다. 이에 따라 국무위원인 최상목 부총리 겸 기획재정부 장관이 대통령 권한대행을 맡게 되었다. 이틀 후인 12월 29일 오전 9시 3분경, 제주항공 여객기가 무안공항 활주로를 이탈해 전소되는 사고가 발생했다. 보고를 받은 최 권한대행은 오전 10시경 정부서울청사 상황실에서 중앙재난안전대책본부 가동을 결정했다. 최 권한대행이 중대본부장을 직접 맡고, 1차장과 2차장은 각각 국토교통부 장관과 행정안전부 장관 직무대행이 맡았다. 최 권한대행은 "전라남도, 무안군, 국토교통부, 소방청, 경찰청 등 관계기관은 가용한 모든 장비와 인력을 동원해 화재 진압과 인명 구조에 총력을 다하라"고 지시했다.

이후 최 권한대행은 곧바로 사고 현장으로 이동해 낮 12시 55

분 무안공항에 도착했다. 현장에서 최 권한대행은 "현장에 설치된 통합지원본부를 통해 피해 수습과 지원에 모든 역량을 집중하겠다. 중대본을 중심으로 필요한 모든 자원을 투입하고 있다"라고 밝혔다. 최 권한대행은 이날 오후에 2차, 3차 중대본 회의를 주재하고 무안 지역을 특별재난지역으로 선포했다. 또한 12월 29일부터 1월 4일까지 7일간을 국가애도기간으로 정하고, 전남·광주·서울 등 17개 시도에 합동분향소를 설치하기로 했다. 정부는 최 권한대행을 중심으로 부처 간 협력 체계를 유지하며 사고 수습에 나섰다. 최 권한대행이 속한 기획재정부뿐만 아니라 국무총리실, 행정안전부, 국토교통부 등 관계 부처들이 적극적으로 재난 대응을 지원했다. 평생 경제 분야에서 경력을 쌓아온 최 권한대행은 어떻게 사회재난 상황에서 신속하게 정책 결정을 할 수 있었을까? 그것은 그의 합리적 판단력 덕분이었을까, 아니면 기존 위기 대응 시스템과 조직이 효과적으로 작동한 결과였을까? 과연 정책 결정은 사실상 누가 하는 것일까?

결정의 본질

정부 조직은 흔히 하나의 팀으로 움직이는 것처럼 보인다. 그러나 현실은 그렇지 않다. 정부라는 거대한 조직 안에서 각기 다른 부처와 기관들이 완벽하게 조화를 이룬다는 것은 이상적이며 순진한 생각일 뿐이다. 각 조직은 저마다의 권한과 역할, 그리고 이해관계를 가지고 있으며, 때로는 그 차이가 갈등으로 표출되기도 한다. 조직 간 협력보다는 경쟁이 두드러지는 경우도 있다.

정책 결정 과정은 결코 단순하지 않다. 대통령이나 국무총리와 같은 최고지도자라 하더라도, 정책을 혼자 고민하고 결정하는 구조는 현실과 거리가 있다. 실제 정책 결정은 수많은 조직과 사람, 절차와 이해관계가 얽혀 있는 복잡하고 역동적인 과정이다. 그렇다면 이처럼 복잡한 정책 결정 과정을 어떻게 설명할 수 있을까? 미국의 정치학자 앨리슨(Graham T. Allison)은 냉전기 미국의 외교정책, 특히 쿠바 미사일 위기 사례를 분석한 저서 『결정의 본질: Essence of Decision』에서 정책 결정을 설명하는 세 가지 관점[1]을 제시했다. 첫째는 정부의 결정을 합리적 선택의 결과로 이해하는 관점, 둘째는 여러 이해관계자 간 정치적 협상의 산물로 보는 관점, 셋째는 정부 조직이 만들어 낸 산출물로 해석하는 관점이다. 이 세 가지 관점은 정책 결정을 서로 다른 방식으로 설명하며, 단일한 시각으로는 포착하기 어려운 정책 현실을 입체적으로 이해할 수 있도록 돕는다. 정책을 바라보는 세 가지 분석의 렌즈로서, 각각의 관점은 서로의 한계를 보완하며, 정책 현상을 통합적으로 해석할 수 있는 틀을 제공한다.

합리적 선택 모델과 정치적 협상에 대해서는 이 책의 다른 장에서 자세히 다루고 있으므로, 여기서는 간략히 언급하는 데 그

치겠다. 이번 글에서는 정책 결정을 '정부 조직의 결과물'로 바라보는 관점에 집중하여 설명한다. 앨리슨의 이론을 중심으로 정부 조직이 어떻게 행동하고, 그 행동이 정책 결정에 어떤 영향을 미치는지를 살펴본다. 이것은 기획재정부 장관이 단 이틀 만에 중앙재난안전대책본부를 지휘할 수 있었던 이유를 조직의 관점에서 설명하는 데 중요한 실마리를 제공한다.

합리적 선택 모델, 우리는 원팀이다

우선 앨리슨이 제시한 세 가지 정책 결정 모델 중 '합리적 선택 모델'과 '정부 정치 모델'에 대해 간략히 정리한다. '합리적 선택 모델'은 정책 결정을 이성적이고 체계적인 사고 과정의 산물로 이해한다. 이 모델에서 국가는 하나의 단일 행위자로 간주된다. 마치 한 사람이 판단하고 결정을 내리는 것처럼, 정부 전체가 하나의 목표를 향해 움직이는 하나의 팀처럼 작동하는 조직으로 설정된다. 예컨대 "정부는 물가 안정을 위해 최선을 다하기로 했다"의 표현에서처럼, 기획재정부 대신 '정부'라는 표현을 사용되는 것은 정부 전체가 공동의 의지를 가지고 동일한 목표를 추구하고 있다는 전제를 반영한 것이다.

이 관점에서 정부는 주어진 문제를 해결하기 위해 명확한 목표를 설정하고, 가능한 대안을 탐색하며, 각 대안의 비용과 편익을 비교·분석한 뒤, 가장 효과적인 대안을 선택한다. 정부가 내린 결정은 여러 가능성 중 '최선의 선택'이라는 점이 강조되며, 모든 판단은 합리성과 효율성을 기준으로 이루어진다고 본다.

합리적 선택은 이론적으로는 설득력 있어 보이지만, 현실에서는 한계가 있다. 정책 결정 과정은 복잡하고 종종 비합리적인 요소가 개입되기 마련이다. 국가를 하나의 단일 행위자로 보는 것도 무리가 있다. 정부는 다양한 부처와 기관으로 이루어져 있으며, 각기 다른 목표와 이해관계를 가진 조직들이 존재한다. 이 때문에 목표를 설정하는 과정에서부터 충돌이 발생할 수 있다. 또한 모든 대안을 완벽하게 비교하고 분석하는 것은 현실적으로 쉽지 않다. 시간 부족, 불완전한 정보, 제한된 자원 등은 합리적 선택을 저해하는 주요 요인이다. 그럼에도 합리적 선택 모델은 효율성과 합리성을 추구하는 방향성을 제공하고, 정책 결정을 위한 이상적 기준을 제시한다는 점에서 여전히 의미가 있다.

정부 정치, 기관 간 협상과 타협

앨리슨의 또 다른 관점은 정책 결정을 정부 내부의 정치적 협상의 결과물로 해석하는 '정부 정치 모델[2]'이다. 이 관점은 정책이 단순히 논리적이고 합리적인 분석으로 결정되는 것이 아니라, 정부 내 다양한 이해관계자들 사이의 경쟁과 타협, 협상과 협의의 결과로 형성된다고 본다.

　여기서 정부는 하나의 통일된 조직이 아니라, 서로 다른 목표와 이해관계를 가진 부처, 기관, 그리고 관료들로 구성된 행위자 집합체로 이해된다. 각 부처와 기관, 그리고 주요 관료들은 자신들의 정책 영역을 지키고 영향력을 확대하기 위해 정치적 자원을 활용해 정책 결정에 관여한다. 이것은 여러 부처와 관료들이 참여하는 정치적 게임에 가깝다. 예를 들어, 한 부처가 특정 업무에 대한 권한을 확대하려 하면, 다른 부처는 이를 견제하거나 자신들에게 더 유리한 방향으로 조정하려 한다. 그 과정에서 이익 충돌과 협상, 협의를 통해 조율된 결과물이 도출된다.

　정부 정치 모델은 상충하는 입장을 가진 부처들이 어떻게 조율되고 타협해 나가는지를 설명하는 데 유용하다. 예컨대, 환경부가 환경 보호를 우선시하고, 산업부는 지역경제 성장을 강조할 경우, 최종 결정은 두 부처의 입장을 절충한 형태로 나타난다. 개발을 추진하려는 쪽과 환경 피해를 우려하는 쪽이 협상을 거쳐 절충안을 마련하는 과정이 반복된다. 결국, 정부 정치 모델은 정책 결정이 정부 내부의 다양한 이해관계자 간의 정치적 타협의 결과임을 강조한다. 이 관점을 통해 정책 결정이 단일한 의지나 분석의 결과가 아니라, 복잡한 내부 정치의 산물임을 이해할 수 있다. 특히, 정부 내부의 역학 관계나 부처 간 갈등 구조를 파악하는 데 유용한 분석 틀이 된다.

조직행태 모델, 정부는 조직으로 움직인다

이제 이 글에서 주로 다루고자 하는 '조직행태[3]'에 대해 본격적으로 살펴보겠다. 이 관점의 핵심은 정부를 '조직'으로 이해한다는 점에 있다. 바꿔 말해 정책은 결국 조직에 의해 만들어진다는 것이다. 조직행태 모델에서 상정하는 정부는 하나의 단일팀도 아니며, 이해관계자들이 모여 타협과 협상을 벌이는 정치의 장도 아니다. 또한 조직을 단지 목표 달성을 위한 효율적 도구나 수단으로 간주하는 입장에도 동의하지 않는다. 이 모델에서 바라보는 정부는 독자적 생명력을 지닌 여러 조직이 느슨하게 연결된 복합체이다. 정부 지도자는 이러한 조직들을 조율하는 역할을 맡는다. 정부의 행동은 표준화된 절차, 일상적인 업무처리 방식, 그리고 기존 관행에 따라 이루어진다. 정책은 의식적 선택이라기보다는, 미리 규정된 조직행동 패턴에 따라 작동한 일종의 산출물이다.

이 관점에서 보면, 경제부처에서만 일했던 최상목 권한대행이 생소한 재난 업무를 무리 없이 수행할 수 있었던 이유도 이해할 수 있다. 재난 관련 정부 조직들이 이미 정해둔 절차와 관행에 따라 작동했고, 그는 그 체계에 따라 조율하고 결정했을 뿐이다. 병원, 군대, 발전소, 세무서 등 다양한 조직에서도 마찬가지다. 부서장이 일시적으로 공석이거나 인사이동이 있다고 해서,

조직의 업무가 정지되지 않는다. 조직은 정해진 절차와 관행에 따라 움직이기 때문이다. 이것이 바로 조직행태 모델이 설명하는 정책 결정 방식이다.

정부 조직은 몇 가지 독특한 제약이 있다. 이윤을 목표로 하지 않으며, 생산 조직에 대한 통제력이 제한된다. 조직 목표를 스스로 설정하거나 자유롭게 조정하기 어렵고, 행정 절차를 규율하는 규칙 또한 내부뿐 아니라 외부에서도 만들어진다. 또한 정부 조직은 생산 성과를 명확히 측정하거나 평가하기 위한 객관적인 기준이 부족하다는 점도 특징이다. 염두에 둘 점은, 정부 조직은 단순히 효율성만을 위해 설계된 존재가 아니라는 것이다. 정치적 정당성, 형평성, 절차적 정합성 같은 가치 또한 중요한 기준으로 작동한다. 이런 관점에서 조직의 특성과 생리가 어떻게 구체적으로 드러나는지를 하나씩 살펴보겠다.

조직의 구성

정부가 처리해야 할 일은 매우 많고 다양하다. 이를 효과적으로 수행하기 위해 정부는 여러 개의 조직 단위로 나뉘어 구성된다. 중앙정부만 보더라도 부, 처, 청, 위원회 등 50개가 넘는 기관이 있으며, 여기에 소속기관과 산하기관까지 포함하면 조직 구조는 훨씬 복잡하고 다양해진다.

각 조직은 고유한 업무와 역할을 수행하며, 해당 분야에서는 일정 부분 독립적인 지위를 가진다. 그러나 하나의 조직이 관련 모든 업무를 단독으로 처리하는 경우는 현실에서 드물다. 여러 조직이 독립적으로 진행한 업무가 합쳐져 정부의 전체적인 활동과 행동을 이룬다. 예를 들어, 정부가 '설 연휴 종합대책'을 수립한다고 해보자. 행정안전부는 중앙재난안전상황실을 중심으로 다른 부처와 지방자치단체와 함께 24시간 비상 대응 체계를 운영하는 계획을 세운다. 국토교통부는 도로, 항공, 철도 등 교통수단별로 특별 안전점검을 실시하고, 해양수산부는 여객선과 선박 시설을 점검한다. 보건복지부는 응급 의료체계를 유지하며, 문을 여는 병의원과 약국 정보를 제공한다. 이렇게 각 기관이 맡은 역할과 수행할 계획들이 종합되어 "종합대책"이라는 정책으로 구성된다.

사실 특정 업무를 수행하는 조직이 있다는 것은 해당 조직이 제시하는 해결책이나 행동이 정부나 지도자에 의해 선택될 가능성이 높다는 의미이기도 하다. 이는 조직이 보유한 인적·물적 자원의 능력이 정부의 선택과 판단에 영향을 미친다는 뜻이다. 조직의 지도자들은 조직이 생산해 낸 결과물을 통해 문제를 파악하고, 필요한 정보를 제공받으며, 문제의 성격을 규정짓는다. 이처럼 조직의 결과물은 정부가 상황을 이해하고 대처하는 틀이 되는 것이다. 그뿐만 아니라, 특정 조직에 이미 많은 자원이 투입되어 있고, 그 조직이 오랜 시간 동안 축적한 경험과 절차를 보유하고 있기 때문에, 기존 조직을 활용하는 것이 새로운 방안을 마련하는 것보다 정치적·경제적 비용이 낮다고 할 것이다.

물론 각 기관의 활동을 조율하는 것은 정부 지도자의 중요한 역할이다. 그러나 정부 지도자가 모든 세부 사항을 직접 조정하는 것은 현실적으로 불가능하다. 정부 지도자의 권한이 각 조직의 업무에 어느 정도 영향을 미칠 수는 있지만, 세부적인 부분까지 통제하기는 어렵다. 그렇기 때문에 정부 정책은 각 조직이 만들어 낸 결과물이 모이고 정리되어 완성되는 것이다. 이것이 조직행태 모델의 관점이다.

그렇다면 조직은 왜 비슷하게 구성될까? 정부 조직, 공공기관, 대학, 병원 등 서로 다른 목적과 환경에 있는 조직들이 의외로 유사한 구조, 직위 체계, 평가 방식, 심지어 조직의 표현까지 닮아 있는 경우가 많다. 왜 이런 일이 벌어지는 것일까? 이 질문에 대해 앨리슨이 직접 답을 제시한 것은 아니지만, 윌리엄슨(Oliver E. Williamson)은 거래비용(transaction cost)[4]의 개념으로, 디마지오(Paul J. DiMaggio)와 파월(Walter W. Powell)은 동형화(isomorphism)[5]를 통해 설명한다.

윌리엄슨과 신제도주의 경제학자들은 조직의 유사성을 경제적 합리성에 바탕을 둔 거래비용 절감의 관점에서 설명한다. 조직은 단지 일을 나누는 단위가 아니라, 경제적 교환 과정에서 발생하는 불확실성과 위험을 줄이기 위한 제도적 장치이다[6]. 조직을 통해 일정한 규칙, 절차, 신뢰 기반의 관계가 형성되면, 시장에서 개별적으로 거래를 반복하는 것보다 훨씬 안정적이고 예측할 수 있는 방식으로 자원을 배분하고 업무를 수행할 수 있게 된다. 조직을 통해 거래비용을 줄이는 것이 합리적이고 효율적인 선택이 되는 것이다.

한편 디마지오와 파월은 조직이 점점 비슷해지는 동형화 경향을 보인다고 설명한다. 조직은 효율성만을 추구하는 것이 아니다. 오히려 사회적 정당성을 얻고 제도적으로 안정적인 위치를 확보하기 위해 다른 조직의 방식을 모방하거나, 사회적으로 인정받는 규범에 맞춰 나가려 한다. 조직이 동형화되는 과정은 세 가지 유형이 있다. 첫째는 강제적 동형화이다. 이는 정부의 법령, 규제, 재정 지원 조건처럼 외부의 강제적인 압력에 의해 조직이 특정한 방식으로 구조와 제도를 맞춰가는 현상이다. 예를 들어, 정부의 평가 기준이나 감사 지침에 따라 모든 공공기관이 비슷한 내부통제 구조를 갖추게 되는 현상이 이에 해당한다. 둘째는 모방적 동형화이다. 조직이 불확실한 환경 속에서 성공한 조직이나 선도적인 조직을 따라 하려는 경향을 말한다. 명확한 정답이 없는 상황에서, 조직은 불확실성을 줄이기 위해 타 조직의 구조나 정책을 모방한다. 특히 언론에 긍정적으로 보도되었거나 정부로부터 우수사례로 인정받은 조직의 제도나 방식을 다른 조직들이 그대로 도입하는 경우가 많다. 셋째는 규범적 동형화이다. 이는 사회화 과정을 통해 비슷한 가치와 지식을 공유하게 되면서 발생하는 동형화다. 같은 대학이나 훈련기관에서 교육을 받은 전문가들이 유사한 문제 해결 방식, 문서 작성 스타일, 정책 논리 등을 조직 내에 퍼트린다. 이에 따라 조직이 스스로 유사한 문화를 형성하게 된다. 공무원의 정책보고서 양식 비슷한 것도 이러한 이유다. 이처럼 조직은 강제, 모방, 규범이라는 다양한 경로를 통해 서로 닮아가며, 제도적 환경 속에서 생존을 도모한다. 이는 정부 조직이 서로 다른 임무를 맡고 있음에도 구조와 운영 방식에서 놀라울 정도로 유사한 모습을 보이는 까닭을 설명해 준다.

조직의 행동을 조정하는 메커니즘

조직은 특정한 목표를 향해 협력하는 사람들의 체계적인 집합체다. 단순히 사람들이 모여 있는 것 이상의 구조다. 조직은 고유한 정체성과 행동 방식을 가진 하나의 독립적인 체계다. 두 사람 이상이 협력하며 유기체처럼 움직이는 이 구조는, 개인이 혼자서는 달성하기 어려운 목표를 실현 가능하게 만든다.

조직을 움직이는 주체는 개별 구성원이다. 정부의 모든 행동 역시 결국 개인의 행위로 이루어진다. 하지만 복잡한 업무를 효과적으로 수행하려면 개인의 행동을 조정하고 통합하는 메커니즘이 필요하다. 이때 핵심이 되는 것이 표준운영절차(SOP, Standard Operating Procedure)이다. 표준운영절차는 업무를 처리하는 공식적인 규칙과 절차뿐 아니라, 조직 내에 암묵적으로 공유되는 기준, 신념, 관행과 같은 비공식적인 요소까지 포함한다. 이는 조직이 일상적인 업무를 예측 가능하게 하고 일관되게 수행할 수 있도록 돕는다. 특정 상황이 발생했을 때 조직은 미리 준비된 절차와 방식으로 대응할 수 있는 것도 이 때문이다.

표준운영절차가 없으면 여러 사람의 행동을 조율하기 어려워지고 조직이 제대로 작동하지 못할 수 있다. 반대로 표준운영절차 때문에 조직이 관료적이고 형식적이거나, 상황에 맞지 않게 작동하는 경우도 있다. 어떤 절차는 시간이 지나며 조직의 습관처럼 굳어져 단순한 관행에 머물기도 한다. 조직의 가장 중요한 표준운영절차는 조직의 보상 체계, 규범, 구성원의 기본 태도, 조직문화, 행동 양식 등에 깊숙이 자리 잡고 있다. 그 깊이가 깊을수록 표준운영절차는 쉽게 바뀌지 않는다.

표준운영절차와 프로그램은 구성원의 행동과 의사결정 방식에 영향을 미치며 제약하는 역할을 한다. 마치(James G. March)와 올센(Johan P. Olsen)[7]은 이를 '적절성의 논리'라고 설명한다. 이는 '결과의 논리', 즉 합리적 계산을 통한 최적의 선택이라는 전통적 관점과 대비된다. '적절성의 논리'에 따르면 사람과 조직은 항상 결과를 분석해 최선의 선택을 하는 것이 아니라, 주어진 상황에서 기존의 규칙과 절차, 역할에 가장 적절하다고 여겨지는 방식으로 행동한다. 예를 들어, 장례식장에서의 행동과 결혼식장에서의 행동이 다르듯, 조직 구성원도 상황에 맞는 행동과 결정을 내린다. 이는 반드시 합리성이나 효율성을 기반으로 하지 않으며, 오히려 과거의 관행과 규범, 정해진 절차를 따르는 경향이 있다.

조직의 변화

조직은 쉽게 변하지 않는다. 오늘의 조직행동은 어제와 크게 다르지 않으며, 내일도 유사하게 반복될 가능성이 높다. 과거의 궤적은 현재와 미래의 선택에 지속적으로 영향을 미치며, 변화는 대개 점진적이고 제한적인 방식으로 일어난다. 큰 변화가 일어나는 일은 흔치 않으며, 기존 구조를 조금씩 조정하는 경향을 보인다.

조직은 발전해 온 경로에 의존하고, 과거로부터의 관성과 변화에 필요한 비용 때문에 미래의 발전 폭은 제한될 수밖에 없다. 예를 들어, 조직의 예산은 지난해의 예산을 바탕으로 조금 늘리거나 줄이는 식으로 조정된다. 갑작스럽게 예산에서의 큰 변화가 생길 거라는 기대는 거의 현실이 되지 않는다. 조직의 일하는 방식도 마찬가지다. 새로운 활동이 필요할 때도 기존 방식이나 프로그램을 조금 수정해서 적용하는 경우가 많다. 한번 도입된 프로그램은 비용이 이익보다 크더라도 쉽게 없애지 못한다. 조직은 마치 정해진 궤도를 따라 움직이는 기차처럼, 관성에 따라 움직인다.

하지만 예상치 못한 새로운 상황이 닥치면, 조직은 어쩔 수 없이 새로운 대안을 찾고 기존 방식에 변화를 주기도 한다. 그렇다고 해서 완전히 새로워지는 건 아니다. 새로운 상황에 맞추면서도 기존 조직 문화와 틀 안에서 해결하려고 한다. 문제점 위주의 탐색이 이루어지며, 표준에 맞지 않는 불편을 해소하는 것에 중점을 둔다. 물론 외부에서 큰 충격이 오거나 중요한 사건이 발생하면, 조직은 자신의 목표와 프로그램을 다시 검토하고 때로는 새로운 조직 문화를 만들어내기도 한다. 다만 이런 극적인 변화는 흔하지 않다. 예컨대 2014년 세월호 참사 이후 당시 대통령은 해양경찰청의 해체를 발표했다. 이에 따라 해경은 독립 기관의 지위를 잃고, 수사 기능은 경찰청으로, 수난 구조 업무는 국민안전처의 해양경비본부로 이관되었다. 2016년에는 해양경비본부 사무실이 인천광역시에서 세종시로 이전되었다. 문재인 정부에서 해양경비본부는 해양경찰청으로 환원되었고, 2018년 해양경찰청 청사를 세종시에서 인천광역시로 다시 옮겼다. 이 사례는 조직이 큰 외부 충격에 직면했을 때, 기존 관성과 제약을 뛰어넘는 구조적 변화가 가능하다는 것을 보여준다. 그러나 이러한 변화조차도 완전히 새롭게 설계되기보다는, 기존 조직 체계 내에서의 재조정과 통합이라는 방식으로 이루어지는 경우가 많다.

조직의 생존

조직은 '조직의 건강', 곧 조직의 생존과 안정성을 매우 중요하게 여긴다. 대부분의 조직은 자신들의 존속 가능성을 높이고, 독자성과 자율성을 강화하는 것을 핵심 목표로 삼는다. 이를 위해 조직은 자신의 권한과 영향력을 확대하려는 방향으로 의사결정을 내리고 행동한다. 그러한 차원에서 조직은 생존과 성장을 위해 끊임없이 예산을 늘리고, 인력을 확충하며, 업무 영역을 넓히려는 노력을 기울인다. 매년 더 많은 예산을 배정받기를 원하고, 조직의 규모가 커지기를 기대한다. 반대로 예산이 삭감되거나 기구 축소가 논의되면, 조직은 민감하게 반응하며 이를 막기 위해 적극적으로 움직인다. 이러한 노력은 단순히 내부 자원을 늘리는 데서 끝나지 않는다. 조직은 새로운 업무 영역을 선점하고, 기존에 없던 분야를 자신의 권한 아래 편입하려는 시도를 계속한다. 특히 업무 영역의 경계가 명확하지 않거나 새롭게 떠오르는 분야가 매력적으로 보일 때, 여러 조직이 서로 경쟁하거나 충돌하기도 한다. 이 과정에서 조직 간 갈등은 두 가지 방식으로 나타난다. 하나는 새롭게 생겨난 업무가 자신들의 관할이라고 주장하며 다투는 경우이고, 다른 하나는 문제가 되는 사건이 발생했을 때 그 책임을 회피하며 상대방에게 떠넘기려는 경우다. 조직은 자신의 건강과 생존이 위협받는 것을 민감하게 받아들이기 때문에, 이익이 되는 업무는 끌어오되, 책임이 발생하는 업무는 피하려는 경향을 보인다.

조직은 또한 자신이 만들어내는 결과물의 양을 점점 많이 생산하려 한다. 이를 위해 보다 많은 예산과 자원을 얻으려 한다. 그러나 문제는 종종 사회가 실제로 필요로 하거나 감당할 수 있는 수준을 넘어서는 생산을 하려 한다는 점이다. 이러한 행동은 니스카넨(William A. Niskanen)[8]의 '관료예산 극대화 이론'으로 설명할 수 있다. 관료예산 극대화 이론은 관료가 공공의 이익보다 자신의 조직 규모와 예산 확대를 우선시한다고 본다. 관료는 예산이 커질수록 자신의 영향력, 승진 가능성, 조직 위상이 높아진다고 여기기 때문에 예산 극대화를 추구한다. 이 과정에서 실제 필요한 수준보다 과도한 예산을 요구하고, 조직의 업무를 확대하려는 경향을 보인다. 특히 전문성과 정보의 비대칭성을 활용해 정치권을 설득함으로써 자신에게 유리한 방향으로 제도를 움직인다. 관료예산 극대화 이론은 공공조직이 시간이 지날수록 팽창하게 되는 이유를 설명한다.

조직의 지도자

조직이 변화에 둔감하다고 해서, 정부의 모든 행동이 늘 그대로인 것은 아니다. 여기에는 정부 지도자의 역할이 중요한 영향을 미친다. 지도자가 조직의 목표나 운영 방식을 완전히 바꾸기는 어렵지만, 어떤 조직이 어떤 프로그램을 어디에서 실행할지 결정하는 일은 지도자의 판단에 달려 있다. 이처럼 기존의 조직 틀은 그대로 두더라도, 지도자의 선택에 따라 정부의 행동에는 의미 있는 변화가 일어날 수 있다. 다만 이러한 변화도 대부분 기존 프로그램과 조직의 범위를 크게 벗어나지 않는 선에서 이뤄진다. 조직이 가진 한계 안에서 가능한 선택을 하는 것이다.

특정 시점에서 지도자가 선택할 수 있는 방법은 크게 세 가지로 나뉜다. 첫째, 기존 실행 계획 중 하나를 선택하여 추진하는 방식이다. 예를 들어, A 프로그램 대신 B 프로그램을 실행하거나, 두 계획 간 우선순위를 재조정해 실행할 수 있다.

둘째, 기존 프로그램을 새로운 상황에 맞게 조정하는 방식이다. 사회적·경제적·정치적 변화에 따라 프로그램의 방향이나 세부 내용을 수정하는 방식이다.

셋째, 여러 프로그램을 동시에 작동시키는 방식이다. 이 접근은 다양한 대안을 시험해 보거나, 복합적인 문제를 통합적으로 해결하고자 할 때 사용된다.

이와 함께 지도자는 조직 내부의 변화를 유도하기 위한 전략도 사용할 수 있다. 예를 들어, 부서 간 경쟁을 유도해 조직의 역량을 끌어올리거나, 문제의 성격을 전략적으로 바꾸어 조직을 움직이는 방식이다. 예산 문제를 정책 문제로 전환하거나, 반대로 정책 문제를 단순한 예산 문제로 바꿔서 접근하는 방식이 여기에 해당한다. 이러한 전략은 문제를 새롭게 정의하거나 조직 내부의 역학 관계를 변화시킴으로써 의사결정 과정에 영향을 미친다.

장기적으로는 새로운 조직을 만들거나 기존 조직의 역할을 조정해 구조적 변화를 시도할 수도 있다. 예를 들어, 특정 부서의 기능을 확대하거나 축소하는 방식으로 조직의 방향성을 재설정하는 것이다. 하지만 이러한 변화는 시간과 자원이 많이 들고, 지도자의 임기 내에 완성되기는 어렵다. 게다가 지도자의 개입은 조직이 제공하는 정보, 기존 프로그램의 평가, 제시되는 대안에 사실상 영향을 받을 수밖에 없다. 지도자의 선택 역시 조직이 갖춘 틀과 조건 안에서 이뤄지는 경우가 많다. 근본적인 변화를 만들기 위해서는 이러한 제약을 넘어서는 리더십과 전략이 필요하다.

정부 지도자는 조직의 행동을 의도적으로 바꿀 수 있는 권한과 도구를 가지고 있다. 하지만 그 개입이 실제로 변화를 만들어내기 위해서는 몇 가지 조건이 충족되어야 한다. 특히 지도자는 임기 내에 눈에 띄는 성과를 내야 한다는 정치적 압박, 그리고 당면한 현안에 집중해야 하는 현실적 제약 때문에, 구조적인 변화를 과감하게 시도하기 어려운 경우가 많다. 결국 앨리슨의 조직행태 모델에서 상정하는 지도자의 역할은 조직의 틀 안에서 주어진 여건을 최대한 활용하고, 그 안에서 변화의 방향을 조정하는 데 초점이 맞춰질 수밖에 없다.

조직은 탄생의 순간부터 개혁의 대상

지금까지의 논의를 정리해 보자. 정책은 조직으로부터 나온다. 그것이 앨리슨의 조직행태 모델이 우리에게 던지는 가장 현실적인 메시지다. 우리는 종종 정책을 특정 인물의 리더십이나 정치적 결단, 혹은 합리적 판단의 산물로 이해하려 하지만, 실제 정책은 조직이라는 제도적 맥락 속에서 형성되고 집행된다.

정부는 단일한 의사결정 주체가 아니라, 서로 다른 이해관계와 관행, 권한 구조를 가진 수많은 조직의 복합체다. 조직은 정해진 표준운영절차, 오랜 업무 관행, 제도적 제약 속에서 움직이며, 각자의 방식대로 현실에 반응한다. 이로 인해 정부의 행동은 때로 일관성을 가지면서도, 또 때로는 변화에 소극적이며 관성적 속성을 보인다. 그래서 조직은 쉽게 바뀌지 않는다. 변화는 보통 느리고 제한적이다. 그렇다고 변화가 전혀 불가능한 것은 아니다. 외부의 강한 압력, 내부의 문제 인식과 의지, 지도자의 전략적 개입이 맞물릴 때, 조직은 변화의 길을 택할 수 있다. 특히 지도자의 역할은 변화의 가능성을 찾아내고, 새로운 비전을 제시하고, 자원을 재배치하고, 문제를 새롭게 정의하는 데 있다.

결국 정책을 혁신하려면 조직을 이해해야 한다. 정책은 조직의 생리와 구조, 절차와 논리를 통과해 나오는 결과물이기 때문이다. 정책 혁신은 곧 조직의 변화이며, 조직을 변화시키기 위해서는 그 작동 방식에 대한 깊은 이해가 선행되어야 한다. 조직은 탄생의 순간부터 개혁의 대상이라는 점을 한시도 잊어서는 안 된다.[9]

2장

부처

\#. 정부 부처 중 가장 영향력이 큰 곳으로는 단연 기획재정부가 꼽힌다. 기재부는 예산편성권을 중심으로 국가 재정 운영과 경제정책을 총괄할 뿐 아니라, 때로는 사회정책에도 깊숙이 관여한다. 이 때문에 일각에서는 "대한민국은 기재부의 나라냐"라는 말까지 나온다. 실제로 다른 부처가 정책을 추진하려면 기재부의 협조 없이는 어려운 경우가 많다. 이는 정책 설계 초기 단계부터 기재부의 입장을 고려해야 한다는 의미이기도 하다. 아래는 이러한 현실을 보여주는 2024년 7월 10일 언론 보도[10]의 일부다.

"기획재정부 전성시대. 기재부 출신들이 경제부처를 넘어 사회부처 수장에까지 오르면서다. 향후 운신의 폭이 넓어진 기재부 간부들의 표정엔 화색이 비친다. 반면 다른 부처에선 "기재부의 나라냐"라는 볼멘소리도 나온다. 대통령이 지명한 환경부 장관 후보자와 금융위원장 후보자 모두 기재부 출신이다. 환경부 장관 후보자는 예산실장과 2차관을, 금융위원회 후보자는 경제정책국장과 기재부 1차관을 지냈다. 특히 환경부 장관에 기재부 출신이 가는 건 이례적이다. 환경부 장관에 예산실장 출신이 지명된 건 28년 만이다. 기재부 출신이 환경부 수장에 오르는 건 8년 만이다. 대통령의 기재부 선호가 드러난 건 대통령직인수위원회 때였다. 당시 인수위에 역대 가장 많은 6명의 국·과장이 기재부에서 파견됐다. 기획조정분과 간사를 맡았던 국민의힘 원내대표는 부총리 겸 기재부 장관이 됐고, 경제1분과 간사는 경제수석을 거쳐 부총리가 됐다. 소통 측면에선 긍정적이란 평가도 나온다. 기재부와 복지부, 저출산위를 기재부 출신이 아우르면서 저출생 대응 정책과 예산 협의가 원활해졌다는 것이다. 반면 전문성 부재나 가치관 충돌은 부정적 측면으로 꼽힌다. 관련 시민단체에선 평생 세제·예산·금융정책을 다루고 경제 논리로 사고했던 사람이 사회정책을 다루는 데 적합하냐는 지적도 나온다."

기재부는 세다, 행안부는 높다, 국토부와 산자부는 중요하다

지방자치단체에서 근무한 적이 있다. 그때 중앙부처에 대해 나름의 개인적 평가를 갖게 되었다. "기획재정부는 세다, 행정안전부는 높다, 국토교통부와 산업통상자원부는 중요하다"는 것이다. 재정적으로 취약한 지방자치단체 입장에서는 이들 부처의 영향력은 지대하다. 기획재정부는 예산편성권을 바탕으로 국비 지원 여부와 규모를 좌우할 수 있는 결정적 권한을 행사한다. 행정안전부는 지방조직과 정원 관리, 그리고 지방교부세 배분 권한을 통해 지방정부 운영에 영향력을 미친다. 국토교통부는 철도, 도로, 공항 등 지자체가 추진하는 주요 SOC 사업과 직접 연결되어 있다. 산업통상자원부 역시 국가산업단지, 개발특구 등 지역경제와 밀접하다.

실제로 언론에서도 특정 중앙부처에 대한 인식은 반복적으로 재생산되어 왔다. 기획재정부에 대해서는 "기재부의 나라", "정부 위의 정부", "모피아"와 같은 표현이 등장한다. 이는 예산과 재정 정책을 통제하는 기획재정부의 막강한 영향력에 대한 견제와 비판의 표현이다. 국토교통부 역시 대형 개발사업과 사회간접자본 건설을 주도해 온 이력 때문에 "토건족"이라 불리며, 대규모 개발 정책의 상징으로 언급되기도 한다. 검찰 조직에 대해서는 정치적 영향력 문제가 제기될 때마다 "검찰 공화국"이라는 비판적 수식어가 따라붙는다. 이처럼 특정 부처에 대한 성토는 그만큼 해당 부처가 강한 영향력을 가지고 있다는 방증이기도 하다.

이번 글은 중앙부처의 권력과 영향력에 관한 것이다. 2025년 6월 기준으로 중앙부처는 19개 부, 3처, 20개 청, 6개 위원회로 구성되어 있다. 정부는 단일의 정책 결정 주체로 인식되기도 하지만, 각기 다른 성격의 기관들이 상호 느슨하게 연결된 집합체이다. 정책 문제 해결을 위해 협력하는 정책 공동체의 성격을 띠기도 하지만, 현실에서는 개별 부처는 각자의 생명력에 따라 각기 다른 권력과 영향력을 행사한다. 정부 부처 중에서 권력의 크기가 가장 큰 곳은 어디일까? 속칭 4대 권력기관이라고 불리는 검찰청, 경찰청, 국정원, 국세청은 정말 실세일까? 오재록은 이러한 질문, 관료제 권력의 크기를 노무현 정부에서부터 문재인 정부까지 5년 주기로 측정해 왔다. 이번 내용에서는 오재록의 연구 결과[11]를 바탕으로 부처의 권력 순위를 정리해 본다. 다만 연구에서는 대통령비서실, 국무총리실을 포함하고 있지 않다는 것을 유의하기를 바란다.

부처는 두 번 싸운다

각 부처는 태생적으로 각기 다른 토대 위에 설립되었다. 설립 목적, 운영 과정, 대상 고객, 활동 장소 등이 서로 다르다. 국방부, 농림부, 환경부 등은 나름의 정책 방향성과 활동 목표를 가지고 있다. 고객 중심으로 설치된 기관은 관련 고객의 모든 측면을 다루고자 하므로, 목적 중심 기관과 충돌할 수 있다. 예를 들어 보건복지부가 보건복지 기능 전반을 수행하고, 국가보훈부가 국가유공자의 보건 문제에 관여하고자 할 때, 두 기관 간에 긴장이 발생할 수밖에 없다. 행정중심복합도시건설청과 새만금개발청은 지역이라는 토대 위에서 활동에 제약을 받는다.

또한 각 부처는 정책의 관할권이나 주도권을 확보하기 위해 경쟁하며, 그 과정에서 조직 구성원의 개인적 동기와 기관 자체의 생존 전략이 함께 작용한다. 각 부처 소속의 관료들은 더 많은 인원, 더 많은 예산, 더 많은 정책 영역을 확보하려고 하며, 이를 통해 더 많은 권력, 보상, 명성을 얻으려 한다.[12] 미개척 정책 영역을 선점하거나 기존 영역을 확고히 하기 위해 각종 정책과 사업을 확장한다. 때에 따라서는 예산 증대나 사업 확대보다는 부처 자율권의 확장을 우선하기도 한다. 각 기관이 다른 기관의 관여와 규제를 받지 않고, 독립적으로 업무를 수행할 수 있는 권한을 확보하고자 한다. 아울러 조직에 부정적 영향이 생기는 것을 극도로 꺼린다. 외부 비난으로부터 조직을 보호하고, 일방적으로 모든 책임을 감내해야 하는 상황을 피하고 싶어 한다. 부처는 두 번 싸운다는 말이 있다. "새로운 일이 생겼을 때는 자기 소관이라고 싸우고, 그 일에 문제가 생겼을 때는 자기 소관이 아니라고 싸운다"라는 말이 떠오른다.

이 과정에서 부처 간에 영향력과 역량의 차이가 발생한다. 어떤 부처는 해당 기관의 정책 의지와 욕구를 실현할 수 있는 능력을 보유하고 있는 반면, 어떤 부처는 상대적으로 그렇지 않다.

힘이 있는 부처는 자신이 원하는 정책과 기능을 관철할 수 있는 역량뿐만 아니라, 특정한 정책 아젠다가 아예 채택되지 않도록 막는 영향력도 가진다. 예산권, 인사권, 재정권, 조직권 등을 활용해 자신들에게 유리한 정책은 추진하고, 불리한 정책 대안은 의제로서 표면화되지 않도록 하는 권력의 양면성[13]을 보여준다.

또한 전문성과 실행력을 바탕으로 대통령과 가까운 관계를 유지하며 주도성을 확보하기도 한다. 언론을 통해 여론을 형성하거나, 때로는 여론을 완화시키기도 한다. 부처가 원하는 것을 얻을 수 있는 힘, 그것이 바로 부처 권력이다. 이러한 부처 권력은 예산 규모, 인력 규모, 기관의 법적 권한, 대통령의 관심과 지지, 부처 장관에 대한 대통령의 신임과 총애, 업무의 전문성, 기관의 역사와 전통 등이 복합적으로 작용해 나타난다. 이제 오재록의 연구를 중심으로 부처 권력을 설명해 본다.

기획재정부는 슈퍼 갑인가?

관료제 권력의 상대적 순위를 매기기 위해 오재록은 5가지 구성 개념을 중심으로 2006년부터 관료제 권력지수를 모형화하여 적용해 왔다. 5가지 구성 개념[14]은 ① 활용할 수 있는 자원을 부처가 얼마나 보유하고 있는지, ② 부처가 자율성을 얼마나 확보하고 있는지, ③ 부처 네트워크의 영향력이 큰지, ④ 언론의 관심 등 내외부에 대한 영향력이 얼마나 있는지, ⑤ 공식적인 권한을 얼마나 가지는가에 관한 것이다. 오재록은 이러한 5개 개념을 종합하여 중앙행정기관의 관료제 권력지수를 산출했다. 그 결과 문재인 정부에서는 기획재정부, 국방부, 교육부, 국토교통부, 산업통상자원부 순으로 관료제 권력지수가 높았다. 박근혜 정부에서는 기획재정부, 검찰청, 국방부, 국토교통부 순이었다. 노무현·이명박·박근혜·문재인 정부에서의 권력지수 상위 10대 부처를 정리한 것이 〈표2〉와 같다.

한편, 중앙부처 소속 공무원을 대상으로 설문조사 한 박천오의 2005년의 연구[15]에서는, 재정경제부, 기획예산처, 중앙인사위원회, 행정자치부, 외교통상부, 법무부, 정보통신부, 교육인적자원부, 건설교통부, 산업자원부의 순으로 부처 권력이 높았다.

〈표2〉의 내용을 보면, 대략 몇 가지 특성이 두드러진다. 우선, 기획재정부의 영향력은 노무현·이명박·박근혜·문재인 정부 모두에서 항상 1위로 평가되었다. 보수 정부든 진보 정부든 관계없이, 기획재정부는 정부 내에서 확고한 영향력을 발휘해 왔다. 기획재정부는 예산편성권과 집행권을 기반으로 각 부처의 예산을 조정·통제하며, 경제정책의 총괄 조정권을 발휘한다. 예산 배분이라는 권력의 핵심 기능을 장악하고 있는 만큼, 정부 내 정책 우선순위와 자원 배분의 결정권을 실질적으로 좌우하는 위치에 있다.

〈표2〉 정부별 부처 권력지수 순위[16]

순위	노무현 정부	이명박 정부	박근혜 정부	문재인 정부
1	재정경제부	기획재정부	기획재정부	기획재정부
2	국방부	검찰청	검찰청	국방부
3	검찰청	국방부	국방부	교육부
4	건설교통부	국토해양부	국토교통부	국토교통부
5	교육인적자원부	교육과학기술부	산업통상자원부	산업통상자원부
6	산업자원부	국가정보원	교육부	행정안전부
7	행정자치부	행정안전부	국가정보원	검찰청
8	외교통상부	감사원	행정자치부	외교부
9	보건복지부	지식경제부	외교부	국가정보원
10	경찰청	외교통상부	보건복지부	보건복지부

또한, 기획재정부 출신 관료들은 대통령비서실, 국무조정실, 그리고 일부 부처의 장·차관 등 요직에 폭넓게 배치되어 있다. 이들은 강한 인적 네트워크를 구축하며, 주요 정책 현안에 대한 공감대와 정책 방향의 공유를 통해 영향력을 행사한다. 이러한 네트워크는 기재부의 권력을 유지하고 확대하는 중요한 기반이 된다. 그뿐만 아니라, 기획재정부는 국가 재정 운영의 책임을 넘어, 거시경제 정책, 세제 개편, 규제 완화, 산업구조 조정 등 국가 경제 전반의 의제를 선점하고 주도하는 역할을 해왔다. 이는

단순한 예산 관리 부서를 넘어, 정책 아젠다의 형성자이자 핵심 플레이어로서의 위상을 보여준다.

속칭 '4대 권력기관'이라 불리는 검찰청, 경찰청, 국세청, 국가정보원의 권력 순위는 어떠했을까? 우선 상위 10위 안에는 검찰청과 국가정보원만 포함되었고, 경찰청과 국세청은 포함되지 않았다. 실제 부처 권력지수 측면에서는 이들 기관의 영향력에 차이가 있음을 보여준다.

검찰청은 노무현 정부에서 3위, 이명박·박근혜 정부에서는 2위, 문재인 정부에서는 7위로 평가되었다. 정권에 따라 등락은 있었지만, 검찰청은 전반적으로 높은 영향력을 유지해 왔다. 이는 검찰의 고유 권한인 공소권과 기소권이 강력한 법적 권한임을 반영하며, 특히 이명박·박근혜 정부에서는 권력 핵심에 더 가까이 다가갔음을 보여준다. 그러나 문재인 정부에서는 검찰개혁 논의와 권한 분산 노력이 본격화되면서 상대적으로 순위가 하락한 것으로 해석할 수 있다. 그리고 국가정보원은 노무현 정부에서는 12위로 비교적 낮은 평가를 받았지만, 이명박 정부에서는 6위, 박근혜 정부에서는 7위로 올라섰다. 이는 국가안보와 대북정책, 정보활동에 대한 정권의 관심과 활용 방식에 따라 영향력이 변동되었음을 시사한다. 문재인 정부에서는 9위로 다소 하락했는데, 이는 국정원의 정치 개입 논란에 대한 자정 노력과 대북·대외 정보 기능 중심의 역할 재편이 영향을 미친 것으로 볼 수 있다.

반면 경찰청과 국세청은 10위권 밖으로 계속 평가되었다. 경찰청은 방대한 인력과 조직 규모를 갖추고 있음에도 불구하고, 정책 결정 과정이나 예산, 법적 권한 측면에서 다른 부처에 비해 영향력이 제한적이었다. 국세청 또한 세수 확보라는 중요한 기능을 수행하지만, 정책 결정권을 직접적으로 행사하기보다는 기획재정부와의 관계 속에서 집행 역할에 머무르는 특성을 보였다. 결국, 이들 기관의 권력 순위는 단순히 법적 권한의 크기만으로 설명되지 않는다. 대통령의 신뢰, 정치적 지원, 네트워크와의 연결성, 사실상의 권한 등 다양한 요인이 복합적으로 작용한다는 점을 보여준다.

노무현·이명박·박근혜·문재인 정부 모두에서 10위 이내의 순위를 보인 부처는 기획재정부, 검찰청, 국방부, 국토교통부, 교육부, 산업통상자원부, 행정안전부이다. 기획재정부와 검찰청에 대한 설명은 이미 살펴보았으므로, 나머지 5개 부처에 대해 살펴본다. 먼저 국방부는 군사력과 국방자원의 막대한 규모를 기반으로, 모든 정부에서 흔들림 없는 영향력을 유지해 왔다. 국방부는 국가안보를 책임지는 핵심 부처로서, 국가 존립과 직결된 정책을 수행하며, 막대한 국방 예산과 인력, 무기체계 조달 및 운용 권한을 바탕으로 독자적 입지를 다져왔다. 특히, 정권이 바뀌더라도 국방부의 역할과 위상은 크게 흔들리지 않는다는 점에서 그 특수성이 두드러진다.

그리고 국토교통부(과거 건설교통부, 국토해양부)는 토지, 교통, 주택, 도시계획 등 국가 기반 시설의 관리와 조정을 책임지는 부처로서, 매 정부 주요 정책 의제의 중심에 섰다. 대규모 SOC사업, 교통 인프라 확충, 부동산 정책 등 굵직한 사업을 주도하며, 방대한 예산과 조직 규모를 갖추고 있다. 특히 부동산과 주택 문제는 모든 정부에서 핵심적인 쟁점으로 부상하기 때문에 국토교통부의 영향력은 컸다.

한편 교육부는 교육정책의 기획과 집행을 총괄하는 부처로, 사회 각계의 관심과 기대가 집중되는 기관이다. 교육제도의 변화, 대학입시 제도 개편 등은 국민 생활과 직결되며, 그 사회적 파급력은 크다. 특히 교육 문제는 모든 세대와 계층에 영향을 미치는 핵심 정책 영역이므로, 교육정책은 언제나 이슈의 한복판에 자리했다.

아울러 산업통상자원부(과거 산업자원부, 지식경제부)는 국가 산업정책과 에너지 정책, 무역·통상 정책을 포괄적으로 다루는 부처로서, 한국 경제의 성장 전략과 산업구조의 방향성을 이끄는 핵심 기관이다. 주요 기업과 산업계, 무역 파트너 국가와의 협상 과정에서 중심적인 역할을 하며, 특히 에너지 정책, 산업 지원 정책, 수출 진흥 전략 등에서 영향력을 행사해 왔다.

마지막으로 행정안전부(과거 행정자치부)는 지방자치와 재난 관리, 전자정부·조직 관리 등 정부 운영의 근간이 되는 핵심 기능을 담당한다. 행정안전부는 중앙부처와 지방정부를 연결하고, 국가 전체의 공공안전과 행정 체계를 유지·관리하는 역할을 수행하며, 정부조직법과 지방자치법 등 주요 법령의 운영과 개정에도 깊이 관여해 왔다. 특히 재난 관리, 선거 관리, 주민등록 등 국민의 삶과 밀접한 업무를 총괄하며, 광범위한 네트워크와 조정 기능을 통해 정부 전체의 안정성과 연계성을 유지하는 데 중요한 역할을 한다.

초과 권력, 과잉 권력의 균제와 균형을 위하여

지금까지의 내용을 정리해 보자. 특정 부처의 권력화, 초과 권력, 과잉 권력, 힘의 쏠림을 어떻게 민주적으로 통제할 것인가, 그리고 부처 권력을 어떻게 합리적으로 운영할 것인가에 관한 논의는 과거에도 이어져 왔고, 앞으로도 멈추지 않을 것이다.

1970년대 말, 대통령 주변에서 무소불위의 권력을 행사했던 대통령경호처는 개혁의 대상이 되었고, 김영삼 정부 시절에는 문민화와 군부 내 사조직인 하나회 척결을 통해 국방부 개혁이 이루어졌다. 김대중 대통령과 노무현 대통령은 국가정보원 개혁을 추진했으며, 최근에는 국가정보원의 대공수사권을 경찰청으로 이관했다. 검찰과 경찰의 수사권 조정 역시 중요한 변화였다. 검찰이 오랜 기간 독점해 온 수사권 일부가 경찰로 이관되었으며, 경찰에 대해서는 경찰청장 인사청문회 도입, 자치경찰제 시행, 경찰대학 개혁 등 민주적 통제를 강화하기 위한 제도적 노력이 있었다. 국세청 역시 국세 징수 기관으로서 본연의 역할에 충실하도록 변화해 왔다.

이러한 사례들은 권력의 견제와 균형, 권력의 분권과 분산이 부처 권력의 과잉화를 방지하고, 각 부처가 본연의 역할과 기능에 충실하도록 하는 데 필수적이라는 점을 잘 보여준다. 이는 곧 민주적 관료제의 근간이자 정부 운영의 기본 원칙이라 할 수 있다. 앞으로 어떤 부처가 개혁의 대상으로 떠오를지, 또 어떤 부처가 새로운 권력의 중심에 설지는 여전히 흥미로운 관찰 대상이다. 부처 권력은 고정된 것이 아니라, 시대의 요구와 정치 환경, 사회적 관심 속에서 유동적으로 변화해 왔고, 앞으로도 변화할 것이기 때문이다.

결국 중요한 것은 특정 부처의 힘 자체가 아니라, 그 힘이 어떻게 통제되고, 어떤 방향으로 사용되며, 국민의 삶과 국가의 미래에 어떤 기여를 하는가이다. 개인적으로는, 기획재정부가 앞으로 어떻게 달라질지 주목하고 있다. 그러나 지금까지의 흐름을 보면, 그 영향력은 쉽게 약해지지 않을 것이다. 재정이 어려울수록 결국 기획재정부를 바라보게 된다. 돈을 쥔 부처가 정책 방향을 정하는 구조는 여전히 정부 내에서 유효하기 때문이다.[17]

3장

지방정부

#1. 제20대 대통령직인수위원회는 2022년 4월 27일, '균형발전 지역공약'으로 17개 시도별 15개씩의 정책과제를 발표하였다. 내용을 살펴보면, 지역공약의 대부분은 SOC 사업이거나 지역산업에 관한 것이었다. 복지 관련 내용은 공공병원 설립 등 소수에 불과했다. 예를 들어, 충청북도의 지역공약에는 오송 국가산업단지 조성, 청주공항 육성, 중부고속도로 확장, 청주 도심 통과 광역철도 건설 등이 포함되어 있다. 문재인 정부도 크게 다르지 않았다. 당시 지역공약 143개 역시 산업단지 조성, SOC 확충, 공공기관 설치가 주요 내용이었다. 왜 지역 공약은 SOC 사업이 주를 이룰까?

또 다른 사례를 보자. 2023년 6월 26일, 당시 여당이던 국민의힘과 충청권 4개 시도 간의 예산정책협의회가 개최되었다. 이 자리에서 대전광역시는 도시철도 2호선 트램 건설, 반도체 특화

단지 조성, 야구장 조성 등을 건의했다. 세종특별자치시는 종합운동장 건립, 광역철도 확충, 대통령 집무실 설치를 요청했다. 충청북도는 내륙고속화도로 건설, 청주공항 육성을, 충청남도는 서산공항 건설과 국립치의학연구원 설치 등을 제안했다. 이날 참석한 한 국회의원은 "지방정부에서 주로 SOC 사업을 건의하였다. 개발 사업에 대한 국비 지원은 점차 줄어들고 있고 복지·문화 사업은 늘어나고 있는 추세를 볼 때, 건의를 어떻게 조정해야 할지 고민이다"라고 말했다. 지방자치단체장은 왜 개발 사업 예산을 확보하기 위해 분주하게 움직이는 것일까?

#2. 지방자치단체는 왜 다른 지역의 정책을 따라 하려는 걸까? 어느 한 지방자치단체에서 좋은 반응을 얻은 정책은 왜 우후죽순처럼 확산되는 걸까? 다음은 "결혼하면 1000만원… 신혼부부에 축하금 주는 지자체는"이란 제목의 2025년 4월 23일 언론 기사[18]의 일부이다.

"급격한 인구 감소와 청년 유출에 시달리는 지방자치단체들이 결혼장려금 제도를 경쟁적으로 도입하며 신혼부부 유치에 나섰다. 지자체 입장에선 최대 1,000만 원의 현금 또는 지역화폐 지급을 내걸어 신규 주민 유입 효과를 기대하고 있지만, 취약한 재정 여건에서 효과도 불분명한 현금성 지원에 나서는 것에 대한 우려 또한 커지고 있다. 전북 순창군은 올해부터 19~49세 신혼부부가 1년 이상 거주하면 1,000만 원의 결혼장려금을 지역화폐로 지급하고 있다. 지원액은 기존 500만 원에서 두 배로 늘렸으며, 4년에 걸쳐 다섯 차례 분할 지급된다. 전북 김제시도 2020년부터 결혼축하금 1,000만 원을 지급하고 있으며, 월 10만 원씩의 주택수당 또는 최대 3,000만 원의 임대보증금 지원, 전입 장려금·이사비·전세자금 대출이자 지원 등 복합적 혜택을 제공하고 있다.

경남에서는 의령군이 2024년부터 결혼장려금 150만 원을 지급하고 있고, 밀양시는 올해부터 신혼부부에게 결혼장려금 100만 원을 지급하기 시작했다. 경북에서는 구미시가 이달부터 청년 노동자를 대상으로 결혼장려금 100만 원 지원사업을 새롭게 시행한다. 강원 정선군은 신혼부부에게 500만 원을 세 차례로 나눠 지역화폐로 지급하는 내용의 결혼장려금 지원사업을 내년부터 시행한다. 문제는 이 같은 정책을 추진하는 대부분 지자체 재정 상황이 매우 열악하다는 점이다. 특히 지방교부세와 보조금 규모도 줄어든 상황이어서 무리한 재정 지출이라는 지적이 나온다."

지방정부의 결정은 어떻게 이루어지는가?

지방정부는 어떤 방향으로 정책을 결정하고, 어떤 정책을 선호할까? 243개의 각기 다른 지방자치단체는 어떤 방식으로 행동할까? 그리고 중앙정부는 지방정부의 이러한 속성을 어떻게 이해하고 있을까? 지방정부[19]의 정책 결정은 단순한 행정행위가 아니라, 정치·경제·사회적 요인이 복합적으로 작용하는 과정이다. 이러한 지방정부의 정책 결정을 설명하는 시각은 다양하다. 정치적 결정의 결과라는 입장에서부터, 시장적 선택, 구조적 제약, 정책 확산의 결과물, 정책네트워크의 산물이라는 관점까지 폭넓게 제시되어 왔다. 이는 현실에서 나타나는 현상을 서로 다른 관점에서 해석한 결과이며, 각 이론은 나름의 설명력을 가진다. 따라서 이들 시각을 종합적이고 균형 있게 이해하는 것이 중요하다. 이러한 시각들을 간략히 정리하고, 구조적 제약인 도시한계와 정책 확산에 대해 자세히 살펴본다.

우선 지방정부의 정책은 정치적 결정의 산물로 이해하는 관점이 있다. 이 관점은 정책 결정은 본질적으로 정치적 행위자들 간의 협상, 갈등, 타협의 결과물[20]로 이해한다. 즉 법적으로 부여된 자율성을 바탕으로, 지방자치단체장, 지방의회, 지역 기업, 금융기관, 대학, 농업조직, 이익집단, 지역 언론 등이 얽혀 만들어내는 지역 정치의 결과라는 것이다. 지방정부 내 여러 의사결정은 이른바 지역의 거물들, 토호 세력의 요구나 협조를 통해 이루어지기도 하고, 지역 언론 역시 지방정부의 결정에 영향을 미친다. 여기에 지역구 국회의원도 중요한 역할을 한다. 이런 점에서 보면, 지방정부는 하나의 작은 중앙정치라고 할 수 있다. 예를 들어, 어느 지방자치단체에 시장이 새로 선출되었다고 가정해 보자. 시장은 누구를 주로 만나게 될까? 지역의 민원인도 있겠지만, 지방의회, 중앙부처, 지역 언론사, 국회의원, 주요 기업인, 유관기관의 대표 등 다양한 유력 인사를 자주 만나게 될 것이다. 이러한 관점은 지역 내에서 이루어지는 다양한 의사결정과 지역 정치의 작동 방식을 이해하는 데 효과적이다. 하지만 지방정부와 중앙정부 간의 관계나 다른 지방정부로부터의 영향을 설명하는 데에는 부족함이 있다.

다른 시각에서는 지방정부의 정책 결정을 시장적 선택의 결과로 본다. 대표적인 이론이 티부(Charles Tiebout)[21]가 1956년에 제시한 '발로 하는 투표(voting with their feet)' 모형이다. 티부 모형은 시민이 자신이 원하는 공공 서비스의 종류와 수준, 그리고 이를 위해 부담해야 하는 세금의 크기를 종합적으로 고려해, 이를 가장 잘 충족해 주는 지방자치단체를 선택한다고 본다. 즉 지방자치단체는 각각의 공공 서비스와 세금 패키지를 제공하는 공급자이며, 시민은 이에 따라 가장 만족스러운 선택지를 찾아 이동한다. 공공 서비스에 만족하지 못하는 시민은 주저하지 않고 다른 지방자치단체로 이주할 수 있으며, 이는 곧 '발로 하는 투표'로 표현된다. 이러한 지방자치단체 선택의 자유는 지방정부 간의 경쟁을 유발하며, 지방정부는 시민의 선호에 맞춘 효율적인 정책과 서비스를 제공해야만 인구를 유지하거나 유입할 수 있다. 티부 모형은 정책결정 과정을 수요-공급 관계에 따라 형성되는 시장 거래로 이해한다. 사실 티부 모형이 상정하는 발로 하는 투표는 현실화 되기 어렵지만, "세금 및 서비스 패키지가 소비자의 선택을 유도한다"라는 가설을 유추할 수 있는 사례[22]는 있다. 차량의 이동에 관한 것이다. 2023년 1억 원 이상 고가 수입차 법인 등록이 가장 많았던 지역은 서울이 아니라 인천이었다. 고가 수입차 법인 등록 대수는 인천이 1만 5,788대였으며, 그 뒤로 부산(1만 4,934대), 경남(6,895대), 경기(3,622대), 서울(3,205대) 순이었다. 차량을 신규 등록하기 위해서는 취득세 외에도 공채를 의무 매입해야 하는데, 서울에서 중·대형차를 등록 구매할 경우 공채 매입 요율은 20%이지만, 인천은 5%에 불과했다. 인천의 공채 매입 요율이 낮기 때문에 리스 사업자들이 이른바 '원정 자동차 등록'을 했던 것이다.

하지만 티부 모형은 분명한 한계도 지닌다. 무엇보다도 이 이론은 시민이 이동의 자유를 완전히 보장받을 수 있다는 가정을 전제로 한다. 그러나 현실에서는 주택 시장의 제약, 직장, 가족, 생활 인프라, 자녀 교육 등 다양한 이유로 이주가 쉽지 않다. 또한 지방자치단체 간 이동은 생각보다 높은 비용과 장벽을 수반한다. 그뿐만 아니라, 시민이 각 지방자치단체의 공공 서비스와 세금 수준을 충분히 알아보고 비교할 수 있는 정보 접근성도 제한된다. 그런데도 티부 모형은 지방정부 간의 경쟁, 주민의 선택권이라는 중요한 원칙을 제시하며, 지방정부가 시민의 선호에 따라 정책을 조정해야 한다는 시장적 압력의 존재를 설명하는 이론적 토대로서 가치를 지닌다.

개발 정책을 선호하는 이유

앞서 본 정치적, 경제적 결정에 기반한 접근과 달리, 지방정부의 정책 선택은 자유롭지 않으며, 구조적으로 제약된다는 시각이 있다. 이를 대표하는 것이 피터슨(Paul Peterson)이 제시한 도시한계(City Limits)[23]이다. 피터슨에 따르면, 지방정부는 태생적으로 구조적 제약, 즉 도시한계에 처해 있기 때문에, 경제적 이익을 우선하는 정책을 선택할 수밖에 없다. 지방정부의 정책은 정치적 갈등과 타협의 산물이기도 하지만, 이는 구조적 제약이 미치는 영향력에 비하면 미미하며, 정책 결정은 결국 구조적 한계에 더 크게 좌우된다고 본다.

도시한계를 상세히 설명하면, 지방자치단체는 관할 내 토지는 가지고 있으나, 노동과 자본이라는 핵심 생산 요소를 통제할 권한은 갖지 못한다. 중앙정부는 통화, 환율, 관세, 이민 등을 통해 노동과 자본의 흐름을 통제할 수 있지만, 지방정부는 그렇게 할 수 없다. 또한 지방정부는 세수의 대부분을 자체적으로 조달해야 하는 제약에 직면해 있다. 필요한 재원을 스스로 마련해야 하므로, 지역의 경제 성장을 고려하지 않을 수 없다. 결국 지방정부는 노동과 자본의 이동을 통제할 수 없고, 자원을 자체적으로 조달해야 하는 구조적 한계 속에서 정책 선택을 해야 한다. 이러한 제약은 지방정부가 노동과 자본을 유치하는 정책을 선택하게 만드는 정책정향(policy orientation)을 형성한다. 다른 지방자치단체와의 경쟁에서 살아남기 위해서라도 노동과 자본을 유인하는 정책을 추구해야 하는 운명에 처해 있는 것이다.

피터슨은 지방정부의 정책을 지역경제에 미치는 영향을 기준으로 개발정책, 할당정책, 재분배정책의 세 가지로 구분하고, 그중에서 지방정부는 개발정책을 선호하는 정책정향이 강하다고 본다. 우선 개발정책은 역외의 생산 자원을 유입하는 것을 돕는 정책으로, 도로, 교통, 산업단지 개발, 국제회의장, SOC 사업 및 기업 유치 등이 예시다. 이러한 정책은 평균적인 납세자가 부담하는 세금에 비해 얻는 편익이 높아, 납세자 입장에서는 그 지역에 계속 머무를 유인이 생긴다. 한편 재분배정책은 일반 주민이나 고소득자의 세금으로 저소득층의 편익을 향상시키는 정책이다. 예로는 사회복지시설, 저소득층 소득 지원, 공공보건시설, 저소득층 주택 지원 등이 있다. 고소득자나 일반 주민 입장에서는 세금 부담 대비 얻는 편익이 줄어들어 다른 지역으로 이주하려는 동기가 생기고, 대신 다른 지역의 저소득층을 유인하게 된다. 그리고 할당정책은 소방, 치안, 쓰레기 수거, 도서관,

공원 등 현상을 유지하기 위한 가사서비스를 의미한다. 할당정책은 개발정책을 보조하는 성격을 갖지만, 지역경제에 미치는 영향은 중립적이다. 이러한 성격 때문에, 할당정책에 대한 지방정부의 선호는 개발정책과 재분배정책의 중간에 위치한다. 할당정책은 지역 정치인의 재선 욕구, 이해집단 간 역학 관계, 지역 전통과 정치적 수요에 따라 결정된다. 할당정책에서는 지역의 정치가 작동될 여지가 크다.

요컨대 피터슨에 따르면, 지방정부는 지역 경제 성장을 위해 개발정책, 할당정책, 재분배정책 순으로 정책 선호를 가진다. 이러한 선호 구조는 지방정부가 개발정책에 우선순위를 두고, 재분배정책에는 소극적으로 대응하거나 최소화하려는 경향을 보인다는 의미다. 쓰레기 관리, 공원 유지 등 할당정책은 그때그때의 필요와 정치적 타협에 따라 결정된다.

피터슨의 도시한계 주장은 지방정부의 정책 결정 우선순위에 대한 중요한 화두를 던졌고, 이를 검증하려는 후속 연구가 다수 진행되었다. 피터슨의 주장처럼 개발정책 정향이 존재한다는 것을 지지하는 연구도 있지만, 지방정부는 경제적 요인뿐만 아니라 지역 내 정치적 요인에 따라서도 의사결정을 내린다는 연구도 있다. 예컨대 2010년대의 무상급식 논쟁은 재분배정책인 복지 정책을 지방정부가 우선 추구하기도 한다는 것을 보여준다. 또한 지방자치단체 간 이동에는 단순히 물질적 비용뿐 아니라 사회적·문화적·역사적 요인도 작용하기 때문에, 시민들이 경제적 편익만을 고려해 쉽게 이동하지 않는다는 점도 지적된다. 아울러 한국적 상황에서는, 지방재정의 상당 부분을 중앙정부의 지방교부세에 의존하기 때문에, 피터슨의 가정 즉, 지방정부의 독립적인 재정 자립과 경쟁 구조가 그대로 적용되기 어렵다는 비판도 있다.

그럼에도 불구하고, 도시한계 속에서 지방정부가 개발정책을 우선시한다는 피터슨의 주장은 여전히 타당[24]하다고 본다. 개인적 경험을 돌아보면, 세종특별자치시에서 근무했던 당시, 정책적 논의의 우선순위는 도시개발, 도로, 철도, 산업단지, 공공기관 유치, 기업 유치와 같은 성장 중심의 이슈였다. 또한 축제·문화행사를 통해 생활인구를 증가시키고, 공원과 같은 주민 생활환경을 깨끗이 하고 효과적으로 관리·정비하는 업무에 대해서도 상당한 시간을 투여하였다. 장애인단체, 농민 대표, 어린이집연합회, 아파트 주민대표, 보훈단체 등 이해관계 집단과의 논의는 그때그때 상황과 요구에 따라 대응했었다.

분명한 것은, 지방정부는 한국적 도시한계에 냉혹히 직면해 있다는 사실이다. 중앙정부의 정책 방향에서 벗어나기 어렵고, 대규모 사업을 위해 필요한 재원도 중앙정부에 의존해야 한다. 지방정부의 자체 재원과 노력만으로는 지역을 계속 발전시킬 수 없다. 중앙정부의 관심을 받을 수 있는 지역 발전 방안을 계속 만들어서 기획재정부, 국토교통부, 행정안전부, 산업통상자원부의 문을 두드려야 한다. 중앙정부의 공모사업에도 적극적으로 참여해야 한다. 계속 성장하고자 하는 지방정부의 절실함이 그러한 행동으로 나타나는 것이다. 이것이 243개 지방자치단체가 처해 있는 냉정한 현실이며 제약조건이다. 개발정책이 지방정부에서 우선시될 수밖에 없는 것이다. 중앙정부의 공무원들은 이러한 제약과 지방정부의 현실을 충분히 이해해야 할 것이다.

243개 지방정부는 서로의 라이벌인가?

지방정부의 선택이 어떻게 이루어지는지는 크게 두 가지로 설명[25]할 수 있다. 그중 하나는 지방정부의 내부 요인에 주목하여, 정책 채택이 정치적 또는 경제적 선택의 결과로 이루어진다는 관점이다. 정치적 결정의 산물, 시장적 선택, 도시한계에 따른 결정 등이 이러한 설명에 속한다. 정책 채택이 내부적으로 결정된다는 설명에서 보면 지방정부의 선택은 지방정부가 처한 경제적, 정치적, 재정적 상황에 영향을 받는다. 예를 들어, 재정력이 좋은 지방정부는 그렇지 못한 지방정부에 비해 새로운 정책을 도입하는 데 더 적극적이며, 지방자치단체장과 지방의회의 정치적 성향 차이도 정책 결정에 영향을 미친다.

한편, 정책 채택이 외부 요인에 의해 결정되기도 한다는 입장도 있다. 이는 경쟁 관계에 있는 이웃 지방정부의 정책을 모방하거나 학습하여 확산한 결과라는 관점이다. 정책 확산(policy diffusion)은 한 지방정부에서 채택된 정책이 다른 지방정부로 전파되고, 이를 따라 채택하는 것을 의미한다. 다시 말해 어떤 지방정부의 정책 선택은 독립적으로 이루어지는 것이 아니라 다른 지방정부의 선택에 영향을 받는다는 것이다. 정책 확산을 설명하는 기제에는 학습, 모방, 경쟁, 압력이 있다.

첫째, 학습은 한 지방정부가 다른 지방정부의 정책 실행 경험과 성과를 관찰하고, 그 결과를 토대로 자신의 정책에 반영하는 벤치마킹 과정으로 본다. 예를 들어, 어느 지역에서 출산장려금 조례를 도입한 후 출생아 수가 증가하는 성과를 거두면, 이를 본 다른 지방정부가 유사한 조례를 채택하려는 움직임을 보이는 것이 학습에 해당한다.

둘째, 모방은 정책의 성과 여부와 상관없이, 단순히 다른 지방정부에서 하고 있으니 우리도 해야 한다는 동조성의 논리로 정책을 따라하는 것이다. "남들도 다 하니까 우리도 해야 한다"는 유행적 선택에 가깝다. 2020년 이후 거의 모든 지방자치단체에서 지역화폐(지역사랑상품권)을 발행하고 있는 현상은 이러한 확산의 사례라 할 수 있다.

셋째, 경쟁은 지역 간 자원, 인구, 기업 유치 등을 위해 전략적으로 정책을 도입하는 과정이다. 경쟁은 지방정부 간 경제적 자원 확보를 둘러싼 정책에서 특히 강하게 나타난다. 중앙정부 사업에 선정되기 위해 여러 지방자치단체가 공모에 참여하거나, 경제적 효과가 있는 특정 시설을 유치하기 위해 경쟁하는 사례가 대표적이다. APEC 개최도시로 선정되기 위해 경주, 인천, 제주가 치열하게 경합했던 사례도 있다.

넷째, 압력은 중앙정부나 유력 기관, 또는 특정 집단이 정책 채택을 요구하거나 권고해 지방정부가 이를 수용하는 형태다. 중앙정부의 재정 지원과 연계된 지침이나 가이드라인, 혹은 특정 이슈에 대한 사회적 압력 등이 이에 해당한다. 예컨대, 재난 안전 대책과 같이 중앙정부가 적극적으로 나서며 권고 또는 지침을 내리는 경우, 지방정부는 그 압력에 의해 관련 정책을 채택하게 된다.

이러한 정책 확산의 모습은 현실에서 자주 나타난다. 연말이면 행정안전부가 주관하는 '지방자치단체 우수사례 경진대회'가 열린다. 전국 지자체가 모여 한 해 동안의 우수 정책과 성과를 발표하고, 이를 서로 공유하며 학습하는 자리다. 이 자리에서 발표된 모범 사례들은 다른 지방자치단체에 소개되며, 새로운 정책 도입의 계기가 된다. 전라북도 완주군의 로컬푸드 직매장 사업은 지역 농산물의 유통구조를 혁신해 농가 소득을 높인 사례로 주목받았고, 이후 다른 지역에서도 유사한 로컬푸드 사업이 확산되는 계기가 되었다.

시민 요구에 따라 다른 지방자치단체의 정책을 따라야 하는 상황도 종종 발생한다. 특히 보조금 지급과 관련한 사례가 그렇다. 예를 들어, 한 지방자치단체에서는 보훈수당을 월 5만 원 지급하지만 인근 지역에서는 10만 원을 지급하는 경우, 지역 보훈단체나 시민들이 "왜 우리 지역은 덜 주냐"며 같은 수준의 지원을 요구하기도 한다.

중앙정부 차원의 확산 유도 방식도 흔하다. 중앙정부 차원에서는 지방정부 간 비교를 통해 특정 정책의 확산을 촉진시키기도 한다. 어느 지자체는 이미 도입을 했는 데, 다른 곳은 그렇지 않다는 것을 공표하는 것이다. 특정 사업을 추진할 때 선도 지방자치단체를 지정하고 시범 사업을 실시한 후, 성공 사례가 나오면 이를 전국으로 전파하는 방식을 가져가기도 한다. 지방정부의 정책 확산 기제를 활용하는 것이다.

민생의 길은 지역에 있다

지금까지의 논의를 정리해 본다. 앞에서 지방정부의 선택이 어떻게 이루어지는지 살펴보았다. 그 과정은 단순하지 않았다. 때로는 지역 내 정치세력 간의 타협과 갈등 속에서, 때로는 다른 지방자치단체의 성공 사례를 따라 배우며, 때로는 중앙정부의 압박과 기준에 떠밀려, 그리고 무엇보다 도시한계라는 구조적 제약 속에서 정책이 선택된다.

지방정부의 정책 결정은 단순한 행정행위가 아니다. 그 선택의 무게는 지역 주민의 삶을 바꾸고, 지역의 미래를 결정하며, 나아가 국가의 균형발전에도 깊은 영향을 미친다. 그러나 지방정부의 정책은 단지 자유의지로만 만들어지지 않는다. 정치적 힘이 작용하고, 경제적 이해관계가 얽히며, 주변의 경쟁과 압력이 영향을 미친다. 그 속에서 지방정부는 더 많은 예산을 확보하고, 더 많은 사람과 기업을 끌어오며, 더 좋은 평판을 얻기 위해 치열하게 분투한다. SOC 사업에 매달리는 지역공약, 서로를 닮아가는 출산장려금, 경쟁적으로 뛰어드는 공모사업의 모습은 이를 여실히 보여준다.

대한민국에 지방이 아닌 곳은 없다. 중앙정부는 지방정부의 선택이 왜 그렇게 나타나는지, 그 이유를 충분히 이해해야 한다. 무조건적인 비판이나 창의성이 부족하다는 단순한 평가로는 지방정부의 냉혹한 현실을 이해할 수 없다. 지방정부의 노력을 폄훼해서도 안 된다. 물론 지방정부도 스스로 더 깊은 고민을 해야 한다. 단기적인 예산 확보와 성과에만 급급한 경쟁을 넘어, 지역의 고유한 필요와 가치, 그리고 주민의 삶을 중심에 둔 정책을 만들어가야 한다.

민생의 길은 지역에 있고, 민생은 지역에서 완성된다. 민생의 체감 온도는 지방에서 결정된다. 지방이 뛸 수 있도록 해야 한다. 지방정부가 정책 선택의 주체로서 지역 발전에 최선을 다할 수 있는 환경을 만들어야 한다. 중앙정부는 지방의 주체성과 자율성을 존중해야 하며, 지방정부가 다양한 실험을 할 수 있는 여건을 보장해야 한다. 전국 단위의 획일적인 규제 대신, 분권과 자율, 공간의 분산, 기능의 분업이 필요하다. 권한은 나누고, 기회는 지역으로, 성장은 지방에서. 이것이 대한민국의 미래를 위한 길이다.[26]

4장

정책 명칭

#1. 2023년 8월, 일본 도쿄전력은 후쿠시마 원자력발전소에서 보관 중이던 오염수를 해양에 방류하기 시작했다. 일본 정부는 이를 '처리수(ALPS Treated Water)'라고 불렀지만, 우리 정부는 '오염수'라는 표현을 사용했다. 방류 이후, 국내 수산물 소비는 급감했고, 수산업계는 정부에 대책 마련을 촉구했다. 오염수 명칭을 둘러싼 논란도 이어졌다. 수산업계는 '처리수'라는 용어의 사용이 더 바람직하다고 주장했다. 여당 일부 국회의원 역시 '오염 처리수'가 적절한 표현이라는 의견을 내놓았다. 정부는 신중한 입장을 유지했다. 해양수산부 차관은 "국익 차원에서 '오염수'와 '처리수' 중 어떤 표현이 적절한지 종합적으로 판단해야 할 사안"이라고 언급했다. 명칭 변경에 대한 최종 결론은 내려지지 않았지만, 정부는 용어 수정을 할 경우 여론이 악화될 수 있는 점도 고려하지 않을 수 없었다.

#2. 다음에는 공공시설 명칭과 관련한 지역 간 갈등의 예로 2025년 1월 21일 언론 기사[27]의 일부를 소개한다.

"인천 중구와 서구가 제3연륙교 명칭을 두고 갈등을 빚고 있다. 중구 영종도와 서구 청라국제도시를 연결하는 이 다리는 2025년 12월 개통 예정이다. 중구는 '영종하늘대교'를 주장하며 다리 이용자의 대부분이 영종 주민이라는 점을 강조하고, 서구는 '청라대교'를 요구하며 청라 주민들이 건설비의 절반을 부담했다고 맞선다.

이처럼 공공시설 명칭을 둘러싼 갈등은 곳곳에서 반복되고 있다. 서울 강동구와 경기 구리시는 한강 다리 명칭을 두고 '고덕대교'와 '구리대교'를 각각 주장하며 오랜 논쟁을 벌였고, 결국 국가지명위원회가 '고덕토평대교'로 결정했다. 때로는 지역명을 배제하고 새로운 이름을 택하기도 한다. 전남 무안과 신안이 다퉜던 다리는 '김대중대교'로, 경남 남해와 하동이 갈등했던 교량은 '노량대교'로 명명되었다. 전남 광양과 여수는 '이순신대교'를 선택했다."

정책도 이름값 한다?

보고서를 작성할 때 실무자들이 종종 간과하는 부분이 있다. 바로 보고서 제목과 정책 명칭이다. 정책 명칭은 단순한 이름 그 이상이다. 정책의 첫인상이자, 국민과의 첫 번째 소통 창구가 되기 때문이다. '딱 보면 안다'는 말처럼, 제목과 정책 명칭만 봐도 어떤 내용인지 짐작할 수 있어야 한다. 하지만 현실은 그렇지 않은 경우가 적지 않다. 특히 '영문 약어'와 '조합어'를 선호하는 행정문화가 자리 잡으면서, 국민과는 거리가 먼 이름들이 점점 많아지고 있다.

2024년 1월 말, 여러 서면 보고를 받았다. 그중 하나가 'M-PIN 발간 추진 계획'이었다. 하지만 제목만으로는 무슨 내용인지 전혀 감이 오지 않았다. 나중에야 「행정안전부 정책 이슈 노트(MOIS Policy Issue Note)」의 영문 약어라는 것을 알게 되었다. 정책 관련 이슈를 핵심만 정리해 공유하고, 볼링핀을 맞히듯 정확한 정보를 제공한다는 의미라고 했다. 설명을 듣고서도 여전히 직관적으로 와닿지는 않았다. 그래서 좀 더 쉽게 바꾸어 달라고 요청했다. 직원들이 심혈을 기울여 만든 보고서였기에 미안한 마음도 들었지만, 수정 요청은 필요하다고 판단했다. 이번 글은 바로 그러한 정책 명칭에 관한 이야기다.

이름이 바뀌면 정책 효과가 달라진다

정부가 어떤 문제를 어떻게 해결하려는지는 정책을 통해 드러난다. 그런데 정책이라는 것은 눈에 보이거나 손에 잡히지 않는 추상적인 개념이다. 사람들에게 정책을 구체적이고 쉽게 전달해 줄 수 있는 언어가 필요하다. 그중 하나가 바로 '정책 명칭'이다. 정책 명칭[28]은 단순한 명찰이나 문패가 아니다. 명칭만 보고도 어떤 정책인지 짐작할 수 있어야 하며, 사람들이 거부감 없이 받아들이도록 해야 한다. 정책 명칭은 정책의 방향성과 성격을 전달하는 동시에, 사람들의 인식을 형성하는 데도 중요한 영향을 미친다. 어떤 명칭을 사용하는가에 따라 사람들의 느낌이나 선입견이 달라지기도 한다.

환경 분야에서는 이런 사례가 꽤 있다. 예전에는 '하수종말처리장' 같은 이름이 사용됐다. 이름을 들으면 부정적인 이미지가 떠오른다. 요즘은 이런 표현 대신 '물재생센터'와 같은 명칭을 쓴다. 생활하수가 깨끗한 물로 다시 태어난다는 의미를 담은 것이다. '쓰레기매립장'을 '자원순환센터'나 '자원환경순환센터'로 바꾼 것도 같은 맥락이다. 서울시가 강제적으로 징수하는 느낌을 주던 남산 1·3호 터널의 '혼잡통행료'를 '기후동행 부담금'으로 바꾸려 했던 시도도 같은 취지다. '묘지공원'을 '추모공원'으로 바꾼 사례 역시 부정적 이미지를 완화하기 위한 전략으로 해석할 수 있다. 정책 명칭의 효과는 실증 연구에서도 확인된다. 서인석과 정규진[29]은 '쓰레기매립장'과 '자원환경순환센터'라는 이름을 접한 시민들의 반응을 비교했다. '자원환경순환센터'라는 명칭이 더 긍정적인 반응을 이끌었고, 보상 요구 수준도 낮아졌으며, 운영 범위에 대한 수용성도 높았다. 이는 명칭 하나가 정책에 대한 인식, 태도, 수용성을 모두 바꿀 수 있다는 점을 보여준다.

정책 명칭, 수사인가 전략적 도구인가?

정책 명칭은 정책가가 정책을 공식적으로 결정하고 붙이는 이름이다. 단순한 제목처럼 보이지만, 정책 명칭은 정책의 정체성과 공식성을 보여주는 중요한 구성 요소[30]이다. 정책 명칭은 정책의 정당성과 권위를 강화하며, 이름을 통해 정책 내용과 의도를 명확히 전달한다. 또 정책 문제와 정책 목표 사이를 이어주는 핵심 매개체로 작용한다. 정책 명칭은 정책 목표와 수단 간의 연결을 도와 구조의 체계성을 높이고, 정책 실행과 평가 과정에서도 기준점이 된다.

정책 명칭의 중요성을 여러 관점으로 설명할 수 있다. 먼저, 정책홍보의 관점이다. 정책 명칭은 정책을 국민에게 효과적으로 알리고 설득하는 수단으로 활용된다. 정책 홍보는 정부의 정책과 시책을 국민에게 정확하게 전달하고, 국민의 지지를 끌어내는 활동이다. 이 과정에서 정책 명칭은 중요한 도구가 된다. 국민 입장에서 보면, 정부가 추진하는 정책은 복잡하고 이해하기 어렵다. 그래서 정책 명칭을 쉽고 직관적으로 구성하여 국민의 이해도를 높이고 정책에 대한 관심을 유도할 수 있다. 기억하기 쉬운 정책 명칭은 정책 메시지를 오랫동안 유지하는 데에도 효과적이다.

또 하나는 정책이미지 관점이다. 정책이미지는 정책에 대한 사람들의 주관적 인식, 감정, 평가를 말한다. 정책의 세부 내용을 잘 모르는 사람이라도, 정책 명칭이 주는 느낌이나 이미지를 통해 정책을 직관적으로 파악하려 한다. 정책 명칭은 바로 이런 첫인상을 결정하는 중요한 요소다. 정책 명칭이 차갑고 딱딱하면 거리감을 줄 수 있고, 따뜻하고 친숙하면 거부감을 낮출 수 있다. 예를 들어, '실업수당'보다는 '재취업 지원금', '청년실업대책'보다는 '청년일자리 창출'이 더 긍정적 이미지를 만들어낼 가능성이 크다.

정책 명칭은 인식의 틀을 설정하는 프레임의 도구로도 사용된다. 프레임은 사람들이 세상을 바라보는 관점이나 해석의 틀을 의미한다. 같은 정책이라도 어떤 관점을 적용하느냐에 따라 사람들의 반응은 달라질 수 있다. 대표적인 사례가 있다. 논란이 많은 '부자 감세'라는 표현이다. 정부는 원래 이를 '투자 활성화 정책'이나 '세제 개편'이라고 설명하지만, 언론과 야당은 이를 일관되게 '부자 감세'로 불렀다. 부자 감세 명칭이 확산되면서 정책 자체가 가진 취지나 내용보다, 특정 계층을 위한 감세라는 인식이 깊게 자리 잡게 됐다. '민영화'라는 단어도 그렇다. 정부는 종종 '경영 합리화'나 '효율성 제고' 같은 표현을 사용하지만,

언론에서 '민영화'라는 이름을 붙이는 순간 국민적 반발이 커지는 경향을 보인다. 단어 하나가 정책의 인식 지형을 완전히 바꿔 놓는 장면이다.

정책 명칭은 정책을 설계하고 추진하는 주체의 가치관, 이해관계, 권력적 입장이 담기기도 한다. 미국의 『건강보험 개혁법(ACA, Affordable Care Act)』을 둘러싼 사례를 보자. 미국 민주당은 이 법안의 명칭을 정하며 저렴한 의료서비스 제공이라는 가치를 강조했지만, 공화당은 '오바마 케어'라고 부르며 정파성을 부각했다. 정책 명칭이 정치적 대립과 이해관계를 반영하는 수단이 된 사례다. 또한, 정책 명칭은 사회적 합의 과정과도 관련된다. 2024년 12월 29일 전남 무안공항에서 발생한 제주항공 여객기 사고가 그런 사례다. 사고 직후 '무안공항 제주항공 여객기 사고'라고 불렸지만, 지역명에 대한 우려가 제기되면서 '제주항공 여객기 참사'로 명칭이 바뀌었다. 그리고 2025년 2월 국회 특별위원회에서는 제주항공을 뺀 '12.29 여객기 참사'로 사고명을 변경하였다. 제주특별자치도에서 사고 이름에 '제주'가 들어가는 것을 반대했기 때문이다.

좋은 정책 명칭 만들기

그렇다면 어떤 정책 명칭이 좋은 명칭일까? 정책 명칭은 사람들이 쉽게 이해할 수 있어야 한다. 그리고 그 정책이 어떤 가치를 추구하고, 무엇을 목적으로 하는지 분명하게 보여주어야 한다. 무엇보다 오해가 생기지 않도록 주의해야 한다. 좋은 정책 명칭은 다음과 같은 몇 가지 특징을 갖고 있다.

우선 정책 명칭은 핵심 내용을 짧고 간결하게 전달하는 것이 중요하다. 불필요하게 긴 문장이나 어려운 전문용어는 피해야 한다. 전문용어를 꼭 사용해야 한다면, 누구나 이해할 수 있도록 쉽게 풀어 설명할 필요가 있다. 쉽게 기억되고, 직관적으로 의미가 전달되는 것이 이상적이다. 예를 들어, 앞에서 언급한 'M-PIN 발간 추진 계획'이라는 명칭은 이런 기준에 맞지 않는다.

둘째, 정책 명칭은 그 정책이 어떤 목표를 갖고 있고, 어떤 방향을 지향하는지를 분명히 보여주어야 한다. 그래야 정책이 왜 필요한지, 무엇을 해결하려는지 사람들이 이해하기 쉽다. 예를 들어, 2023년 11월 17일 발생한 지방행정전산망 장애 사건 이후, 대책 보고서의 초기 제목은 '행정전산망 장애 재발 방지 대책'이었다. 그러나 이후 '디지털행정 서비스 안정성 재도약 방안', 다시 '디지털행정 서비스 국민신뢰 제고 방안'으로 바뀌었다. 이는 단순한 재발 방지를 넘어, 정책이 지향하는 방향을 확장해 나가는 과정이었다.

그리고 정책 명칭은 사람들에게 긍정적이고 희망적인 메시지를 줄 수 있어야 한다. 그래야 정책에 대한 거부감이 줄어들고,

수용성과 참여도가 높아진다. 사례를 들어보면, 정부가 저신용·저소득층을 위한 정책금융상품을 출시하면서, 기존의 '저신용자대출' 대신 '햇살론'이라는 긍정적인 이름을 붙인 것도 이런 이유 때문이다. 과거 '사채' 또는 '사금융'이라는 용어를 대신하여 '상호신용금고'나 '상호저축은행'으로 바꾼 사례도 같은 맥락이다. 또한 사회적 편견이 있는 '경력단절여성'을 '경력보유여성'으로, '미숙아'를 '조산아'로, '치매'를 '인지증'으로 부르자는 의견도 제기되고 있다.

아울러 정책 명칭은 국민에게 익숙하고 편안한 표현이어야 한다. 전문용어나 외국어, 약어 사용은 되도록 피하는 것이 좋다. 특히, 여러 가지로 해석되거나 혼동을 일으킬 수 있는 표현은 사용하지 않는 것이 원칙이다. 예를 들어, 세계보건기구는 코로나19 초기 '무증상 감염 전파(asymptomatic transmission)'라는 용어를 사용했지만, 일부 언론이나 국민은 이를 무증상자는 감염되지 않는다는 뜻으로 오해했다. 이후 표현을 바꾸어 무증상자도 감염을 전파할 수 있다는 점을 강조하는 방향으로 메시지를 수정했다.

정책 명칭, 역시 중요하다

지금까지의 논의를 다시 정리해 보자. 정책 명칭은 단순한 포장지가 아니다. 그것은 정부가 국민에게 말을 거는 방식이며, 국민을 초대하는 문이다. 좋은 정책 명칭은 사회적 소통을 원활하게 하고, 정책 수혜자의 신뢰와 수용성을 높이는 데 중요한 역할을 한다. 정책의 성공적 실행을 위해서는 효과적인 정책 명칭이 필수적이며, 이를 통해 정책에 대한 공감과 참여를 끌어낼 수 있다. 정책 명칭을 정하는 일은 단순히 이름을 붙이는 수준을 넘는다. 정책 명칭은 정책의 목표와 방향을 드러내며, 이를 통해 사람들이 그 정책이 무엇을 해결하려 하는지, 어떤 가치를 추구하는지 쉽게 이해할 수 있도록 해야 한다. 정책 설계자와 제안자는 정책 명칭이 단순히 미적 요소가 아니라, 실제 정책 효과에 영향을 미친다는 점을 명확히 인식할 필요가 있다.

따라서 명확하고 간결한 정책 명칭을 선택하는 것뿐 아니라, 이름이 정책 목표와 잘 연결되도록 신중히 결정해야 한다. 그래야 주요 메시지가 왜곡되지 않고 국민에게 전달될 수 있다. 결론은 명확하다. 정책 명칭은 중요하다. 어떤 이름을 붙이느냐에 따라 정책의 운명이 달라진다. 정책 명칭의 선택이 정책의 미래를 좌우한다는 점을 잊지 말아야 한다.[31]

에필로그

 이 책은 현장에서 마주쳤던 여러 질문에 대해 그럴듯한 답을 학문적인 논의와 함께 담아보고자 했다. 처음 글을 쓰기 시작할 때는, 마치 싸움의 기술처럼 '정책의 기술'을 기록해 보고 싶다는 욕심이 있었다. 30년 동안 정책 현장에서 부딪히며 익힌 경험을 정리하면, 비법 같은 것을 남길 수 있지 않을까 하는 오만한 생각이 있었다. 약간의 호신술과 낙법 기술을 알고 있는 것이, 없는 것보다는 낫다고 생각했다. 그러나 곧 깨달았다. 그런 기술은 없다는 것이다. 만능키 같은 해답도, 완벽한 해법도 없다. 내일 무슨 일이 일어날지 알 수 없고, 상황에 따라 그때그때 대처할 뿐이다. 오늘이 일하기 가장 좋은 날이라는 생각으로 각자의 역할에서 최선을 다할 뿐이다.

 그러다 보니, 이 책은 정통 정책학 교과서도 아니고, 그렇다고 가볍게 읽는 교양서도 아닌, 어정쩡한 모양새가 되고 말았다. 그래서 이 책은, 마치 애덤스(Douglas Adams)의 『은하수를 여행하는 히치하이커를 위한 안내서』처럼, 낯선 정책 현장에서 고군

분투하는 사람들에게 건네는 조용한 팁 한두 가지 정도 담겨 있기를 바란다. 어쩌면 그게 정책을 다루는 이들에게 줄 수 있는 가장 솔직한 선물이 아닐까 싶다.

물론 정책의 기술도 중요하다. 하지만 기술보다 더 중요한 것이 있다. 바로 '머리보다 태도'이다. 같은 일을 해도 어떤 태도로 임하느냐에 따라 결과는 전혀 달라진다. 주어진 일만을 마지못해 처리하는 것이 아니라, 조금 더 나은 방향이 없을지 고민하고 한 걸음 더 나아가려는 자세가 필요하다. 업무에 대한 겸손한 태도도 중요하다. 아무리 경력이 오래돼도, 모든 사안을 완벽히 안다고 말할 수는 없다. 경험이 많다고 해서 목소리를 높이는 것이 아니라, 더 조심스럽게 살피고, 더 낮은 자세로 의견을 구할 줄 아는 태도, 그게 진짜 실력이다. 그리고 새로운 일을 두려워하지 않고 과감히 도전하려는 자세가 필요하다. 정책은 늘 익숙한 것만 반복해서는 안 된다. 누군가는 불편함을 감수하며 새 길을 내야 하고, 기존의 틀을 넘어야 변화가 시작된다. 새로운 정책을 설계하거나 낯선 문제를 다룰 때, '해본 적이 없다'는 이유로 멈추기보다, "그럼에도 해보자"는 용기가 있어야 한다. 그래서 확신한다. 실력은 태도에서 나온다고. 아무리 좋은 정책 수단을 알고 있어도, 그것을 어떻게 쓰느냐는 전적으로 그 사람의 태도에 달려 있다. 정책은 결국 사람이 하는 일이다. 그리고 사람의 중심에는 언제나 태도가 있다.

또 중요한 것 중 하나는 사색이다. 우리는 언제든 정보를 검색할 수 있는 시대에 살고 있다. 알고 싶은 것은 몇 초 만에 찾아낼 수 있고, 최신 데이터도 실시간으로 확인할 수 있다. 하지만 검색은 궁금한 것에 대한 답을 주지, 통찰을 주지는 않는다. 검색은 과거의 축적된 정보일 뿐, 지금 이 문제를 어떻게 이해하고 풀어가야 할지를 대신 말해주지 않는다. 정책을 다룬다는 것은 늘 정해지지 않은 문제에 대해 스스로 사고하고 결정하는 일이다. 인공지능도, 데이터도, 검색도 우리 대신 사유해 주지 않는다. 오히려 너무 많은 정보가 판단을 흐리게 하기도 한다. 그래서 중요한 것은, 정보를 어떻게 해석할 것인가, 그리고 무엇을 중요한 것으로 볼 것인가에 대한 성찰이다. 결국 깊은 사색과 숙고가 없다면, 정책은 방향을 잃기 쉽고, 현상만 좇는 선택으로 흐르기 마련이다. 검색보다 사유, 데이터보다 질문, 정보보다 생각이 필요하다.

그리고 박학심문(博學深問)이 중요하다. 우리가 흔히 쓰는 '학문(學問)'이라는 말은 '넓게 배우고 깊게 묻는다'라는 뜻에서 비롯되었다. 이는 단순히 많이 아는 것을 넘어, 끊임없이 배우고 질문하는 태도를 의미한다. 그래서 늘 공부해야 한다. 넓게 배우고, 깊게 질문해야 한다. 정책은 결코 단일한 문제에서 오지 않는다. 사회, 경제, 문화, 과학기술, 윤리 등 수많은 영역이 얽혀 복합적인 맥락을 이룬다. 하나의 법안을 설계할 때도, 복지 이슈가 세금 제도와 연결되고, 기술 변화가 교육 제도에 영향을 미친다. 현실은 언제나 교차하고 연결되어 있다. 그래서 정책가는 다방면에 대한 관심과 공부를 놓지 말아야 한다. 전문 지식도 중요하지만, 낯선 분야에 대한 열린 마음과 끈질긴 질문이 있어야 새로운 길이 열린다. 정책가는 배움을 멈추지 않는 사람이어야 한다.

마지막으로, 우리는 때때로 결정이 우연에 의해 이루어진다는 점도 인정해야 한다. 운명처럼 느껴지는 선택의 순간이 있다. 공무원 생활 30년 동안, 계획대로 되지 않은 일이 상당히 있었다. 아무리 준비하고 고민해도, 현실에서는 예기치 못한 일이 늘 발생한다. 한 치 앞도 알 수 없는 것이 우리의 한계다.

정책은 현실을 바꾸려는 의지에서 시작된다. 그러나 그 현실은 늘 관계로 얽혀 있고, 관계 속에는 정치가 스며 들어 있다. 정책은 그 안에서 수많은 선택을 만들어내고, 그 선택은 작든 크든 변화를 일으킨다. 그리고 그 모든 중심에는 늘 정부가 있다. 정부는 제도이자 행위자이며, 실천의 무대이기도 하다. 이 책은 그런 현실 정책의 구조와 과정을 다섯 가지 키워드로 나누어 성찰해 보려 했다. 완벽한 답을 제시하진 못했지만, 함께 고민할 수 있는 단초 정도는 되었기를 바란다. 정책을 만드는 사람에게 필요한 것은 기술보다 태도이며, 검색보다 사색이고, 지식보다 질문이다. 끝까지 배우려는 자세와 예측 불가능한 현실을 견디는 도전이 정책가의 자산이다.

이 책은 그 길을 걷는 이들에게 작은 길잡이가 되길 바란다. 정답보다 방향, 해답보다 통찰, 그리고 매뉴얼보다는 마음가짐을 남기고 싶었다. 이제 독자의 사유와 실천이 이 책의 마지막 장을 완성해 줄 것이다.

주석

제1부 · 관계

1) 이태원 참사는 2022년 10월 29일 토요일 오후 10시경, 서울특별시 용산구 이태원 해밀턴 호텔 서편 골목 등에 많은 인파가 몰리면서 발생했다. 이 사고로 159명이 사망하고 334명이 상처를 입었다. 참사 직후 경찰청 특별수사본부 수사, 검찰 수사, 국회의 국정조사 등 대규모 조사와 수사가 이어졌고, 『10·29 이태원 참사 피해자 권리 보장과 진상 규명 및 재발 방지를 위한 특별법』이 2024년 5월 여야 합의로 제정되었다.
2) 엄석진. "행정의 책임성." 『한국행정학보』 43권 4호 (2009): 19-45.
3) 엄석진. "행정의 책임성." 『한국행정학보』 43권 4호 (2009): 19-45; 박천오. "한국 공무원의 책임 확장: 법적, 계층적 책임에서 윤리적, 개인적 책임으로." 『한국행정학보』 50권 1호 (2016): 1-25; Bovens, Mark. "Public Accountability." In The Oxford Handbook of Public Management, edited by Ewan Ferlie, Laurence E. Lynn Jr., and Christopher Pollitt, 182-208. Oxford: Oxford University Press, 2005.
4) 주관적 책임에 대한 내용은 한승주(2013) 논문을 정리한 것이다. 한승주. "공무원의 주관적 책임성: 지방자치단체 중하위직 공무원의 경험을 통한 탐색." 『한국행정학보』 47권 1호 (2013): 25-45.
5) 박천오(2016)는 공무원의 주관적 책임 개념이 윤리적 책임으로 확장되어야 한다고 강조한다. 공무원은 단지 위법하지 않음을 증명하는 것으로 충분하지 않으며, 행정의 도덕성과 사회적 정당성을 함께 고려하는 태도가 필요하다는 것이다. 법적 의무를 넘어서 '옳은 행위'를 선택할 수 있는 윤리적 자각이 중요하다는 점을 지적한다. 박천오. "한국 공무원의 책임 확장: 법적, 계층적 책임에서 윤리적, 개인적 책임으로." 『한국행정학보』 50권 1호 (2016): 15-18.
6) 김병섭, 김정인, "관료 (무)책임성의 재해석: 세월호 사고를 중심으로," 『한국행정학보』 48권 3호 (2014): 99-120; 박천오, "한국 공무원의 책임 확장: 법적, 계층적 책임에서 윤리적, 개인적 책임으로," 『한국행정학보』 50권 1호 (2016): 1-25; 엄석진, "행정의 책임성," 『한국행정학보』 43권 4호 (2009): 19-45; Romzek, Barbara S., and Melvin J. Dubnick. "Accountability in the Public Sector: Lessons from

the Challenger Tragedy." Public Administration Review 47, no. 3 (1987): 227-238.
7) 국회는 2023년 2월 8일, 본회의를 열고 재석의원 293명 중 찬성 179표, 반대 109표, 무효 5표로 행정안전부 장관 탄핵소추안을 가결했다. 이태원 참사와 관련해 예방조치를 소홀히 하고 참사를 인지한 뒤에도 적절히 대응하지 않았다는 것이 주요 이유였다. 탄핵소추 의결서가 헌법재판소로 송달되어, 사건번호 '2023헌나1'이 부여되었다. 탄핵심판 사건의 기각 판결은 2023년 7월 25일 이루어졌다.
8) 동아일보. "市에 알려, 도청 관할, 불가항력, 인력 부족, 우리 일 아냐." 2023년 7월 18일.
9) Hood, Christopher. The Blame Game: Spin, Bureaucracy, and Self-Preservation in Government. Princeton: Princeton University Press, 2011; Weaver, R. Kent. "The Politics of Blame Avoidance." Journal of Public Policy 6, no. 4 (1986): 371-398.
10) 2022년 10월 26일 밤, 이태원 참사가 발생한 후 국회와 언론에서는 행정안전부 장관의 책임 문제를 제기했다. 이를 지켜보며 책임이란 과연 무엇이며 그 범위가 어디까지인지에 대해 고민하게 되었다. 이 글은 2022년 11월 말에 초안으로 정리했다. 그 후 관련 내용과 사례를 보강했다.
11) MBC. "'기초연금 왜 줄었나요?'…노인 민원 빗발친다." 2024년 5월 6일.
12) 2025년 3월 20일, 여야는 보험료율을 13%로 인상하고, 소득대체율을 43%로 조정하며, 국가 지급 보장을 명문화하고, 군 복무·출산 크레딧을 확대하는 내용을 포함한 연금의 모수 개혁에 합의했다. 같은 날, 국민연금법 개정안이 국회 본회의를 통과했다. 이번 개정은 18년 만의 연금개혁이었다.
13) 김원섭. "오늘의 시선: 대타협 정치로 풀어야 할 국민연금개혁."『세계일보』, 2023년 10월 31일.
14) Weaver, R. Kent. "The Politics of Blame Avoidance." Journal of Public Policy 6, no. 4 (1986): 371-398.
15) Hood, Christopher. The Blame Game: Spin, Bureaucracy, and Self-Preservation in Government. Princeton: Princeton University Press, 2011; Weaver, R. Kent. "The Politics of Blame Avoidance." Journal of Public Policy 6, no. 4 (1986): 377-78.
16) Rozin, Paul, and Edward B. Royzman. "Negativity Bias, Negativity Dominance, and Contagion." Personality and Social Psychology Review 5, no. 4 (2001): 296-320.
17) Baumeister, Roy F., Ellen Bratslavsky, Catrin Finkenauer, and Kathleen D. Vohs. "Bad Is Stronger Than Good." Review of General Psychology 5, no. 4 (2001): 323-370.

18) Kahneman, Daniel, and Amos Tversky. "Prospect Theory: An Analysis of Decision under Risk." Econometrica 47, no. 2 (1979): 263-291.
19) 이은미, 고기동. "축소정책에서의 부정성 편향과 비난 회피에 관한 연구: 예산절감 요구에 대한 지방정부 대응을 중심으로." 『한국정책학회보』 25권 1호 (2016): 433-454.
20) Lau, Richard R., and Gerald M. Pomper. Negative Campaigning: An Analysis of U.S. Senate Elections. Lanham, MD: Rowman & Littlefield, 2004.
21) 이준구. 『인간의 경제학』. 서울: 알에이치코리아, 2023; Soroka, Stuart N. "Good News and Bad News: Asymmetric Responses to Economic Information." Journal of Politics 68, no. 2 (2006): 372-385.
22) Weaver, R. Kent. "The Politics of Blame Avoidance." Journal of Public Policy 6, no. 4 (1986): 371-398; Pierson, Paul. "The New Politics of the Welfare State." World Politics 48, no. 2 (1996): 143-179; Hood, Christopher. "The Risk Game and the Blame Game." Government and Opposition 37, no. 1 (2002): 15-37.
23) 김학린, 전형준. "언론 보도 대응에 있어서 정부의 메시지 전략: 4대강 정책 해명자료를 중심으로." 『홍보학연구』 17권 1호 (2013): 217-251; 류지혜. 『정부의 언론대응 실태에 관한 연구』. 석사학위논문, 서울대학교 행정대학원, 2016; McGraw, Kathleen M. "Managing Blame: An Experimental Test of the Effects of Political Accounts." American Political Science Review 85, no. 4 (1991): 1133-1157.
24) 연합뉴스. "2천원짜리 마약? 먼지 제거 스프레이 환각 오·남용 우려." 2023년 10월 20일.
25) McGraw, Kathleen M. "An Experimental Investigation of Political Excuses and Justifications." British Journal of Political Science 20, no. 1 (1990): 119-131; "Managing Blame: An Experimental Test of the Effects of Political Accounts." American Political Science Review 85, no. 4 (1991): 1133-1157.
26) 김정선. 「공적 사과문의 위기 유형별 구조와 언어 표현」 『한국언어문화』 65 (2015): 94-110; Benoit, William L. Accounts, Excuses, and Apologies: A Theory of Image Restoration Strategies. Albany: State University of New York Press, 1995; Hearit, Keith Michael. Crisis Management by Apology: Corporate Response to Allegations of Wrongdoing. Mahwah, NJ: Lawrence Erlbaum Associates, 2006.
27) Hood, Christopher. The Blame Game: Spin, Bureaucracy, and Self-Preservation in Government (Princeton: Princeton University Press, 2011), 3; "The art of modern government increasingly seems to be about finding ways to avoid getting the blame when things go wrong."

28) 이 글은 이은미·고기동(2016)의 '축소정책에서의 부정성 편향과 비난회피에 관한 연구'를 중심으로, 관련 연구를 종합하여 재구성한 것이다. 초안은 2022년 11월 초에 작성하였다. 작성 당시는 2022년 10월 29일 이태원 참사 직후로 행정안전부 장관을 비롯한 관련 공무원들에 대한 비난 여론이 거세게 일던 시기였다.
29) 통계청 국가통계연구원. 『국민 삶의 질 2024 보고서』. 세종: 통계청, 2025, 113쪽.
30) 서울신문. "靑, 美교수 책 스터디." 2006년 2월 10일.
31) Nye, Joseph S., Philip D. Zelikow, and David C. King, eds. Why People Don't Trust Government. 박준원 옮김, 임길진 감수. 『국민은 왜 정부를 믿지 않는가』. 서울: 굿인포메이션, 2001.
32) 2024년 7월, 경제협력개발기구(OECD)는 30개 회원국 약 6만 명을 대상으로 실시한 정부 신뢰도 조사 결과를 발표했다. 조사에 따르면, OECD 전체에서 중앙정부를 신뢰하는 비율은 39%로 나타났다. 우리나라의 경우, 중앙정부에 대한 신뢰도는 37.2%로, 2022년의 48.8%에서 11.6%포인트나 하락했다. 가장 낮은 신뢰를 받은 기관은 국회와 정당(19.5%)이었고, 언론도 낮은 수준(30.2%)에 머물렀다. 반면, 경찰(53%), 타인(53%), 국제기구(52%)는 중앙정부보다 높은 신뢰를 얻었다. OECD. OECD Survey on Drivers of Trust in Public Institutions – 2024 Results: Building Trust in a Complex Policy Environment. Paris: OECD Publishing, 2024.
33) Luhmann, Niklas. Trust and Power. Chichester: Wiley, 1979; Hardin, Russell. Trust and Trustworthiness. New York: Russell Sage Foundation, 2002.
34) 이종수. "정부에 대한 신뢰와 그 결정 요인." 『사회과학논집』 32권 (2002): 67–86; 박순애. "정부에 대한 이해와 정부 신뢰의 관계: 우리나라 대학생을 중심으로." 『한국행정학보』 40권 2호 (2006): 73–97; 이숙종. "정부 신뢰와 거버넌스." 『국정관리연구』 1권 1호 (2006): 143–172; 황창호, 김태형, 문명재. "정책 홍보·정책 수단·정책 산출 그리고 정부 역량이 정부 신뢰에 미치는 영향: 국민인식조사를 중심으로." 『정부학연구』 23권 1호 (2017): 223–254; Hetherington, Marc J. "The Political Relevance of Political Trust." American Political Science Review 92, no. 4 (1998): 791–808.
35) 박희봉, 신중호, 황윤원. "정부 신뢰의 요인-정부 정책인가? 정치 태도인가?" 『한국정책학회보』 22권 1호 (2013): 465–492; 박희봉. "정부 신뢰의 본질: 정권에 대한 신뢰인가, 정부 시스템에 대한 신뢰인가?" 『한국행정연구』 27권 4호 (2018): 1–34; Bouckaert, Geert, and Steven Van de Walle. "Government Performance and Trust in Government." Public Performance & Management Review 28, no. 4 (2005): 465–486; OECD. Trust in Government: Ethics Measures in OECD Countries. Paris: OECD Publishing, 2000.
36) 황아란, 서복경. "정책 과정이 정부 신뢰에 미치는 영향: 2014년 유권자 인식을 중

심으로." 『한국행정논집』 27권 4호 (2015): 1193-1214.
37) 박희봉, 신중호, 황윤원. "정부 신뢰의 요인-정부 정책인가? 정치 태도인가?" 『한국정책학회보』 22권 1호 (2013): 465-492; 황창호, 김태형, 문명재. "정책 홍보·정책 수단·정책 산출 그리고 정부 역량이 정부 신뢰에 미치는 영향: 국민인식조사를 중심으로." 『정부학연구』 23권 1호 (2017): 223-254.
38) 황아란, 서복경. "정책 과정이 정부 신뢰에 미치는 영향: 2014년 유권자 인식을 중심으로." 『한국행정논집』 27권 4호 (2015): 1193-1214.
39) 이희창, 박희봉. "신뢰와 정부경쟁력: 한·중·일 3국의 시민의식 분석." 『한국정책학회보』 20권 2호 (2011): 289-319; 문승민, 최선미. "사회복지서비스 지출에 따른 세금부담 의향의 영향 요인 분석: 정부 역량 인식과 정부 신뢰를 중심으로." 『정부학연구』 25권 3호 (2019): 289-316; Hetherington, Marc J. "The Political Relevance of Political Trust." American Political Science Review 92, no. 4 (1998): 791-808.
40) 이병기. "사회적 신뢰와 경제성장: 이론과 실증." 『제도와 경제』 4권 1호 (2010): 123-152; 고선. "신뢰가 경제성장에 미치는 영향." 『경제발전연구』 20권 2호 (2014): 99-125.
41) 박범섭, 신정섭. "한국, 일본, 대만에서 유권자의 코로나19 정부 대응 평가가 정부 신뢰, 민주주의 만족도, 국가 자긍심에 미치는 영향 분석." 『한국정당학회보』 20권 3호 (2021): 131-166; 황선재, 길정아, 최슬기. "코로나19 백신수용성: 정부 신뢰 요인을 중심으로." 『한국인구학』 44권 2호 (2021): 95-120; 박승규, 황창호. "정부의 코로나19 정책수용성에 대한 연구: 정부 신뢰의 조절효과를 중심으로." 『한국행정논집』 34권 3호 (2022): 411-434.
42) 박통희. "신뢰의 개념에 대한 비판적 검토와 재구성." 『한국행정학보』 33권 2호 (1999): 1-17; 원숙연. "신뢰의 개념적·경험적 다차원성: 신뢰 연구에 갖는 함의." 『한국정책학회보』 10권 3호 (2001): 63-86; 박희봉. "정부 신뢰의 본질: 정권에 대한 신뢰인가, 정부 시스템에 대한 신뢰인가?" 『한국행정연구』 27권 4호 (2018): 1-34; 박현신. "정부 신뢰의 영향 요인에 관한 연구: 제도성과 요인을 중심으로." 『국정관리연구』 15권 3호 (2020): 129-167.
43) Putnam, Robert D. Making Democracy Work: Civic Traditions in Modern Italy. Princeton: Princeton University Press, 1993.
44) 박희봉. "정부 신뢰의 본질: 정권에 대한 신뢰인가, 정부 시스템에 대한 신뢰인가?" 『한국행정연구』 27권 4호 (2018): 1-34; 전대성, 권일웅, 정광호. "정부 신뢰에 대한 연구: 대통령에 대한 신뢰와 정부정책에 대한 평가 비교를 중심으로." 『한국정책학회보』 22권 2호 (2013): 181-207.
45) Citrin, Jack. "Comment: The Political Relevance of Trust in Government." American Political Science Review 68, no. 3 (1974): 973-988; Citrin, Jack,

and Donald P. Green. "Presidential Leadership and the Resurgence of Trust in Government." British Journal of Political Science 16, no. 4 (1986): 431-453.
46) Mughan, Anthony. Media and the Presidentialization of Parliamentary Elections. Basingstoke: Palgrave Macmillan, 2000.
47) Poguntke, Thomas, and Paul Webb. The Presidentialization of Politics: A Comparative Study of Modern Democracies. Oxford: Oxford University Press, 2005.
48) 정부 신뢰의 결정 요인에 대한 연구는 Miller(1974)와 Citrin(1974)의 논의가 있다. Miller는 정부 신뢰가 정부 정책에 대한 평가와 선호에 의해 영향을 받는다고 본 반면, Citrin은 대통령의 직무 수행이나 대통령에 대한 평가가 정부 신뢰에 더 큰 영향을 미친다고 주장하였다. Miller, Arthur H. "Political Issues and Trust in Government: 1964-1970." American Political Science Review 68, no. 3 (1974): 951-972; Citrin, Jack. "Comment: The Political Relevance of Trust in Government." American Political Science Review 68, no. 3 (1974): 973-988.
49) 전대성, 권일웅, 정광호. "정부 신뢰에 대한 연구: 대통령에 대한 신뢰와 정부 정책에 대한 평가 비교를 중심으로."『한국정책학회보』22, no. 2 (2013): 181-207; 이숙종, 유희정. "정부 신뢰의 영향 요인 연구: 대통령 신뢰의 매개효과를 중심으로."『한국정치연구』24, no. 2 (2015): 53-81.
50) 전대성, 권일웅, 정광호. "정부 신뢰에 대한 연구: 대통령에 대한 신뢰와 정부 정책에 대한 평가 비교를 중심으로."『한국정책학회보』22권 2호 (2013): 181-207; Citrin, Jack, and Donald P. Green. "Presidential Leadership and the Resurgence of Trust in Government." British Journal of Political Science 16, no. 4 (1986): 431-453.
51) 전대성, 권일웅, 정광호. "정부 신뢰에 대한 연구: 대통령에 대한 신뢰와 정부 정책에 대한 평가 비교를 중심으로."『한국정책학회보』22권 2호 (2013): 181-207.
52) 박순애. "정부에 대한 이해와 정부 신뢰의 관계: 우리나라 대학생을 중심으로."『한국행정학보』40권 2호 (2006): 73-97; 김병규, 이곤수. "정치경제적 관점에서 본 정부 신뢰의 영향 요인: 이명박정부에 대한 국민인식을 중심으로."『한국행정논집』21권 3호 (2009): 893-915; 박현신. "정부 신뢰와 이념 그리고 정책 태도 간의 관계: 정부 지출 확대에 대한 지지를 중심으로."『사회과학연구』60권 2호 (2021): 549-574.
53) 서정욱. "국민인식을 기반으로 한 정부 신뢰의 특성 및 영향 요인에 관한 연구."『한국행정논집』30권 3호 (2018): 531-552.
54) 박희봉, 이희창, 조연상. "우리나라 정부 신뢰 특성 및 영향 요인 분석."『한국행정학보』37권 3호 (2003): 45-67.

55) Nye, Joseph S., Philip D. Zelikow, and David C. King, eds. Why People Don't Trust Government. 박준원 옮김, 임길진 감수. 『국민은 왜 정부를 믿지 않는가』. 서울: 굿인포메이션, 2001. 164쪽
56) 윤석열 대통령의 미국 국빈 방문이 2023년 4월에 있었다. 워싱턴 방문 이후, 대통령은 보스턴을 방문해 하버드대학교에서 열린 대담회에 참석했다. 이 대담은 조셉 나이(Joseph S. Nye) 교수의 주재로 진행되었다. 그는 『국민은 왜 정부를 믿지 않는가』의 저자이기도 하다. 당시 그 책의 내용이 떠오르면서, 정부 신뢰에 대한 생각을 정리하게 되었다. 이 글의 초안은 2023년 6월 6일 현충일에 작성하였다.
57) Simon, Herbert A. "Designing Organizations for an Information-Rich World." In Computers, Communication, and the Public Interest, edited by Martin Greenberger, 37–72. Baltimore: Johns Hopkins University Press, 1971. "What information consumes is rather obvious: it consumes the attention of its recipients. Hence a wealth of information creates a poverty of attention" (40).
58) Hilgartner, Stephen, and Charles L. Bosk. "The Rise and Fall of Social Problems: A Public Arenas Model." American Journal of Sociology 94, no. 1 (1988): 53–78; Kahneman, Daniel. Attention and Effort. Englewood Cliffs, NJ: Prentice-Hall, 1973.
59) '공공 경기장 모델(Public Arenas Model)'은 Hilgartner & Bosk (1988)가 제안한 개념으로, 사회 문제가 공공의 주목을 받기 위해 경쟁하는 과정을 설명한다. Hilgartner, Stephen, and Charles L. Bosk. "The Rise and Fall of Social Problems: A Public Arenas Model." American Journal of Sociology 94, no. 1 (1988): 53–78; Kahneman, Daniel. Attention and Effort. Englewood Cliffs, NJ: Prentice-Hall, 1973.
60) Cobb, Roger W., Jennie-Keith Ross, and Marc Howard Ross. "Agenda Building as a Comparative Political Process." American Political Science Review 70, no. 1 (1976): 126–138.
61) Kingdon, John W. Agendas, Alternatives, and Public Policies. 2nd ed. New York: Longman, 2003.
62) Bachrach, Peter, and Morton S. Baratz. "Two Faces of Power." American Political Science Review 56, no. 4 (1962): 947–952.
63) 정정길, 최종원, 이시원, 정준금, 정광호. 『정책학 원론』. 서울: 대명출판사, 2011.
64) 정정길, 최종원, 이시원, 정준금, 정광호. 『정책학 원론』. 서울: 대명출판사, 2011. 290쪽.
65) 정정길, 최종원, 이시원, 정준금, 정광호. 『정책학 원론』. 서울: 대명출판사, 2011. 292쪽.

66) McCombs, Maxwell E., and Donald L. Shaw. "The Agenda-Setting Function of Mass Media." Public Opinion Quarterly 36, no. 2 (1972): 176-187.
67) Downs, Anthony. "Up and Down with Ecology: The Issue-Attention Cycle." The Public Interest, no. 28 (1972): 38-50.
68) 단계는 잠복 단계 (pre-problem) → 놀란 발견과 들뜬 낙관 단계 (alarmed discovery and euphoric enthusiasm) → 중요한 진척에 필요한 비용을 인식하는 단계 (realizing the cost of significant progress) → 관심의 점진적 쇠퇴 단계 (gradual decline of intensive public interest) → 사후 단계(post-problem)의 순서로 진행된다.
69) 박기묵. "사회적 사건의 생존 주기 유형의 정립: 100대 사건을 중심으로." 『한국행정학보』 34권 4호 (2000): 143-167.
70) 박기묵. "사회적 사건의 생존 주기 유형의 정립: 100대 사건을 중심으로." 『한국행정학보』 34권 4호 (2000): 143-167; 박기묵. "정치적 사건에 대한 일반 대중의 관심도 생존 주기와 정당과의 관계: 대통령 탄핵 사건을 중심으로." 『한국정책학회 하계학술발표논문집』 (2006): 1-20; 박기묵. "사회적 사건의 생존 주기 유형의 정립: 100대 사건을 중심으로." 『한국행정학보』 34권 4호 (2000): 143-167; 박기묵. "정치적 사건에 대한 일반 대중의 관심도 생존 주기와 정당과의 관계: 대통령 탄핵 사건을 중심으로." 『한국정책학회 하계학술발표논문집』 (2006): 1-20.
71) Heinrich, H. W. (1931). Industrial accident prevention: A scientific approach. McGraw-Hill.
72) 2023년 여름, 집중호우와 오송 궁평2지하차도 침수 사고가 있었다. 8월 초에는 전북 새만금에서 열린 세계 잼버리 대회가 폭염과 준비 부족으로 인해 파행을 겪었다. 8월 중순 이후에는 일본의 후쿠시마 오염수 방출로 인해 전국이 어수선해졌다. 일련의 사건과 사고를 지켜보며, 사회적 이슈는 어떻게 등장하고 사라지는가에 대해 궁금했다. 이 글은 2023년 12월 말에 초안을 완성했다.

제2부 · 정치

1) Wilson, Woodrow. "The Study of Administration." Political Science Quarterly 2, no. 2 (1887): 197-222.
2) Goodnow, Frank J. Politics and Administration: A Study in Government. New York: Macmillan, 1900, 22. "Politics has to do with the policies or expressions of the state will. Administration has to do with the execution of these policies."
3) Appleby, Paul H. Policy and Administration. Tuscaloosa: University of Alabama Press, 1949, 23. "Public administration is not merely a technical

instrument of government but is inevitably involved in the formulation of policy and the exercise of political judgment."

4) Waldo, Dwight. The Administrative State: A Study of the Political Theory of American Public Administration. New York: Ronald Press, 1948, 11.

5) Peters, B. Guy. The Politics of Bureaucracy: An Introduction to Comparative Public Administration. 5th ed. London: Routledge, 2001, 4-5. "Policy-making is no longer the exclusive domain of elected politicians or neutral bureaucrats. Instead, policy is shaped by a complex interaction of political calculations, electoral considerations, party goals, media influence, and the pressure of interest groups."

6) Dahl, Robert A. On Democracy. New Haven: Yale University Press, 1998, 37.

7) Nordhaus, William D. "The Political Business Cycle." The Review of Economic Studies 42, no. 2 (1975): 169-190.

8) Alesina, Alberto. "Politics and Business Cycles in Industrial Democracies." Economic Policy 4, no. 8 (1989): 55-98.

9) Clark, William Roberts, Usha N. Reichert, Henry E. Lapan, and Kenneth A. Wolaver. "International and Domestic Constraints on Political Business Cycles in OECD Economies." International Organization 52, no. 1 (1998): 87-120.

10) Persson, Torsten, and Guido Tabellini. The Economic Effects of Constitutions. Cambridge, MA: MIT Press, 2003.

11) 김종표, 박경산. "선거와 정치적 경기순환."『선거와 한국정치』(1992): 221-247; 최광, 노봉래. "정치적 경기순환의 이론 및 실증적 연구."『재정논집』2 (1988): 163-210; 유금록. "정치적 조세순환의 스펙트럼 분석: 한국, 미국 및 일본의 비교연구."『한국행정학보』30권 2호 (1996): 2033-2047; 최성관. "시계열모형을 이용한 선거개입의 경제적 영향분석."『한국데이터정보과학회지』11권 2호 (2000): 257-267.

12) 김재한. "제14대 대선과 한국경제."『한국정치학회보』27권 1호 (1993): 99-120.

13) 이은국. "한국의 선거와 경제: 정치적 경기순환주기 가설의 검정."『한국정책학회보』8권 3호 (1999): 5-26; 이은국. "정치적 경기순환주기 가설의 스펙트럼분석: 한국의 사례."『한국행정학보』33권 3호 (1999): 177-193.

14) 장승진. "제20대 총선의 투표 선택: 회고적 투표와 세 가지 심판론."『한국정치학회보』50권 4호 (2016): 151-169; 장승진. "한국 선거에서의 회고적 투표: 이론과 현실."『미래정치연구』7권 1호 (2017): 35-59.

15) Fiorina(1981)는 합리적 무시의 논리를 바탕으로, 유권자들이 모든 정책 정보를 알기보다는 과거 정부의 성과를 평가하는 방식, 즉 회고적 투표(retrospective voting)를 통해 선택한다고 설명하였다. Downs, Anthony. An Economic Theory of De-

mocracy. New York: Harper and Row, 1957; Fiorina, Morris P. Retrospective Voting in American National Elections. New Haven: Yale University Press, 1981.
16) Powell, G. Bingham, and Guy D. Whitten. "A Cross-National Analysis of Economic Voting: Taking Account of the Political Context." American Journal of Political Science 37, no. 2 (1993): 391-414.
17) 김수인, 강원택. "자산과 투표 선택: 수도권 지역 유권자를 중심으로." 『한국정치학회보』 56권 1호 (2022): 187-215.
18) 이번 책을 쓰기 시작한 이후, 2024년에는 국회의원 선거가 있었고, 2025년에는 제21대 대통령 선거가 치러졌다. 선거가 정책에 어떤 영향을 미치는지를 정리해 보고 싶었다. 정치적 경기순환 가설은 필자의 박사과정 은사인 이은국 교수의 과거 연구 주제이기도 했다. 이 글의 초안은 2024년 12월 말에 작성했다.
19) 연합뉴스. "연합시론: 포퓰리즘·선심성 공약 논란, 유권자 냉철한 판단 필요할 때." 2024년 3월 25일.
20) 강원택. "포퓰리즘 논쟁과 한국 정치의 선진화 방안." 『국회입법조사처 정책연구용역보고서』 (2011): 47.
21) 강원택. "포퓰리즘 논쟁과 한국 정치의 선진화 방안." 『국회입법조사처 정책연구용역보고서』 (2011): 7.
22) 김호기. "포퓰리즘이란 괴물… 키운 곳도 정치, 막을 곳도 정치." 매일경제, 2021년 7월 1일; 주정립. "포퓰리즘의 개념적 규정을 위한 시도." 『대한정치학회보』 13권 1호 (2005): 245-268.
23) 정병기. "포퓰리즘의 개념과 유형 및 역사적 변화: 고전 포퓰리즘에서 포스트포퓰리즘까지." 『한국정치학회보』 54권 1호 (2020): 91-110.
24) 이기형, 황경아, 김은정. "언론이 재현하는 '정치적 기획'으로서의 '포퓰리즘'의 특징과 쟁점: 주요 일간지의 관련 사설에 관한 비판적인 텍스트 분석과 내용분석을 중심으로." 『언론과 사회』 30권 3호 (2022): 205.
25) 이기형, 황경아, 김은정. "언론이 재현하는 '정치적 기획'으로서의 '포퓰리즘'의 특징과 쟁점: 주요 일간지의 관련 사설에 관한 비판적인 텍스트 분석과 내용분석을 중심으로." 『언론과 사회』 30권 3호 (2022): 200.
26) 김주호. "포퓰리즘의 오용과 복지 포퓰리즘 담론의 구축: 보수 언론을 중심으로, 2009-2018." 『사회이론』 (2019): 31-71; 정재철. "한국 신문과 복지 포퓰리즘 담론: 동아일보와 한겨레신문을 중심으로." 『언론과학연구』 11권 1호 (2011): 372-399.
27) 도묘연. "한국 포퓰리즘의 변화 추이와 영향 요인: 경제적 및 정치적 위기의 관점." 『평화연구』 28권 1호 (2020): 241-285.
28) 강원택. "포퓰리즘 논쟁과 한국 정치의 선진화 방안." 『국회입법조사처 정책연구용

역보고서』(2011): 25.
29) 김주호. "포퓰리즘의 오용과 복지 포퓰리즘 담론의 구축: 보수 언론을 중심으로, 2009-2018."『사회이론』(2019): 31-71.
30) 강원택. "포퓰리즘 논쟁과 한국 정치의 선진화 방안."『국회입법조사처 정책연구용역보고서』(2011): 28.
31) 김일영. "신자유주의적 포퓰리즘과 진보정치 10년."『철학과 현실』(2007): 36.
32) 김주호. "포퓰리즘의 오용과 복지 포퓰리즘 담론의 구축: 보수 언론을 중심으로, 2009-2018."『사회이론』(2019): 31-71.
33) 도묘연. "한국 포퓰리즘의 변화 추이와 영향 요인: 경제적 및 정치적 위기의 관점."『평화연구』28권 1호 (2020): 241-285.
34) 초과 생산된 쌀에 대한 정부 매입을 의무화하는 내용의 양곡관리법 개정안이 2023년 3월 23일 국회 본회의를 통과하였다. 윤석열 대통령은 이 법안에 대해 4월 4일 국무회의에서 거부권을 행사했다. 대통령은 "이 법안은 농업의 생산성을 높이고 농가 소득을 높이려는 정부의 농정 목표에도 반하고, 농업인과 농촌 발전에도 전혀 도움이 되지 않는 전형적인 포퓰리즘 법안"이라고 했다. 그 뉴스를 보면서, 포퓰리즘의 의미가 궁금했다. 이번 내용은 2023년 4월 말에 초안을 작성했다.
35) 중앙일보. "사설: 영혼이 있는 공무원이 나라를 살린다." 2008년 1월 5일.
36) 손성진. "칼럼: 영혼 없는 공무원."『파이낸셜뉴스』, 2023년 6월 14일.
37) 윤건수, 김순희(2013)는 2008년 한 해 동안 발표된 '공무원의 영혼' 관련 신문 사설 22편을 분석하였다. 이들은 영혼 없는 공무원을 "정권에 봉사하고 비위를 맞추는 정권의 하수인"(8편), "권력자인 대통령에게 코드를 맞추는 사람"(5편), "새 정부 출범과 함께 입장을 돌변한 사람"(4편) 등으로 분류했다. 그 외에도 "무책임", "무소신", "철학 부재", "면피 행정", "무사안일", "복지부동", "현실 안주", "변화에 대한 무기력" 등의 표현이 반복적으로 등장하였다. 윤건수·김순희. "공직의 정체성에 대한 연구: 공무원의 영혼에 대한 내러티브를 중심으로."『한국행정학보』47권 1호 (2013): 1-23.
38) 윤건수, 김순희. "공직의 정체성에 대한 연구: 공무원의 영혼에 대한 내러티브를 중심으로."『한국행정학보』47권 1호 (2013): 13.
39) 국가공무원법에서는 성실의 의무, 복종의 의무, 친절·공정의 의무를 함께 규정하고 있다. 국가공무원법 제56조(성실 의무) 모든 공무원은 법령을 준수하며 성실히 직무를 수행하여야 한다. 제57조(복종의 의무) 공무원은 직무를 수행할 때 소속 상관의 직무상 명령에 복종하여야 한다. 제59조(친절·공정의 의무) 공무원은 국민 전체의 봉사자로서 친절하고 공정하게 직무를 수행하여야 한다.
40) 박천오. "공무원의 정치적 중립: 의미와 인식."『행정논총』49권 4호 (2011): 25-50.
41) 이문수. "Max Weber의 관료론: 기계의 부속품인가, 소명을 실현하는 존재인가?"『정부학연구』14권 3호 (2008): 40.

42) 정철현. 『행정 이론의 발전: 베버에서 오스본까지』. 서울: 다산출판사, 2003. 18.
43) 이문수. "Max Weber의 관료론: 기계의 부속품인가, 소명을 실현하는 존재인가?" 『정부학연구』14권 3호 (2008): 35-66; 이문수. "근대성과 행정 윤리: Zygmunt Bauman의 윤리학에 대한 재검토." 『정부학연구』17권 3호 (2011): 111-141; 이문수. "윤리적 관료는 인격이 될 수 없는가?: 막스 베버의 관료 윤리의 내재적 모순과 재해석." 『정부학연구』20권 3호 (2014): 35-69; 이문수. "Iron Cage와 공직자 윤리: Max Weber의 '행동'과 '체념'을 중심으로." 『한국행정학보』53권 3호 (2019): 29-53.
44) 이문수. "근대성과 행정 윤리: Zygmunt Bauman의 윤리학에 대한 재검토." 『정부학연구』17권 3호 (2011): 111-141.
45) Bauman, Zygmunt. Modernity and the Holocaust. Ithaca: Cornell University Press, 1989.
46) Arendt, Hannah. Eichmann in Jerusalem: A Report on the Banality of Evil. New York: Penguin, 1963.
47) 박천오(2011)는 '정치적 중립'의 6가지 측면을 제시한다. 첫째, 전통적 정치·행정 이원론에 근거하여 공무원이 정책 결정에 관여하지 않는 것을 말한다. 여기서 공무원은 주어진 정책이나 과업을 성실히 실행하는 사람이다. 둘째, 정당과 선거 결과와 관계없이 공무원은 시험과 실적에 따라 선발되고 관리되어야 한다는 인사 관리적 측면에서의 중립이다. 셋째는 공무원이 정당과 관련된 사항에 대해 직접 개입하지 않아야 한다는 의미이다. 공무원의 정치 행동을 금지하는 것 등이 이에 속한다. 넷째, 공무원은 정치적 고려를 떠나 독립적이며 전문 직업적으로 판단하고 정책을 추진하는 것을 말한다. 공익 수호자로서의 전문성에 대한 것이다. 다섯째, 공무원은 집권 정부의 행정이나 정책을 공개적으로 비판할 수 없다는 뜻의 정치적 중립이다. 여섯째, 공무원은 자신의 개인적 의견과 관계없이 집권 정부의 정책 실현에 충실해야 한다는 의미이다. 공무원은 정권 교체에 무관하게 성실히 근무해야 한다는 것이다. '공무원의 영혼'은 성실한 근무를 강조하는 여섯 번째와 공무원의 전문성을 부각하는 네 번째의 정치적 중립 간의 상충과 양립의 문제라고 할 수 있다. 박천오. "공무원의 정치적 중립: 의미와 인식." 『행정논총』49권 4호 (2011): 25-50.
48) 김순양. "공무원의 정치적 중립(political neutrality): 개념, 규범성, 실현가능성에 대한 토의." 『한국사회와 행정연구』31권 4호 (2021): 1-29.
49) 윤견수, 김순희. "공직의 정체성에 대한 연구: 공무원의 영혼에 대한 내러티브를 중심으로." 『한국행정학보』47권 1호 (2013): 1-23.
50) 박천오. "공무원의 정치적 중립: 의미와 인식." 『행정논총』49권 4호 (2011): 25-50.
51) 2008년 1월, '영혼 없는 공무원'에 대한 기사가 처음 언론에 보도되었다. 당시 나는 중앙인사위원회에서 근무 중이었다. 참여정부에서 이명박 정부로 정권이 교체되던 시기여서, 사무실 분위기는 뒤숭숭했다. 중앙인사위원회는 조직 개편의 대상이 될

것이라는 말이 돌았고, 실제로 그해 2월, 중앙인사위원회는 행정자치부와 통합되었다. '영혼 없는 공무원'을 다룬 언론 기사를 보면, 늘 그해 겨울을 떠올리게 된다. 이 글은 2023년 7월 말에 초안을 작성한 뒤, 이후 계속 수정했다.
52) 김한나. "국회의원의 정치적 목표와 상임위원회 활동의 정치적 결과: 제18대, 제19대 국회를 중심으로." 박사학위논문, 서울대학교 대학원, 2018.
53) '정치적'은 자주 사용되지만, 그 의미는 상황에 따라 달라진다. 예를 들어, 민주주의, 선거, 정당과 같이 정치제도를 의미할 때 이 용어를 쓴다. 권력관계, 이해관계, 득표 전략 등 경쟁과 갈등 상황을 지칭할 때 사용되기도 한다. "저 사람 너무 정치적이야"라는 말은 자기 이익만 챙기거나 지나치게 계산적으로 행동하는 사람을 비판할 때 쓰인다. "그건 정치적 결정이었어"라는 표현은 논리나 원칙보다는 권력이 강한 쪽으로 결정했다는 의미를 담는다. 또 "정치적으로 민감한 사안이다"라는 말은 이해관계자가 많아 갈등 가능성이 큰 상황이거나, 여야의 정치적 이해관계가 엇갈려 결정을 내리기 민감한 상황에서도 사용한다.
54) Lasswell, Harold D. Politics: Who Gets What, When, How. New York: McGraw-Hill, 1936.
55) Lindblom, Charles E. "The Science of 'Muddling Through'." Public Administration Review 19, no. 2 (1959): 79-88.
56) 다원주의의 대표적 학자인 달(Robert A. Dahl)이 있다. 그는 미국 사회가 여러 중심(centers)으로 구성된 다핵 구조(polyarchy)라고 보았고, 정치권력은 비교적 분산되어 있다고 주장했다. 노동조합, 기업, 시민단체, 지역 커뮤니티, 전문가 집단 등 각 집단은 자신의 이익을 주장하며, 의회, 언론, 선거 등 제도적 장치를 통해 정치 과정에 참여한다. Dahl, Robert A. Who Governs? Democracy and Power in an American City. New Haven: Yale University Press, 1961.
57) 밀즈(C. Wright Mills)는 미국 사회가 정치·경제·군사 분야 상층부 인물들로 구성된 지배 엘리트층에 의해 운영된다고 주장했다. 대통령, 고위 관료, 군 수뇌부, 대기업 경영진 등은 서로 긴밀히 연결된 네트워크를 통해 국가 주요 결정을 사실상 독점하며, 선거나 여론의 통제를 크게 받지 않는다. 또한 권력의 이동도 엘리트 내부에서만 순환하는 등 폐쇄적으로 이루어진다. Mills, C. Wright. The Power Elite. New York: Oxford University Press, 1956.
58) 조합주의는 특히 유럽 복지국가에서 작동해 온 구조이다. 독일, 네덜란드, 오스트리아 등은 산업별 노동조합과 사용자 단체, 정부가 공식적인 3자 협의 체계를 통해 노동시장과 복지 정책을 조정해 왔다. Schmitter, Philippe C. "Still the Century of Corporatism?" The Review of Politics 36, no. 1 (1974): 85-131; Lehmbruch, Gerhard. "Liberal Corporatism and Party Government." Comparative Political Studies 10, no. 1 (1977): 91-126.
59) March, James G., and Johan P. Olsen. "The New Institutionalism:

Organizational Factors in Political Life." American Political Science Review 78, no. 3 (1984): 734-749; Hall, Peter A., and Rosemary C. R. Taylor. "Political Science and the Three New Institutionalisms." Political Studies 44, no. 5 (1996): 936-957.

60) Rhodes, R. A. W. "Policy Network Analysis." In The Oxford Handbook of Political Institutions, edited by R. A. W. Rhodes, Sarah A. Binder, and Bert A. Rockman, 425-447. Oxford: Oxford University Press, 2006.

61) Lowi, Theodore J. "American Business, Public Policy, Case-Studies, and Political Theory." World Politics 16, no. 4 (1964): 677-715; Lowi, Theodore J. "Decision Making vs. Policy Making: Toward an Antidote for Technocracy." Public Administration Review 30, no. 3 (1970): 314-325; Lowi, Theodore J. "Four Systems of Policy, Politics, and Choice." Public Administration Review 32, no. 4 (1972): 298-310.

62) Lasswell, Harold D. "The Policy Orientation." In The Policy Sciences: Recent Developments in Scope and Method, edited by Daniel Lerner and Harold D. Lasswell, 3-16. Stanford: Stanford University Press, 1951.

63) 고기동(2015)은 로위의 정책 유형을 퍼지셋 연구방법론을 통해 실증적으로 분석하는 연구를 수행한 바 있다. 고기동. "정책 유형에 따른 정책 입법화 과정의 질적 비교분석." 박사학위논문, 연세대학교 대학원, 2015; 고기동, 이은국, 이은미. "정책 유형에 따른 정책입법화 과정 비교분석: 법률안 심의 참여자 선호를 중심으로." 『한국정책학회보』 24권 4호 (2015): 277-300.

64) 원문 표현은 "mutual non-interference among uncommon interests"이다. 로위가 분배정책을 설명하면서 사용한 개념이다. 이해관계가 중첩되지 않는 여러 집단들이 서로 간섭하지 않고 각자의 이익을 챙기는 방식을 설명하며 이 개념을 제시하고 있다.

65) 구성정책은 로위의 초기 정책 유형 분류에는 포함되지 않았으나, 1970년과 1972년 논문에서 새롭게 추가된 유형이다. Lowi, Theodore J. "Decision Making vs. Policy Making: Toward an Antidote for Technocracy." Public Administration Review 30, no. 3 (1970): 314-325; Lowi, Theodore J. "Four Systems of Policy, Politics, and Choice." Public Administration Review 32, no. 4 (1972): 298-310.

66) 예를 들어, 리플리(Randall B. Ripley)와 프랭클린(Grace A. Franklin)은 로위의 분류를 보다 구체화하여, 정책을 분배정책, 경쟁적 규제정책, 보호적 규제정책, 재분배정책으로 세분화하였다. 또한 외교·국방 분야 정책은 구조정책, 전략정책, 위기정책이라는 세 가지 유형으로 나누어 분석하였다. Ripley, Randall B., & Grace A. Franklin. (1976). Congress, the Bureaucracy, and Public Policy. Chicago:

Dorsey Press.
67) Wilson, James Q. "The Politics of Regulation." In The Politics of Regulation, edited by James Q. Wilson, 357-394. New York: Basic Books, 1980.
68) 2009년 행정안전부 법무담당관으로 근무하면서, 국회의 법률안 심의 과정에 자주 배석할 기회를 가졌다. 법안의 내용에 따라 회의 참석자들의 반응은 달랐다. 그때의 경험을 바탕으로, 정책 유형에 따라 의사결정 참여자의 주도성이 어떻게 달라지는지를 분석한 연구를 2015년 박사학위논문으로 제출했다. 이번 글은 그 당시의 "정책 유형에 따른 정책 입법화 과정의 질적 비교분석" 논문을 2023년 3월경에 재정리한 것이다.

제3부 · 선택

1) 행정안전부.『관행적 버스노선, AI를 통한 과학적 기준 마련해 실효성 중심으로 개편』. 보도자료, 2024년 2월 21일.
2) Wansink, Brian, and Jeffery Sobal. "Mindless Eating: The 200 Daily Food Decisions We Overlook." Environment and Behavior 39, no. 1 (2007): 106-123.
3) 이종범. "불확실성, 모호성과 딜레마 상황하에서 절차적 합리성의 탐색."『행정논총』 43권 4호 (2005): 2.
4) 헌법 121조는 '농업생산성의 제고와 농지의 합리적인 이용을 위하거나 불가피한 사정으로 발생하는 농지의 임대차와 위탁경영은 법률이 정하는 바에 의하여 인정된다.'로 농지의 합리적 이용을 언급하고 있다.
5) Brubaker, Roger. The Limits of Rationality: An Essay on the Social and Moral Thought of Max Weber. London: George Allen & Unwin, 2013.
6) 합리성의 유형을 구분하여 설명하는 방식은 다양하다. Simon(1976)은 합리성을 내용적 합리성과 절차적 합리성으로 나누었다면, Mannheim(1971)은 실질적 합리성과 기능적 합리성으로 구분한다. Diesing(1962)은 합리성의 개념을 기술적, 경제적, 사회적, 법적, 정치적 합리성으로 구분한다. 기술적 합리성은 목표 달성에 적합한 수단을 찾는 것으로 수단의 효과성을 의미한다. 경제적 합리성은 비용 대비 편익이 큰 것을 선택하는 능률성을, 사회적 합리성은 사회체계 구성 요소 간의 조화 있는 통합성을 말한다. 법적 합리성은 목표 달성을 위하여 기존 법률, 규칙, 선례 등에 합치하는 수단을 선택하는 것을 의미한다면, 정치적 합리성은 의사결정 구조의 합리성을 의미하며 의사결정 구조가 개선될 때에 정치적 합리성이 나타난다(김기형, 2013: 35). 그리고 정책이 복잡하고 모호하며 불확실한 상황에서 환경과 상호작용하면서 시행착오와 오차 수정을 통해 동태적으로 변화하는 측면을 강조하는 '진화적 합리성'에 대한 연구도 있다. 진화적 합리성을 강조하는 김기형(2012), 김영평(2008) 등은

정책 환경의 특성에 복잡성, 모호성, 불확실성 외에 시간 변화에 따른 동태성을 포함한다. Mannheim, Karl. "The Meaning of Rationality." In Structure, Symbols and System, edited by M. W. Meyer. Boston: Little, Brown and Co., 1971; Diesing, Paul. Reason in Society: Five Types of Decisions and Their Social Conditions. Urbana: University of Illinois Press, 1962; 김기형. "정책의 진화적 합리성에 관한 연구." 『한국정책학회보』 21권 1호 (2012): 29-62; 김영평. "정책 이론에서 합리성의 한계와 모순의 관리." 『행정논총』 46권 3호 (2008): 1-33.

7) Simon, Herbert A. Administrative Behavior: A Study of Decision-Making Processes in Administrative Organization. New York: The Free Press, 1945; Simon, Herbert A. "From Substantive to Procedural Rationality." In 25 Years of Economic Theory: Retrospect and Prospect, edited by T. J. Kihlstrom and L. J. Mirman, 65-86. Boston, MA: Springer US, 1976.

8) Simon, Herbert A. Administrative Behavior. 3rd ed. New York: Macmillan, 1976.

9) 최종원. "합리성과 정책연구." 『한국정책학회보』 4권 2호 (1995): 132.

10) 임의영. "H. A. Simon의 제한된 합리성과 행정학." 『행정논총』 52권 2호 (2014): 1-35.

11) 사이먼의 1947년 『행정행태론』 1판에서는 제한된 합리성이라는 용어가 아니라 '합리성의 한계(limits of rationality)'로 표현하였다. 1950년대 중반의 논문(1955)에서는 'limited rationality'를 사용하였고, 'bounded rationality'의 용어도 사용하기 시작했다. 임의영. "H. A. Simon의 제한된 합리성과 행정학." 『행정논총』 52권 2호 (2014): 8-10.

12) Simon, Herbert A. Administrative Behavior. 3rd ed. New York: Macmillan, 1976.

13) Lindblom, Charles E. "The Science of 'Muddling Through.'" Public Administration Review 19, no. 2 (1959): 79-88.

14) March, James G., and Johan P. Olsen. "The New Institutionalism: Organizational Factors in Political Life." American Political Science Review 78, no. 3 (1984): 734-749; March, James G., and Johan P. Olsen. "The Logic of Appropriateness." In The Oxford Handbook of Political Institutions, edited by R. A. W. Rhodes, Sarah A. Binder, and Bert A. Rockman, 689-708. Oxford: Oxford University Press, 2004.

15) Cohen, Michael D., James G. March, and Johan P. Olsen. "A Garbage Can Model of Organizational Choice." Administrative Science Quarterly 17, no. 1 (1972): 1-25.

16) Kingdon, John W. Agendas, Alternatives, and Public Policies. Boston: Lit-

tle. Brown, 1984; Agendas, Alternatives, and Public Policies. 2nd ed. New York: Longman, 1995.

17) 쓰레기통 모형은 느슨하게 조직화된 무정부(organized anarchies)라고 이름 붙인 조직, 즉 대학 기관과 같은 네트워크형 느슨한 조직에서 어떻게 정책 결정이 이루어지는가를 설명한다. 이러한 조직에서는 자신이 무엇을 원하는 지 알지 못하고, 선호들 사이에서의 일관성과 명확성이 없어 무엇이 우선인지 판단할 수 없는 문제 있는 선호가 있다. 또 당면한 문제를 해결해야 한다는 생각은 가지고 있으나, 문제 해결의 방법이나 정보를 충분히 알지 못하고 과거의 경험을 토대로 의사결정이 이루어진다. 아울러 의사결정과정에 참여하는 참여자가 수시로 바뀌고, 그들의 의사결정에 투자하는 시간과 노력이 다르다. 따라서 쓰레기통 모형은 문제, 해결책, 참여자, 선택의 기회라는 4개의 흐름이 쓰레기통 안에서 뒤엉켜 움직이다가 어떤 촉발 기제가 나타나면, 우연히 서로 만나서 의사결정이 이루어진다.

18) Kingdon의 다중흐름모형이 쓰레기통 모형(garbage can model)에 기초하고 있지만, 쓰레기통 모형과 달리 정치흐름과 정책선도가의 역할을 강조한다는 점에서 차이가 있다. Zahariadis, Nikolaos. "Ambiguity and Multiple Streams." In Theories of the Policy Process, edited by Paul A. Sabatier and Christopher M. Weible, 25-59. Boulder, CO: Westview Press, 2014.

19) Hall(1989) 역시 유사한 설명을 한다. Hall은 행정적 실행 가능성(administrative viability), 경제적 실행 가능성(economic viability) 뿐만 아니라 정치적 실행 가능성(political viability)의 조건이 충족되었을 때 특정한 아이이어가 채택될 가능성이 높다고 본다. Hall, Peter A. The Political Power of Economic Ideas: Keynesianism across Nations. Princeton, NJ: Princeton University Press, 1989.

20) Zahariadis, Nikolaos. "Ambiguity and Multiple Streams." In Theories of the Policy Process, edited by Paul A. Sabatier and Christopher M. Weible, 25-59. Boulder, CO: Westview Press, 2014.

21) 장현주. "한국의 정책 변동 과정에서 나타난 정책선도가의 유형, 역할과 전략은 무엇인가?: Kingdon의 다중흐름모형에 대한 메타분석." 『한국정책학회보』 26권 2호 (2017): 449-475.

22) 2024년 2월 22일 국회 대정부질문에서 더불어민주당의 한 의원이 "경기도지사가 경기북부특별자치도에 대해서 주민투표를 요청했는데 행안부에서 동의를 안 했다"라고 질의하자, 당시 행정안전부장관은 "제일 중요한 것은 주민들의 공감대이고, 그다음에 생활권 문제, 특히 경기도의 경우는 다른 지역에도 영향을 미치게 된다. 그래서 그런 것을 종합적으로 검토해야 한다는 것이 행정안전부의 입장이다."라고 밝혔다. 그리고 "여야 정치권에서 공감대를 이루게 된다면 그런 경우는 그걸 통해서 주민 의사를 가늠할 수 있기 때문에, 그런 경우라면 행정안전부에서 법률 지원 등을 통해서 지원할 의사가 있다"라고 말했다. 아울러 김포시를 서울시로 편입하는 것에 대해서

는 "지역 주민들의 의사가 필요하다면 주민투표를 실시해서 그 의사를 확인하고 생활권 일치 여부, 행정적·재정적 효과 등을 종합적으로 고려해서 추진할 수도 있는 사안"이라고 답했다.

23) Paul A. Sabatier and Hank C. Jenkins-Smith, "The Advocacy Coalition Framework: An Assessment," in Theories of the Policy Process, ed. Paul A. Sabatier, 2nd ed. (Boulder, CO: Westview Press, 2007), 117-166.
24) 대학교 행정학 수업에서 자주 접했던 내용 중 하나가 합리적 의사결정, 합리적 선택에 관한 것이었다. 실무를 하면서도 '합리적'이라는 표현을 자주 사용했지만, 그때마다 무엇이 합리적인 것인가, 누구에게 합리적인 것인가에 대한 의문이 들곤 했다. 이 글은 2024년 2월 중순에 쓰기 시작해, 4월 초순경 대강을 완성하였다. 당시에는 제22대 국회의원 선거가 예정되어 있었고, 선거는 4월 10일에 치러졌다. 대통령의 "대파 가격이 합리적이다"라는 발언이 논란이 되며 총선 결과에 부정적 영향을 미쳤다는 분석도 제기되었다.
25) 딜레마에 관한 내용은 다음을 주로 참조하였다. 박통희·김동환. "딜레마와 형식주의."『한국행정학보』25권 4호 (1992): 45-63; 배응환·주경일. "정책 딜레마와 정부의 선택: 지역간 항명칭과 해상경계 분쟁사례."『행정논총』50권 2호 (2012): 167-199; 소영진. "딜레마 발생의 사회적 조건: 위천공단 설치를 둘러싼 지역 갈등을 중심으로."『한국행정학보』33권 1호 (1999): 185-205; 소영진. "딜레마 이론, 그 의미와 과제: 이론적 정합성을 위한 시론."『한국행정논집』27권 1호 (2015): 23-45; 윤견수. "선택 상황의 구성 방식과 의사결정자의 딜레마."『한국정책학회보』10권 1호 (2001): 5-30.
26) 소영진. "딜레마 이론, 그 의미와 과제: 이론적 정합성을 위한 시론."『한국행정논집』27권 1호 (2015): 23-45.
27) 소영진의 개념 역시 이와 유사하다. 그는 딜레마 상황의 특징을 네 가지로 제시했다. 첫째, 대안 간의 '분절성', 즉 서로 섞이거나 절충할 수 없는 대안이라는 점이다. 둘째, '상충성', 즉 두 가지를 동시에 선택하는 것이 불가능하다는 점이다. 셋째, 결과의 가치를 비교하기 어려워 어느 쪽이 더 낫다고 단정할 수 없다는 점, 넷째, 어떤 방식으로든 선택을 회피할 수는 없다는 점이다. 소영진. "딜레마 발생의 사회적 조건: 위천공단 설치를 둘러싼 지역 갈등을 중심으로."『한국행정학보』33권 1호 (1999): 187.
28) 김동환. "보호된 가치와 정책 딜레마."『한국정책학회보』11권 1호 (2002): 27-53; Baron, Jonathan, and Mark Spranca. "Protected Values." Organizational Behavior and Human Decision Processes 70, no. 1 (1997): 1-16.
29) 김동환. "보호된 가치와 정책 딜레마."『한국정책학회보』11권 1호 (2002): 32.
30) 정정길, 최종원, 이시원, 정준금, 정광호.『정책학원론』. 서울: 대명출판사, 2010. 772쪽.
31) 소영진. "딜레마 이론, 그 의미와 과제: 이론적 정합성을 위한 시론."『한국행정논집』

27권 1호 (2015): 23-45.
32) 정정길, 최종원, 이시원, 정준금, 정광호. 『정책학원론』. 서울: 대명출판사, 2010. 772쪽
33) 이종범. "불확실성, 모호성과 딜레마 상황하에서 절차적 합리성의 탐색." 『행정논총』 43권 4호 (2005): 1-27.
34) 정정길, 최종원, 이시원, 정준금, 정광호. 『정책학원론』. 서울: 대명출판사, 2010. 771쪽
35) Arrow, Kenneth J. Social Choice and Individual Values. 2nd ed. New Haven: Yale University Press, 1963.
36) 2023년 3월, 서울관측소 기준으로 1922년 관측 이래 두 번째로 벚꽃이 가장 빨리 피었다고 한다. 외교정책 분야에서도 뜨거운 봄이었다. 정부의 일제 강제 동원 피해자에 대한 제3자 변제 방침과 한일 정상회담의 결과를 둘러싸고, 찬반 의견과 주장이 거리와 국회, 언론에서 연일 쏟아졌다. 미래와 과거, 직접 배상과 제3자 배상, 국가이익과 개인 피해라는 상반된 입장들이 첨예하게 맞섰다. 그러한 상황을 지켜보며 딜레마에 대해 고민했다. 2023년 4월 중순 초안을 작성한 뒤 계속 수정했다.
37) 행정안전부의 2018년 3월 19일 및 2023년 4월 26일 보도자료를 참고했다.
38) 『대통령직 인수에 관한 법률』 제7조에서 대통령직인수위원회의 중요한 업무 중의 하나로 '새 정부의 정책 기조를 설정하기 위한 준비'를 규정하고 있다. 대통령령으로는 '국정기획위원회의 설치 및 운영에 관한 규정' 제3조가 있다.
39) 정책 기조와 신제도주의에서 말하는 아이디어(ideas)는 유사한 듯 보이지만, 개념적으로는 구분된다. 정책 기조는 정부가 국정을 운영하는 데 있어 일정 기간 유지하는 정치적·행정적 방향성 또는 기본 원칙을 뜻한다. 이는 구체적인 정책을 선택하고 집행하는 과정에 영향을 미치며, 비교적 단기적이고 실천 중심적인 성격을 갖는다. 반면 신제도주의 연구자들이 사용하는 아이디어는 보다 이론적이고 구조적인 개념이다. 아이디어는 정책 세계를 인식하고 해석하는 틀, 또는 정책 선택의 기준이 되는 인과적 신념(causal beliefs)을 포함한다. 즉, 정책이 왜 필요하며, 어떤 경로로 문제를 해결할 수 있는지를 설명하는 이론적 토대이다. 하연섭. (2006). 정책 아이디어와 제도 변화: 우리나라에서 신자유주의의 해석과 적용을 중심으로. 행정논총, 44(4), 1-27; 하연섭. 『제도 연구: 신제도주의적 접근』. 서울: 박영사, 2006; Beland, Daniel, and Robert H. Cox. "Ideas and Politics." In Ideas and Politics in Social Science Research, edited by Daniel B land and Robert H. Cox, 3-20. Oxford: Oxford University Press, 2011; Mehta, Jal. "The Varied Roles of Ideas in Politics." In Ideas and Politics in Social Science Research, edited by Daniel B land and Robert H. Cox, 23-46. Oxford: Oxford University Press, 2010.
40) 김종범, 강근복. "정책 기조의 개념과 정책 변동에 대한 연구." 『한국행정학보』 35권

2호 (2001): 87-110.
41) 박정택. "정책 기조에 관한 탐색적 연구." 『행정논총』 38권 2호 (2000): 1-33; 박정택. "대통령직 인수와 정책 기조의 형성: 문민정부 이후 대통령직 인수 사례의 분석을 중심으로." 『한국정책학회보』 16권 4호 (2007): 1-28.
42) 박치성, 백두산. "정책 아이디어에 기반한 대통령별 공공가치 비교연구: 대통령 연설문에 등장한 신공공관리와 후기신공공관리의 주요 가치를 중심으로." 『한국정책학회보』 30권 4호 (2021): 377-418.
43) Bennett, Nathan, and G. James Lemoine. "What a Difference a Word Makes: Understanding Threats to Performance in a VUCA World." Business Horizons 57, no. 3 (2014): 311-317.
44) Ronald Reagan. "Inaugural Address." January 20, 1981. "Government is not the solution to our problem; government is the problem."
45) 고기동. "아이디어와 정책 선택에 관한 경험적 연구: 경제정책의 변화를 중심으로." 『행정논총』 57권 3호 (2019): 89-115; Blyth, Mark. Great Transformations: Economic Ideas and Institutional Change in the Twentieth Century. Cambridge: Cambridge University Press, 2002; B land, Daniel. "The Idea of Power and the Role of Ideas." Political Studies Review 8, no. 2 (2010): 145-154.
46) March, James G., and Johan P. Olsen. "The New Institutionalism: Organizational Factors in Political Life." American Political Science Review 78, no. 3 (1984): 734-749; March, James G., and Johan P. Olsen. Democratic Governance. New York: Free Press, 1995.
47) 2013년 박사과정 재학 중에 하연섭 교수의 '제도주의' 강의를 수강한 적이 있다. 특히 '아이디어'에 관한 논의가 깊은 인상을 남겼고, 그 영향으로 아이디어와 관련된 논문을 게재하기도 했다. 이번 글은 그 경험을 바탕으로 2023년 7월 중순부터 정리하기 시작했다. 글을 정리하던 무렵, 4대강 보 해체를 위해 자료를, 소득주도 성장을 위해 일자리 통계를, 탈원전을 위해 경제성 평가를 조작했다는 발표가 있었다. 이는 정부의 이념과 정책 기조에 맞춰 정책을 끼워 맞췄다는 비판과 함께 사회적 파장을 일으켰다.
48) 정정길, 최종원, 이시원, 정준금, 정광호. 『정책학원론』. 서울: 대명출판사, 2010, 35.
49) 김기형. "정책의 진화적 합리성에 관한 연구." 『한국정책학회보』 21권 1호 (2012): 31.
50) 정부가 공공 서비스를 직접 제공하는 것은 합법적인 강제력의 사용이 필요한 경우, 재난·안전관리·공중보건 등 긴박한 조치가 요구되는 경우, 형평성에 대한 고려가 중요한 경우, 재화나 서비스를 공급하는 시장이 원활히 작동하지 않을 때, 그리고

정부 기능의 유지가 필수적인 경우이다. Salamon, Lester M., ed. The Tools of Government: A Guide to the New Governance. New York: Oxford University Press, 2002.

51) Schneider, Anne, and Helen Ingram. "Social Construction of Target Populations: Implications for Politics and Policy." American Political Science Review 87, no. 2 (1993): 334-347; Pierson, Paul. Politics in Time: History, Institutions, and Social Analysis. Princeton: Princeton University Press, 2004; Howlett, Michael. "Analyzing Multi-Actor, Multi-Level Policy Contexts: A Social Learning Framework." Policy & Society 28, no. 1 (2009): 1-13; Dobbin, Frank, Beth Simmons, and Geoffrey Garrett. "The Global Diffusion of Public Policies: Social Construction, Coercion, Competition, or Learning?" Annual Review of Sociology 33 (2007): 449-472.

52) 전영한, 이경희. "정책 수단연구: 기원, 전개, 그리고 미래." 『행정논총』 48권 2호 (2010): 91-118.

53) 전영한. "정책도구의 다양성: 도구 유형 분류의 쟁점과 평가." 『정부학연구』 13권 4호 (2007): 259-295.

54) 오스본(David Osborne)과 게블러(Ted Gaebler)는 신자유주의 기반의 정부 재창조론에서 36개의 정책 수단 목록을 제시했고, 살라몬(Lester M. Salamon)도 14가지의 정책 수단 유형을 열거하였다. Salamon(2002)이 제시한 14가지 정책 수단은 정부의 직접 제고(direct government), 사회적 규제(social regulation), 경제적 규제(economic regulation), 계약(contraction), 보조금(grant), 직접 대출(direct loan), 대출보증(loan guarantee), 보험(insurance), 조세 지출(tax expenditure), 이용료 및 벌금(fees, charges), 손해배상(liability law), 정부기업(government corporations), 바우처(vouchers), 정보 캠페인(public informaion campaign)이다. Osborne, David, and Ted Gaebler. Reinventing Government: How the Entrepreneurial Spirit is Transforming the Public Sector. New York: Penguin, 1993; Salamon, Lester M., ed. The Tools of Government: A Guide to the New Governance. New York: Oxford University Press, 2002.

55) 후드(Christopher Hood)는 정부가 보유한 통치 자원을 연계(Nodality), 권위(Authority), 재정(Treasure), 조직(Organization)의 네 유형의 자원으로 분류하고, 이들의 머리글자를 따서 정책 수단을 NATO 모형으로 제시하였다. 이 모형은 정부가 어떤 자원을 중심으로 정책 수단을 설계하느냐에 따라, 정책의 성격과 실행 방식이 달라질 수 있다는 관점을 보여준다. 연계(Nodality)는 정부가 '정보의 중심에 위치한다'는 점에 착안한 통치자원 유형이다. 노드(node)는 말 그대로, 정부는 사회 전체의 정보가 집중되고 분배되는 허브의 역할을 수행한다는 의미를 담고 있다. 이 유형의 정책 수단은 정보를 활용하여 국민이나 조직의 행동에 영향을 미치려는

방식을 의미한다. 대표적인 예로는 공익광고, 정책 캠페인, 정보 공개, 통계 발표, 경고문 발송, 정부 홈페이지 운영 등이 있다. Hood, Christopher. The Tools of Government. Chatham, NJ: Chatham House, 1986.
56) Vedung, Evert. "Policy Instruments: Typologies and Theories." In Carrots, Sticks, and Sermons: Policy Instruments and Their Evaluation, edited by Marie-Louise Bemelmans-Videc, Ray C. Rist, and Evert Vedung, 21-58. New Brunswick, NJ: Transaction Publishers, 1998.
57) 「」행정규제법 제2조 제1항
58) 남궁근. 『정책학』. 서울: 박문사, 2008, 93쪽.
59) 『행정규제법』제4조
60) 『행정규제법』제5조
61) 『소상공인 지원 및 보호에 관한 법률』제27조
62) 『감염병의 예방 및 관리에 관한 법률』제5조
63) 『행정기본법』제30조에서 행정대집행은 행정청의 명령을 의무자가 이행하지 않는 경우, 그것을 방치하게 되면 심각하게 공익을 해할 것이 인정되는 경우에 행정청이 의무자가 해야 할 행위를 직접 하거나 또는 다른 사람으로 하여금 이를 하게 하고 그 비용을 의무자로부터 징수하는 것을 말한다. 시유지를 장기간 불법으로 무단 점거한 노점상, 고물상을 시청 공무원 등이 직접 철거하는 경우이다. 이행강제금은 의무자가 행정상 의무를 이행하지 아니하는 경우 금전급부 의무를 부과하는 것을 말한다. 예를 들어 건축법을 위반한 건축물에 대해 건축물의 시가표준액을 기준으로 이행강제금을 부과할 수 있다. 교통약자의 이동 편의 제공을 위한 시설을 설치하지 않은 경우 이행강제금이 부과되기도 한다. 직접강제는 의무자가 행정상 의무를 이해하지 않는 경우 행정청이 의무자의 신체나 재산에 실력을 행사하여 그 행정상 의무의 이행이 있었던 것과 같은 상태를 실현하는 것이다. 예를 들어 국세청이 체납자의 가상자산을 직접 처분하여 세금을 징수할 수 있다. 즉시강제는 현재의 급박한 장애를 제거하기 위해 행정청이 곧바로 국민의 신체 또는 재산에 실력을 행사하여 행정목적을 달성하는 것이다. 안전을 위해 위험 물건을 즉시 제거하거나, 주취자를 보호 조치하거나, 공공질서를 위협하는 불법 시위를 해산시키는 경우이다.
64) 남궁근. 『정책학』. 서울: 박문사, 2008, 95쪽.
65) 문명재. "정보제공의 정책 수단적 특성과 향후 연구 방향." 『행정논총』48권 1호 (2010): 51-70.
66) 담뱃갑 건강 경고는 흡연이 건강에 미치는 피해를 그림과 문구로 담뱃갑에 표기하는 제도이다. 지난 2016년 12월 23일 처음 시행된 후 국민건강증진법에 따라 2년마다 그림과 문구를 바꾼다. 계속 같은 그림과 문구가 붙으면 흡연자들이 이에 익숙해질 수 있기 때문이다.
67) 『행정절차법』제2조, 제48조 및 제49조.

68) 2024년 5월, 일본 총무성이 라인야후에 대해 한국 네이버와의 자본 관계를 재검토하라는 내용의 행정지도를 내린 사실이 알려지며 논란이 인 적이 있었다. 일본 정부는 개인정보 보호 강화와 보안 거버넌스 개선 필요성을 언급하며, 라인야후 측에 한국 기업과의 협력 구조를 재정비하라고 요구한 것으로 전해졌다. 표면적으로는 이용자 안전과 개인정보 보호를 위한 조치로 설명되었지만, 일본 정부가 명확한 법적 근거 없이 '행정지도' 수단을 활용해 외국계 자본을 배제하려는 의도를 가진 것이 아니냐는 비판이 제기되었다.
69) 김순양. "일선 지방행정에서의 행정지도(行政指導)의 실태 및 개선방안 고찰."『규제연구』23권 2호 (2014): 3-42.
70) 전영한. "정책도구의 다양성: 도구 유형 분류의 쟁점과 평가."『정부학연구』13권 4호 (2007): 259-295.
71) 2024년 4월, 행정안전부 이보람 서기관이 나를 찾아왔다. 대학원 박사과정에 진학하고 싶다며, 추천서를 부탁했다. 정책 수단에 대해 깊이 있는 연구를 해 보고 싶다고 했다. 공교롭게도, 그 무렵 나는 정책 수단에 관한 글을 정리하고 있었다. 이 글은 2024년 6월 하순에 초안을 마무리했다.

제4부 • 변화

1) 『경향신문』. "사설." 1959년 1월 14일.
2) 이병훈. "진화론의 현대적 이해."『과학사상』, 7호 (1993): 148.
3) Dawkins, Richard. The Selfish Gene. Oxford: Oxford University Press, 1976. 번역본: 도킨스, 리처드. 『이기적 유전자: 40주년 기념판』. 홍영남, 이상임 옮김. 서울: 을유문화사, 2018.
4) Dawkins, Richard, and Dave McKean. The Illustrated Magic of Reality: How We Know What's Really True. New York: Simon and Schuster, 2012, 30.
5) Gould, Stephen Jay, and Niles Eldredge. "Punctuated Equilibria: The Tempo and Mode of Evolution Reconsidered." Paleobiology 3, no. 2 (1977): 115-151.
6) 단절균형의 관점은 변증법적 사고나 토마스 쿤이 말한 '패러다임 전환' 개념과 유사한 맥락을 가진다.
7) Gould, Stephen Jay. "Darwinism and the Expansion of Evolutionary Theory." Science 216, no. 4544 (1982): 380-387; The Panda's Thumb: More Reflections in Natural History. New York: W. W. Norton & Company, 2010. 번역본: 굴드, 스티븐 제이. 『판다의 엄지』. 김동광 옮김. 서울: 사이언스북스, 2010.
8) 제도의 개념을 대중적으로 잘 설명한 책이 노벨경제학상을 받은 애쓰모글루(Daron Acemoglu)와 로빈슨(James A. Robinson)의 저서『국가는 왜 실패하는가』이다. 주요 저작들에서 애쓰모글루는 국가 발전의 제약조건으로서의 제도를 설명하며, 제도

의 선택이 국가의 미래를 결정짓는 핵심 요소임을 강조한다. 애쓰모글루, 대런, 제임스 A. 로빈슨. 『국가는 왜 실패하는가: 권력, 번영, 빈곤은 어떻게 결정되는가』. 장경덕 옮김. 서울: 시공사, 2012; 애쓰모글루, 대런, 제임스 A. 로빈슨. 『좁은 회랑: 자유의 운명을 결정하는 힘』. 장경덕 옮김. 서울: 시공사, 2020; 애쓰모글루, 대런, 사이먼 존슨. 『기술과 진보: 누구를 위한 혁신인가』. 이경식 옮김. 서울: 시공사, 2023.

9) Hall, Peter A. Governing the Economy: The Politics of State Intervention in Britain and France. Oxford: Oxford University Press, 1986; Thelen, Kathleen, and Sven Steinmo. "Historical Institutionalism in Comparative Politics." In Structuring Politics: Historical Institutionalism in Comparative Analysis, edited by Sven Steinmo, Kathleen Thelen, and Frank Longstreth, Cambridge: Cambridge University Press, 1992, 369-404; Immergut, Ellen M. "Institutional Constraints on Policy." In The Oxford Handbook of Public Policy, edited by Michael Moran, Martin Rein, and Robert E. Goodin, Oxford: Oxford University Press, 2006, 557-571.

10) Ikenberry, G. John. "Conclusion: An Institutional Approach to American Foreign Economic Policy." International Organization 42, no. 1 (1988): 228.

11) 제도의 범위에 대한 분류는 Hall(1992)의 논의를 바탕으로 정리한 것이다. Hall, Peter A. "The Movement from Keynesianism to Monetarism: Institutional Analysis and British Economic Policy in the 1970s." In Structuring Politics: Historical Institutionalism in Comparative Analysis, edited by Sven Steinmo, Kathleen Thelen, and Frank Longstreth, Cambridge: Cambridge University Press, 1992, 90-113.

12) Krasner, Stephen D. "Approaches to the State: Alternative Conceptions and Historical Dynamics." Comparative Politics 16, no. 2 (1984): 223-246; and "Sovereignty: An Institutional Perspective." Comparative Political Studies 21, no. 1 (1988): 66-94.

13) Mahoney, James. "Path Dependence in Historical Sociology." Theory and Society 29, no. 4 (2000): 507-548.

14) Arthur, W. Brian. "Self-Reinforcing Mechanisms in Economics." In The Economy as an Evolving Complex System, edited by Philip W. Anderson, Kenneth J. Arrow, and David Pines, Redwood City, CA: Addison-Wesley, 1988, 9-31; and Arthur, W. Brian. "Increasing Returns and Path Dependence in the Economy." Ann Arbor: University of Michigan Press, 1994; David, Paul A. "Clio and the Economics of QWERTY." The American Economic Review 75, no. 2 (1985): 332-337.

15) North, Douglass C. Institutions, Institutional Change and Economic

Performance. Cambridge: Cambridge University Press, 1990; Mahoney, James. "Path Dependence in Historical Sociology." Theory and Society 29, no. 4 (2000): 507-548; Pierson, Paul. "Increasing Returns, Path Dependence, and the Study of Politics." American Political Science Review 94, no. 2 (2000): 251-267.
16) Kathleen Thelen, How Institutions Evolve: The Political Economy of Skills in Germany, Britain, the United States, and Japan, Cambridge University Press, 2004.
17) John L. Campbell, Institutional Change and Globalization, Princeton University Press, 2004; Karen Orren and Stephen Skowronek, The Search for American Political Development, Cambridge University Press, 2004; Kathleen Thelen, How Institutions Evolve: The Political Economy of Skills in Germany, Britain, the United States, and Japan, Cambridge University Press, 2004; Wolfgang Streeck and Kathleen Thelen, Beyond Continuity: Institutional Change in Advanced Political Economies, Oxford University Press, 2005.
18) Streeck & Thelen(2005)은 제도 변화가 단절적 혁명보다는 점진적 조정 과정을 통해 이루어진다고 보며, 제도의 구성 요소들이 재조합되는 다섯 가지 방식을 제시한다. ① 변위(displacement): 기존에 억눌려 있던 제도 요소가 부상하거나, 주변적 요소가 중심 제도로 대체되는 경우. ② 중첩(layering): 기존 제도 위에 새로운 제도를 덧붙이면서 점진적으로 기존 구조를 변화시키는 방식. ③ 표류(drift): 사회적 환경 변화에 제도가 적응하지 못해 기능을 상실하는 현상. ④ 전환(conversion): 기존 제도를 새로운 목적에 맞게 재해석하거나 재배치하는 방식. ⑤ 소실(exhaustion): 제도가 점차 쇠퇴하고 소멸하는 과정이 그것이다. Streeck, Wolfgang, and Kathleen Thelen. Beyond Continuity: Institutional Change in Advanced Political Economies. Oxford: Oxford University Press, 2005.
19) Hall, Peter A. "Policy Paradigms, Social Learning, and the State: The Case of Economic Policymaking in Britain." Comparative Politics 25, no. 3 (1993): 275-296.
20) Lindblom, Charles E. "The Science of 'Muddling Through.'" Public Administration Review 19, no. 2 (1959): 79-88; "Contexts for Change and Strategy: A Reply." Public Administration Review 24, no. 3 (1964): 157-158.
21) Wildavsky, Aaron B. The Politics of the Budgetary Process. Boston: Little, Brown and Company, 1964. 예산 점증주의에 대한 국내 연구 역시 다양하게 있다. (유금록. "한국의 중앙정부예산에 있어서 정책단절의 시계열분석." 『한국행정학보』 41권 2호 (2007): 95-116; 주희진, 권기헌. "한국의 정권별 지방정부 지출의 경

향성과 결정 요인에 관한 연구-단절적 변수에 대한 분석을 중심으로." 『한국정책학회보』 21권 1호 (2012): 131-154; 김은지, 김상헌. "점증주의 추정에 관한 새로운 접근법." 『재정학연구』 8권 4호 (2015): 131-155; 최태현, 임정욱. "관청형성모형에 기반한 중앙정부 예산점증성 분석." 『한국행정학보』 51권 2호 (2017): 389-420.)
22) 와일다브스키(Wildavsky), 베일리(Bailey), 오코너(O'Connor)는 예산 변동률이 10% 이내이면 점증적 변화로 보았다. 바움가트너(Frank R. Baumgartner)와 존스(Bryan D. Jones)는 ±25% 이내를, 존스·바움가트너·트루(James L. True)는 -15%에서 +20% 사이의 변동을 점증적 범위로 제시했다. Wildavsky, Aaron B. The Politics of the Budgetary Process. Boston: Little, Brown and Company, 1964; Bailey, John J., and Robert J. O'Connor. "Operationalizing Incrementalism: Measuring the Muddles." Public Administration Review 35, no. 1 (1975): 60-66; Baumgartner, Frank R., and Bryan D. Jones. Agendas and Instability in American Politics. Chicago: University of Chicago Press, 1993; Jones, Bryan D., Frank R. Baumgartner, and James L. True. "Policy Punctuations: US Budget Authority, 1947-1995." The Journal of Politics 58, no. 1 (1996): 1-33.
23) Baumgartner, Frank R., and Bryan D. Jones. Agendas and Instability in American Politics. Chicago: University of Chicago Press, 1993; Jones, Bryan D., Frank R. Baumgartner, and James L. True. "Policy Punctuations: US Budget Authority, 1947-1995." The Journal of Politics 58, no. 1 (1996): 1-33.
24) 이은미, 김동욱, 고기동. "정책아이디어의 경쟁과 변화에 관한 미시적 고찰." 『한국정책학회보』 25권 4호 (2016): 221-240; 고기동. "아이디어와 정책 선택에 관한 경험적 연구: 경제정책의 변화를 중심으로." 『행정논총』 57권 3호 (2019): 89-115; 고기동, 이은미. "정책 변화와 제도적 제약에 관한 탐색적 분석: 텍스트 분석 방법의 적용 가능성을 중심으로." Crisisonomy 16, no. 10 (2020): 83-98.
25) 고기동, 이은미. "정책 변화와 제도적 제약에 관한 탐색적 분석: 텍스트 분석 방법의 적용 가능성을 중심으로." Crisisonomy 16, no. 10 (2020): 83-98.
26) Duck, Jeanie Daniel. The Change Monster: The Human Forces that Fuel or Foil Corporate Transformation and Change. New York: Crown Business, 2001; 덕, 지니스 다니엘. 『체인지 몬스터: 조직 변화를 가로막는 괴물과 싸우는 법』. 김광수 옮김. 서울: 흐름출판, 2004.
27) 존 코터. 『기업이 원하는 변화의 기술』. 서울: 김영사, 2003; 덕, 지니스 다니엘. 『체인지 몬스터: 조직 변화를 가로막는 괴물과 싸우는 법』. 김광수 옮김. 서울: 흐름출판, 2004; 차의환. 『정부 혁신의 전략과 변화 관리』. 서울: 한국능률협회컨설팅(KMAC), 2007.

28) 2014년 당시 필자는 안전행정부 기획재정담당관으로 일하고 있었다. 주요 업무 중 하나는 연두업무계획을 수립하는 일이었다. 그때 '보고서를 얼마나 바꿔야 새 계획처럼 보일 수 있을까'라는 의문이 생겼다. 이를 연구하기 위해 경제정책방향 보고서를 분석한 논문을 2016년, 2019년, 2020년에 각각 학술지에 게재했다. 이번 글은 당시 연구의 일부를 정리한 것이다. 이 글의 초안은 2023년 1월경에 작성되었다.
29) David, Paul A. "Clio and the Economics of QWERTY." The American Economic Review 75, no. 2 (1985): 332-337.
30) 주영하. 『식탁 위의 한국사: 메뉴로 본 20세기 한국 음식문화사』. 서울: 휴머니스트, 2013.
31) 조선일보. 「식량절약 밥그릇을 줄인다 보사부 내년부터」. 1980년 12월 26일. "내년부터 요식업소의 밥그릇이 공기로 바뀌고 반찬의 양도 절반으로 줄게 된다. 보사부는 25일 식량 절약을 위해 양식과 중국음식점을 제외한 모든 음식점에서 공기에 밥을 담아 팔도록 하고, 반찬은 현재 각 음식점에서 내놓고 있는 양의 절반으로 줄이도록 대한요식업중앙회에 지시했다. 보사부의 행정 지시 형식으로 오는 1월 5일부터 모든 음식점에서 실시토록 한 '식량절약 및 식생활 개선 방안'에 따르면 밥은 직경 10.5cm, 높이 6cm 크기의 공기에 5분의 4 정도를 담아 제공하고 손님이 밥을 더 요구할 때는 공기의 절반만큼을 주며, 그 이상을 요구할 때 한해 추가로 밥값을 받도록 했다. 현재 음식점에서 사용하고 있는 밥그릇은 평균 직경 11.5cm 높이 7.5cm의 크기인데, 여기에 담겨지는 밥의 양은 공기로는 한그릇 반에 해당된다."
32) North, Douglass C. Institutions, Institutional Change and Economic Performance. Cambridge: Cambridge University Press, 1990. (vii). "History matters. It matters not just because we can learn from the past, but because the present and the future are connected to the past by the continuity of a society's institutions. Today's and tomorrow's choices are shaped by the past."
33) Arthur, W. Brian. "Competing Technologies, Increasing Returns, and Lock-in by Historical Events." The Economic Journal 99, no. 394 (1989): 116-131; Increasing Returns and Path Dependence in the Economy. Ann Arbor: University of Michigan Press, 1994.
34) David, Paul A. "Clio and the Economics of QWERTY." The American Economic Review 75, no. 2 (1985): 332-337.
35) Mahoney, James. "Path Dependence in Historical Sociology." Theory and Society 29, no. 4 (2000): 507-548; Pierson, Paul. Politics in Time: History, Institutions, and Social Analysis. Princeton: Princeton University Press, 2004; Thelen, Kathleen. How Institutions Evolve: The Political Economy of Skills in Germany, Britain, the United States, and Japan. Cambridge:

Cambridge University Press, 2004.
36) Arthur, W. Brian. "Competing Technologies, Increasing Returns, and Lock-In by Historical Events." The Economic Journal 99, no. 394 (1989): 116-131.
37) Pierson, Paul. "Increasing Returns, Path Dependence, and the Study of Politics." American Political Science Review 94, no. 2 (2000): 251-267.
38) Seth, Michael J. Education Fever: Society, Politics, and the Pursuit of Schooling in South Korea. Honolulu: University of Hawaii Press, 2002; Sorensen, Clark W. "Success and Education in South Korea." Comparative Education Review 38, no. 1 (1994): 10-35.
39) Rudolph, Lloyd I., and Susanne Hoeber Rudolph. In Pursuit of Lakshmi: The Political Economy of the Indian State. Chicago: University of Chicago Press, 1987; Altbach, Philip G. "Education and Neocolonialism." Harvard Educational Review 40, no. 2 (1970): 237-254.
40) Capoccia, Giovanni, and R. Daniel Kelemen. "The Study of Critical Junctures: Theory, Narrative, and Counterfactuals in Historical Institutionalism." World Politics 59, no. 3 (2007): 341-369.
41) 1970년부터 2021년까지, 52년간의 정부 시정연설을 분석하여 그 상대적 위치를 분석한 연구에서 1990년대 말 외환위기를 경제정책 변화의 결정적 분기점으로 실증했다. 고기동, 이은미. "코로나 19 위기와 정책아이디어 전환: 정책아이디어 변화 궤적과 탈경로에 관한 비교 분석." 『행정논총』 60권 1호 (2022): 1-25.
42) 하태수. "경로 변화의 양태: 경로의존, 경로진화, 경로창조." 『한국행정학회 동계학술발표논문집 2010』 (2010): 1-16; Thelen, Kathleen. How Institutions Evolve: The Political Economy of Skills in Germany, Britain, the United States, and Japan. Cambridge: Cambridge University Press, 2004; Streeck, Wolfgang, and Kathleen Thelen, eds. Beyond Continuity: Institutional Change in Advanced Political Economies. Oxford: Oxford University Press, 2005; Mahoney, James, and Kathleen Thelen. "A Theory of Gradual Institutional Change." In Explaining Institutional Change: Ambiguity, Agency, and Power, edited by James Mahoney and Kathleen Thelen, 1-37. Cambridge: Cambridge University Press, 2010.
43) 고기동, 이은미. "코로나 19 위기와 정책아이디어 전환: 정책아이디어 변화 궤적과 탈경로에 관한 비교 분석." 『행정논총』 60권 1호 (2022): 3.
44) 필자는 박사과정 시절, '변화'에 대해 고민한 적이 있었다. 변화는 과거, 현재, 미래를 비교하는 과정이기에, 역사적 제도주의에 자연스럽게 관심이 갔다. 2020년 2월 우리나라에 코로나19가 발생했다. 코로나19의 보건위기가 기존 정책 경로를 바꾸는 결정적 순간이 될 수 있을지 궁금했다. 그 문제의식을 담아, 정책 아이디어의 변화

궤적을 분석한 논문을 작성했고, 2022년 학회지에 게재하였다. 이번 글은 그 논문을 일부 수정하고 보완한 것이다. 초안은 2023년 1월에 작성했다.

45) 정정길, 정준금. "정책과 제도 변화의 시차적 요소." 『행정논총』 41권 2호 (2003): 177-202.

46) 정책실패에 대한 개념과 내용은 주로 김현구(2022)의 논문을 인용하였다. 김현구. "정책실패의 일반론 구축: 환류망의 잃어버린 고리." 『한국행정학보』 56권 2호 (2022): 31-60.

47) 김현구. "정책실패의 일반론 구축: 환류망의 잃어버린 고리." 『한국행정학보』 56권 2호 (2022): 50.

48) 고길곤, 이보라, 이주현. "종합적 접근으로서의 정책실패 사례연구: 경전철 사업 사례를 중심으로." 『행정논총』 53권 1호 (2015): 129-163. 이 논문에서는 정책실패를 세 가지 관점에서 접근한다. 첫째, 정책 목표를 달성하지 못한 경우를 실패로 보는 합리주의적 관점, 둘째, 가치 배분의 실패를 정책실패로 간주하는 정치적 관점, 셋째, 환경 변화에 적응하지 못하는 경우를 문제로 보는 적응적 관점이다.

49) 김현구. "정책실패의 일반론 구축: 환류망의 잃어버린 고리." 『한국행정학보』 56권 2호 (2022): 47.

50) 누리호 1차 발사의 실패를 보완한 2차 발사는 2022년 6월 21일에 이루어졌으며, 모든 과정을 성공적으로 수행했다. 이로써 한국은 자력으로 1톤급 실용위성을 발사한 세계 7번째 국가가 되었다.

51) 김현구. "정책실패의 일반론 구축: 환류망의 잃어버린 고리." 『한국행정학보』 56권 2호 (2022): 37-38.

52) 박천오, 유병복. "한국 의료전달체계의 실패 원인: 정책대상집단의 불응을 중심으로." 『한국행정학보』 33권 4호 (1999): 333-353; 이시원, 하상근. "정책대상집단의 불응에 관한 경험적 연구: 국민연금정책을 중심으로." 『한국행정학보』 36권 4호 (2002): 187-204; 하상근. "국민연금정책의 불응에 관한 추세적 비교연구." 『한국정책학회보』 19권 3호 (2010): 197-226; 김흥주, 이은국, 이강래. "자치단체 흡연규제정책 대상 집단의 불응에 관한 연구: 서울시의 길거리 흡연 규제를 중심으로." 『지방정부연구』 19권 2호 (2015): 83-111.

53) 불응 원인을 보다 직관적으로 설명한 것이 쿰스(Fred Coombs)의 견해이다. 쿰스는 불응의 원인으로 ① 의사전달 체계의 불명확성, ② 자원의 부족, ③ 정책에 대한 회의, ④ 비용 부담, ⑤ 권위에 대한 불신이라는 다섯 가지를 제시한다. 물론 이 요인들은 복합적이고 상호 의존적으로 발생한다. Coombs, Fred S. "The Bases of Noncompliance with a Policy." Policy Studies Journal 8, no. 6 (1980): 885-892.

54) 2024년 2월부터 시작된 의대 정원 증원의 정부 노력은 결국 실패했다. 많은 의대생이 유급되었고, 의대 정원 확대도 이루어지지 않았다. 정책이 의도했던 목표는 달성

하지 못하였고, 사회적 갈등만 증폭시켰다. 이러한 일련의 과정을 보면서, 정책실패에 대한 논의를 정리했다. 초안은 2025년 3월 말경 작성했다.
55) 정정길, 정준금. "정책과 제도 변화의 시차적 요소." 『행정논총』 41권 2호 (2003): 177-202.
56) 대통령비서실. 『대통령과 함께 읽는 보고서, 정책 프리젠테이션: 주요정책 소요 시간 분석 및 시사점 보고서』. 제16대 대통령 국정브리핑. http://korea.pa.go.kr/newsWeb/appmanager/portal/news (2022년 12월 20일 열람).
57) 이시원, 김준기, 임도빈, 정준금. 『행정자치부 정책연구용역: 정책결정 소요시간의 분석』. 2007; 임도빈, 이시원, 김준기, 정준금. "정책결정 소요시간에 관한 연구: 참여정부의 대통령 주요정책을 중심으로." 『한국정치학회보』 42권 3호 (2008): 191-217; 이시원, 정준금, 민병익. "정책 이해관계집단의 참여특성과 정책결정 소요시간." 『정책분석평가학회보』 21권 3호 (2011): 179-206.
58) 임도빈. "중앙부처 관료의 정책시간안목에 관한 연구: 정부경쟁력 제고의 관점에서." 『한국행정논집』 24권 3호 (2012): 615-642.
59) 임도빈. "중앙부처 관료의 정책시간안목에 관한 연구: 정부경쟁력 제고의 관점에서." 『한국행정논집』 24권 3호 (2012): 625-634.
60) 이시원, 정준금, 민병익. "정책 이해관계집단의 참여 특성과 정책결정 소요시간." 『정책분석평가학회보』 21권 3호 (2011): 179-206.
61) 이시원 등은 주무 부처 간 협의 부족이 정책의 실질적 지연 요인임을 지적한다. 이시원, 정준금, 민병익. "정책 이해관계집단의 참여 특성과 정책결정 소요시간." 『정책분석평가학회보』 21권 3호 (2011): 179-206.
62) 토플러, 앨빈. 『부의 미래』. 김종웅 옮김. 서울: 청림출판, 2006.
63) 정정길. "행정과 정책연구를 위한 시차적 접근방법: 제도의 정합성 문제를 중심으로." 『한국행정학보』 36권 1호 (2002): 1-20.
64) 이 내용은 「미리미리 준비하는 정부가 책임을 다하는 정부」의 제목으로 국정브리핑에 게재했던 내용(2007년 7월)을 수정하여 작성한 것이다. 그리고 다른 논문들을 부가하여 정리했다. 2022년 12월20일에 초안을 작성하였고 이후 수정하였다.

제5부 · 정부

1) Allison, Graham T., and Philip Zelikow. Essence of Decision: Explaining the Cuban Missile Crisis. 2nd ed. New York: Addison-Wesley Educational Publishers, 1999. 김태현 옮김. 『결정의 본질』. 파주: 모던아카이브, 2018.
2) 앨리슨은 초판에서는 이 모형을 '관료 정치(bureaucratic politics)'라고 불렀지만, 개정판에서는 '정부 정치(governmental politics)'라는 용어를 사용한다. 이는 정책 타협 과정에 참여하는 인물들이 조직의 리더이자 대표인 동시에, 개인의 정체성과

역할에 따라 서로 다른 정치적 행동을 보일 수 있기 때문이다. 결정의 본질. 김태현 옮김, 2018: 472.
3) 앨리슨은 초판에서 이 모형을 '조직과정' 모델이라 부르며, 주로 조직의 구조와 운영 방식을 경제학적 관점에서 설명했다. 그러나 개정판에서는 조직 구성원 간에 형성되는 조직문화 등 사회학적 요소까지 반영하면서, 이 모델의 범위가 확장되었다. 이러한 변화로 인해, 이 모형은 단순한 절차 중심의 설명을 넘어 조직 내부의 행동과 문화까지 포괄하게 되었다. 따라서 이름도 '조직과정' 모델에서 '조직행태' 모델로 바뀌었다고 볼 수 있다. 결정의 본질. 김태현 옮김, 2018: 472.
4) Williamson, Oliver E. Markets and Hierarchies: Analysis and Antitrust Implications. New York: Free Press, 1975; Williamson, Oliver E. The Economic Institutions of Capitalism. New York: Free Press, 1985.
5) DiMaggio, Paul J., and Walter W. Powell. "The Iron Cage Revisited: Institutional Isomorphism and Collective Rationality in Organizational Fields." American Sociological Review 48, no. 2 (1983): 147-160.
6) Coase, Ronald H. "The Nature of the Firm." Economica 4, no. 16 (1937): 386-405.
7) March, James G., and Johan P. Olsen. "The New Institutionalism: Organizational Factors in Political Life." American Political Science Review 78, no. 3 (1984): 734-749; March, James G., and Johan P. Olsen. "The Logic of Appropriateness." In The Oxford Handbook of Public Policy, edited by Michael Moran, Martin Rein, and Robert E. Goodin, 689-708. Oxford: Oxford University Press, 2006.
8) Niskanen, William A. Bureaucracy and Representative Government. Chicago: Aldine-Atherton, 1971.
9) 이 글은 2024년 11월부터 작성을 시작하여, 2025년 1월 말에 초안을 마련했다. 2024년 12월 3일, 대통령이 비상계엄을 선포했고, 곧이어 국회에서 대통령과 국무총리에 대한 탄핵소추안이 각각 가결되었다. 12월 말에는 경제부총리가 대통령 권한대행을 맡았다. 정국은 불안정했다. 행정 서비스 제공, 재난 대응 등 기본적 정부 기능은 유지되었으나, 주요 정책 결정을 내리는 데에는 한계가 있었다.
10) 서울신문, "장관급 이상 7명 '기재부 전성시대'⋯ '힘 실려 좋아' '승진 막혀'," 2024년 7월 10일.
11) 오재록. "관료제 권력: 개념화, 조작화 그리고 측정모형."『한국행정학보』40권 4호 (2006): 377-400; 오재록. "관료제 권력의 측정과 권력지수의 개발: 45개 중앙행정기관을 대상으로."『행정논총』44권 4호 (2006): 177-197; 오재록. "관료제 권력의 영향 요인에 관한 연구: Meier 모형의 재구성."『한국행정연구』17권 1호 (2008): 3-29; 오재록. "정부부처의 권력 크기 분석: 이명박 정부의 41개 중앙행정기관 실

증연구." 『한국행정연구』 20권 1호 (2011): 159-183; 오재록. "관료제 권력 측정: 박근혜 정부 중앙부처를 중심으로." 『한국행정학보』 52권 1호 (2018): 139-166; 최민지, 오재록. "관료제 권력 측정: 문재인 정부의 중앙부처를 중심으로." 『현대사회와 행정』 34권 4호 (2024): 61-94.

12) Downs, Anthony. Inside Bureaucracy. Boston: Little, Brown, 1967; Tullock, Gordon. The Politics of Bureaucracy. Washington, D.C.: Public Affairs Press, 1965; Niskanen, William A. Bureaucracy and Representative Government. Chicago: Aldine-Atherton, 1971.

13) Bachrach, Peter, and Morton S. Baratz. "Two Faces of Power." American Political Science Review 56, no. 4 (1962): 947-952.

14) '보유 자원'은 부처가 정책을 수행하기 위해 직접적으로 활용할 수 있는 인적·물적·조직적 자원의 규모를 의미한다. 여기에는 부처 공무원 총정원, 정무직 및 고위공무원 수, 조직 규모, 일반회계 및 특별회계 예산 규모, 소관 법률 수, 소관 법률당 조문 수 등이 포함된다. 둘째 '자율성'은 부처가 얼마나 독립적으로 정책을 결정하고 집행할 수 있는지를 나타낸다. 대통령과의 정치적 거리, 국회와의 관계, 재정 자율성, 입법적 자율성 등이 주요 기준이다. 셋째 '네트워크' 지수는 부처가 수직적으로는 산하기관과, 수평적으로는 타 부처와 얼마나 촘촘하게 연결되어 있는지를 보여준다. 수직적 연계는 소속 및 산하기관 수를 기준으로, 수평적 연계는 부처 간 문서 유통량 등을 바탕으로 측정했다. 넷째 '잉여력'은 부처가 외부로 드러내는 영향력, 즉 표면적으로 나타나는 힘을 측정한 지표다. 언론의 관심도, 법률 제·개정 빈도, 장차관 고위공직자 배출 수, 대통령비서실 파견자 수, 퇴직 관료의 재취업 비율 등이 그 기준이 된다. 다섯째 '잠재력' 지수는 부처가 보유한 공식적·법적 권한의 수준을 의미한다. 예를 들어 검찰청은 공소권과 기소권이라는 고유 권한을 갖고 있고, 국토교통부는 각종 규제 권한, 감사원은 감사권을 통해 강력한 영향력을 행사한다.

15) 박천오. "한국 정책 과정에서의 부처 간 권력관계에 관한 실증연구." 행정논총 43권 3호 (2005): 1-28.

16) 최민지, 오재록. "관료제 권력 측정: 문재인 정부의 중앙부처를 중심으로." 『현대사회와 행정』 34권 4호 (2024): 85.

17) 2016년 6월, 오재록 교수를 만나 저녁을 함께한 적이 있다. 어느 부처의 권력이 더 센지에 대해 토론했던 기억이 난다. 이번 내용은 오재록 교수의 논문을 바탕으로 2022년 12월 말에 초안을 마무리했다. 당시에는 검찰 출신 인사들이 정부 내 주요 자리에 임명되며 '검찰 공화국'이라는 비판이 제기되던 시기였다.

18) 세계일보. "결혼하면 1000만원… 신혼부부에 축하금 주는 지자체는." 2025년 4월 23일.

19) 이번 글에서는 '지방자치단체'와 '지방정부'를 함께 사용한다. 지방자치단체는 헌법상 그리고 법률상의 용어다. 대한민국 헌법 제117조 제1항은 "지방자치단체는 주민

의 복리에 관한 사무를 처리하고, 재산을 관리하며, 법령의 범위 안에서 자치에 관한 규정을 제정할 수 있다."고 규정하고 있다. 그래서 법률적·제도적 단위로서의 행정구역을 지칭할 때는 '지방자치단체'로 쓰고, 정책을 기획·결정·집행하는 정치적·행정적 주체를 설명할 때는 '지방정부'를 사용하려고 했다. 다만, 두 용어를 반드시 엄격히 구분하여 사용한 것은 아니다.

20) Dahl, Robert A. Who Governs? Democracy and Power in an American City. New Haven: Yale University Press, 1961. 달(Robert A. Dahl)은 미국 코네티컷주 뉴헤이븐(New Haven) 시를 대상으로 한 사례연구 "누가 지배하는가?(Who Governs?)"를 통해, 정책은 지역사회 내부의 다양한 이해관계자들 간의 정치적 상호작용 속에서 선택된다고 설명했다. 달은 지역 정치를 단순히 권력자의 결정이 아니라, 기업인, 지역 유지, 언론, 노동조합, 시민단체 등 다수의 지역 행위자가 영향을 주는 정치적 공간으로 이해한다.

21) Tiebout, Charles M. "A Pure Theory of Local Expenditures." Journal of Political Economy 64, no. 5 (1956): 416-424; Oates, Wallace E. Fiscal Federalism. New York: Harcourt Brace Jovanovich, 1972; Oates, Wallace E. "An Essay on Fiscal Federalism." Journal of Economic Literature 37, no. 3 (1999): 1120-1149; Musgrave, Richard A. The Theory of Public Finance: A Study in Public Economy. New York: McGraw-Hill, 1959.

22) 조선일보. "1억 넘는 수퍼카 제일 많은 지역, 서울 아닌 '이곳' 왜?" 2024년 1월 31일.

23) Peterson, Paul E. City Limits. Chicago: University of Chicago Press, 1981; 유재원. "지방정부의 정책 결정 요인에 관한 연구." 『한국행정학보』 45권 3호 (2011): 103-125.

24) 지자체장의 선거공약을 분석한 최호택 외(2012)에 의하면, 지역경제 활성화, 문화, 지역개발, 관광, 기업 등 개발정책과 관련된 내용이 재분배정책이나 할당정책보다 우선되었다. 최호택, 류상일, 정석환, 이민규. "지방자치단체장의 주요정책 경향분석 (Ⅰ): 민선 5기 선거공약을 중심으로." 한국콘텐츠학회논문지 12, no. 12 (2012): 661-671.

25) 이은미, 이은국, 고기동. "지방정부의 규제 채택 요인에 관한 퍼지셋 분석: 대형 마트, SSM 영업규제 조례를 중심으로." 한국행정학보 48, no. 4 (2014): 349-373; 이은미, 이은국, 고기동. "질적비교분석(QCA) 방법에 의한 제한된 다양성(limited diversity) 문제로의 접근: '자전거이용활성화에 관한 조례' 채택 사례를 중심으로." 한국정책학회보 23, no. 4 (2014): 311-334; 이은미, 이은국, 고기동. "지방자치단체 정책 확산의 상이성(相異性) 비교연구: QCA에 의한 세 가지 조례 비교를 중심으로." 한국정책학회보 24, no. 2 (2015): 213-234.

26) 대학원에서 동문수학했던 분이 도시한계론을 바탕으로 박사학위 논문을 작성했다.

그분으로부터 도시 정책결정의 우선순위에 관한 이야기를 들으면서, 언젠가는 그 내용을 공부해야겠다는 생각을 가졌다. 그리고 세종시에 근무하며 느꼈던 생각들도 정리하고 싶었다. 이 글은 2023년 1월 경에 작성하기 시작했다.
27) 중앙일보. "우리 동네 이름 넣어야… 다리 놨다 하면 얼굴 붉힌 이름 싸움". 2025년 1월 21일.
28) 서인석. "정책 명칭 이론개념의 구성 요인에 관한 연구: 정책 명칭의 개념적 정교화, 정의, 그리고 측정."『한국행정학보』54권 2호 (2020): 457-487.
29) 서인석, 정규진. "정책 명칭, 상징, 그리고 수용: 수도권 지역의 쓰레기매립장과 자원순환센터 간 인식적 차이를 중심으로."『한국행정학보』48권 2호 (2014): 81-108.
30) 안선회. "정책의 개념, 구성요소, 구조에 대한 탐색적 연구." 2024 한국정책학회 동계학술대회 발표자료 (2024년 12월 6일): 1-38.
31) 보고서를 접할 때, 가장 먼저 눈에 들어오는 것은 보고서 제목과 정책 명칭이다. 보고서를 읽다 보면, 제목과 내용이 서로 어긋나는 경우가 있다. 제목이 지나치게 비약적이거나, 핵심 내용을 제대로 담아내지 못할 때도 있다. 이 글은 2024년 1월부터 작성하기 시작하여, 그해 3월에 초안을 작성했다.

현실 정책

1판 1쇄   2025년 8월 20일

지은이   고기동
편집   김효진
교열   이수정
디자인   최주호
펴낸곳   마르코폴로
등록   제2021-000005호
주소   세종시 다솜1로9
이메일   laissez@gmail.com
페이스북   www.facebook.com/marco.polo.livre

ISBN   979-11-92667-97-3   93350

책 값은 뒤표지에 있습니다. 잘못된 책은 교환하여 드립니다.